» Léo Tadeu Robles
» José Maurício La Fuente

EDITORA
intersaberes

O selo DIALÓGICA da Editora InterSaberes faz referência às publicações que privilegiam uma linguagem na qual o autor dialoga com o leitor por meio de recursos textuais e visuais, o que torna o conteúdo muito mais dinâmico. São livros que criam um ambiente de interação com o leitor – seu universo cultural, social e de elaboração de conhecimentos –, possibilitando um real processo de interlocução para que a comunicação se efetive.

LOGÍSTICA REVERSA

um caminho para
o desenvolvimento
sustentável

EDITORA intersaberes

Rua Clara Vendramin, 58
Mossunguê – Curitiba – Paraná – Brasil
CEP: 81200-170
Fone: (41) 2106-4170
www.intersaberes.com.br
editora@editoraintersaberes.com.br

Conselho editorial » Dr. Ivo José Both (presidente)
Dra. Elena Godoy
Dr. Neri dos Santos
Dr. Ulf Gregor Baranow

Editora-chefe » Lindsay Azambuja
Supervisora editorial » Ariadne Nunes Wenger
Analista editorial » Ariel Martins
Edição de texto » Julio Cesar Camillo Dias Filho
Fabia Mariela
Floresval Nunes Moreira Junior
Capa » Luana Machado Amaro (*design*)
Lisajsh/Shutterstock (imagem)
Imagens de capa » A.Punpleng/Shutterstock
Projeto gráfico » Raphael Bernadelli
Diagramação » Estúdio Nótua
Equipe de *design* » Mayra Yoshizawa
Charles L. da Silva
Iconografia » Sandra Lopis da Silveira
Regina Claudia Cruz Prestes

Dados Internacionais de Catalogação na Publicação (CIP)
(Câmara Brasileira do Livro, SP, Brasil)

Robles, Léo Tadeu
  Logística reversa: um caminho para o desenvolvimento sustentável/Léo Tadeu Robles, José Maurício La Fuente. Curitiba: InterSaberes, 2019. (Série Logística Organizacional)

  Bibliografia.
  ISBN 978-85-227-0048-6

  1. Desenvolvimento sustentável 2. Logística (Organização) 3. Meio ambiente 4. Planejamento estratégico I. Fuente, José Maurício La. II. Título III. Série.

19-25898   CDD-658.5

Índices para catálogo sistemático:
1. Logística reversa e sustentabilidade:
   Administração de empresas 658.5
Iolanda Rodrigues Biode – Bibliotecária – CRB-8/10014

1ª edição, 2019.
Foi feito o depósito legal.

Informamos que é de inteira responsabilidade dos autores a emissão de conceitos.

Nenhuma parte desta publicação poderá ser reproduzida por qualquer meio ou forma sem a prévia autorização da Editora InterSaberes.

A violação dos direitos autorais é crime estabelecido na Lei n. 9.610/1998 e punido pelo art. 184 do Código Penal.

Sumário

Prefácio, 9

Apresentação, 12

Como aproveitar ao máximo este livro, 18

Logística reversa: conceitos e inter-relações, 26
» Desenvolvimento sustentável e logística reversa, 30
» Dimensão ambiental, gestão de cadeias de suprimentos e logística reversa, 38
» Logística reversa e logística verde (ou ambiental): caracterização, 48

Logística reversa: fluxos, canais, tipologias e operações, 72

» Fluxos reversos e componentes da logística reversa, 76
» Canais reversos, 84
» Logística reversa de pós-consumo: práticas e políticas, 92
» Logística reversa de pós-venda, 105
» Logística reversa, negócios e satisfação dos clientes, 113
» Passos básicos para a montagem de um sistema (negócio) de logística reversa, 117

Logística reversa: fundamentos, aspectos legais e certificações, 136

» Regulamentação ambiental no Brasil, 139
» Regulamentação federal da gestão de resíduos sólidos no Brasil: Lei n. 12.305/2010, 154
» Regulamentação privada: certificações e selos em gestão ambiental, 199
» Estratégia nacional de educação ambiental e comunicação social para gestão de resíduos sólidos: Educares e manuais de orientação do MMA, 207

Planejamento da logística reversa, 222

» Contexto e vantagens da logística reversa, 224
» O papel do planejamento empresarial e seu rebatimento na logística reversa, 239
» O planejamento estratégico na logística reversa e a influência dos acordos setoriais, 248
» Indicadores-chave de desempenho (KPIs) na logística reversa, 264
» Analisando os custos na logística reversa, 270

Tendências da logística reversa, 290
» Logística reversa em outros países, 292
» Abordagens para o desenvolvimento sustentável: a logística verde, a pegada ecológica, a economia circular e o projeto para a sustentabilidade, 308
» Reciclagem, questão fiscal e imposto verde, 324

Práticas de logística reversa, 340
» Práticas de logística reversa pós-venda, 342
» Práticas de logística reversa pós-consumo: acordos setoriais no Brasil, 346
» Disposição pós-consumo: aterros sanitários *versus* lixões, 379
» Catadores, cooperativas de catadores, PNRS e ações concretas, 381

Para concluir..., 404

Lista de siglas, 407

Glossário, 416

Referências, 419

Respostas, 455

Sobre os autores, 465

Prefácio

Convidada para prefaciar este livro, que versa sobre tema básico à manutenção da qualidade ambiental, senti-me duplamente honrada: pela oportunidade de introduzir o leitor às importantes discussões abordadas e pela admiração aos autores, Leo Tadeu Robles e José Maurício La Fuente, mestres e pesquisadores, cuja trajetória dedicada e comprometida na carreira profissional e docente dispensam maiores apresentações.

A Lei n. 12.305/2010, que instituiu a Política Nacional de Resíduos Sólidos (PNRS) trouxe, em seu bojo, regulamentações tanto para o setor público quanto para o privado, que se desdobram ora em desafios gigantescos, ora em oportunidades estratégicas.

A opção por consumo consciente, redução, reutilização e reciclagem de resíduos, gestão e destinação correta dos rejeitos gerados e educação ambiental são alguns instrumentos que, no Brasil, vêm promovendo articulações entre União, estados, municípios, regiões metropolitanas e as comunidades envolvidas.

Políticas públicas inovadoras estimulam projetos socioambientais voltados para a inclusão social dos catadores de resíduos, ampliando as condições para reutilização ou reciclagem de materiais e produtos descartados e contribuindo para que o Brasil atinja as metas propostas no Plano Nacional sobre Mudança do Clima.

Um ponto de destaque na Política de Resíduos é a logística reversa, que estabelece a responsabilidade compartilhada sobre o ciclo de vida dos produtos, a qual envolve fabricantes, comerciantes e consumidores.

É o tema central desta obra, cuja abordagem detalhada e minuciosa permitirá ao leitor aprofundar seus conhecimentos, apreciar experiências exitosas, fazer análises e planejar ações efetivas.

Nesta obra, a logística reversa assume sua dimensão ambiental, auxilia o setor produtivo na adequação legal e converte-se em oportunidade de negócios – verdes! Além disso, valoriza a educação ambiental e a comunicação social para formação de um novo perfil de consumidor: o consciente, ator protagonista de seu tempo e território, preocupado com a pegada ecológica.

Certamente, este livro criará subsídios para um debate aberto. Será indicado por professores de cursos de graduação e

pós-graduação e estará nas bibliotecas das universidades – nas mãos dos gestores públicos e do setor privado e nas casas dos cidadãos conscientes –, pelo estímulo à pesquisa, pelo incentivo aos projetos e ao desenvolvimento de tecnologias e pela necessidade constante da discussão e da reflexão!

Na defesa da sustentabilidade, em todas as suas dimensões!

Excelente contribuição, sobremodo coerente com a trajetória dos autores!

Prof.ª Dr.ª Maria Fernanda Britto Neves

Apresentação

Há muito tempo, a logística reversa tem sido praticada sem ter a conotação e a importância que tem em nossos dias. A recuperação de papel, papelão e metais, as compras "à base de troca" e as devoluções de produtos ou o recolhimento de sobras de produtos em pontos de venda sempre foram atividades comuns e tradicionais nas economias e em nosso país. O que mudou?

Mudou a percepção da sociedade com relação ao meio ambiente e à exploração desmesurada dos recursos naturais, finalmente encarados como finitos e integrantes do patrimônio de todos e das futuras gerações. Nesta obra, abordamos a logística reversa. Longe de esgotar o assunto, o objetivo é levar aos interessados – alunos, professores, profissionais, legisladores e autoridades – a visão da logística reversa como componente e instrumento para viabilizar o desenvolvimento sustentável em suas três dimensões: a econômica, a ambiental e a social.

A dimensão econômica revela-se na constatação, como ocorre desde sempre, de que negócios e cadeias reversas concretizam-se na remuneração das partes e dos agentes envolvidos, bem como na premissa de que o custo da movimentação adequada de produtos e materiais descartados tem de ser menor que ganhos e receitas gerados na coleta, na transformação, na recuperação e no reaproveitamento deles.

A dimensão ambiental refere-se ao fato de que a logística reversa contribui com o uso contínuo de materiais e a redução da exploração de recursos naturais escassos e de alto valor. Além disso, reduz a disposição inadequada de resíduos, mitigando a necessidade de utilização de aterros sanitários e dos custos decorrentes.

A dimensão social tem reflexo na valoração de pessoas que vivem em condição de rua e têm baixa capacitação, as quais têm sido empregadas nas atividades da logística reversa. Esta, por sua vez, pela variedade de materiais descartados e pelos numerosos pontos de coleta existentes, em suas etapas iniciais, praticamente não apresenta economias de escala e mão de obra intensiva.

E quais são os direcionadores da logística reversa? Identificamos três, a saber:

1) Legislação e regulamentações da atividade: no Brasil, a Política Nacional de Resíduos Sólidos (PNRS) (Lei n. 12.305/2010) é a pedra angular da atividade, e os acordos setoriais estabelecidos sob sua égide são analisados ao longo desta obra. Devemos citar, ainda, os certificados e rótulos privados que atestam práticas ambientais adequadas, os quais remetem para o direcionador seguinte.

2) Exigências do mercado nacional e internacional: compradores e consumidores estão mais exigentes e querem assegurar-se de que fabricantes e vendedores agem de forma ambientalmente amigável e apropriada.

3) Consciência ambiental: reflete-se na adoção pelas organizações da questão ambiental como fator determinante de suas escolhas e cursos de ação.

Nesse contexto, abordamos a logística reversa em suas duas vertentes principais: a pós-venda e a pós-consumo, com suas características determinantes para as organizações. Para melhor aproveitamento do livro, o tema *logística reversa* foi distribuído em seis capítulos, e cada um apresenta um estudo de caso, uma síntese e algumas questões de fixação e percepção de leitura. As referências utilizadas são apresentadas ao final e, além de subsidiarem a redação, elas constituem material importante para quem quiser se aprofundar no tema.

No Capítulo 1, examinamos a evolução dos conceitos de logística reversa e sua ancoragem nos objetivos do desenvolvimento sustentável e nos princípios do *triple botttom line*, assim como nas proposições de economia circular e pegada ecológica, mostrando as inter-relações entre a logística ambiental ("verde") e a logística reversa, a fim de recuperar materiais e reconduzi-los a processos produtivos.

No Capítulo 2, tratamos das características peculiares da logística reversa na inversão usual do fluxo de materiais, movimentando produtos, embalagens e resíduos dos consumidores e pontos de descarte em canais reversos de seu reaproveitamento ou redestinação. Também analisamos as particularidades dessa logística no pós-venda e no pós-consumo.

No Capítulo 3, avaliamos a evolução da legislação e da regulamentação no Brasil em forma associada com a legislação ambiental, destacando a aplicação da PNRS e dos acordos setoriais decorrentes.

No Capítulo 4, evidenciamos as técnicas de planejamento empresarial e a adaptação delas à logística reversa, em um contexto em que são críticos o conhecimento do produto a manusear, o mercado, os concorrentes e os processos e custos de operação, os quais devem ser confrontados com rendas e receitas geradas.

No Capítulo 5, destacamos as políticas de gestão de resíduos sólidos em outros países e seu rebatimento em formas inovadoras de tratamento do tema, como a economia circular e a pegada ecológica. Ainda, abordamos questão fiscal na logística reversa, que tem sido objeto de intervenção em outros países, mas que, no Brasil, encontra-se na fase de deliberação legislativa no Congresso Nacional.

No Capítulo 6, por fim, detalhamos os acordos setoriais pré-PNRS e pós-PNRS e a dimensão social da logística reversa por indução da PNRS e pela ação dos catadores, suas associações e cooperativas, considerados fundamentais para a atividade, principalmente em sua vertente de pós-consumo.

Esperamos que o conteúdo desta obra suscite novos debates e estudos acadêmicos sobre o desenvolvimento da logística reversa, apoie a atuação de empreendedores desse importante setor econômico e contribua para a consciência e as práticas de

desenvolvimento sustentável em respeito aos recursos naturais, ao planeta e a nós, que o habitamos.

Boa leitura e sucesso nos negócios de recuperação de materiais.

Como aproveitar ao máximo este livro

Este livro traz alguns recursos que visam enriquecer o seu aprendizado, facilitar a compreensão dos conteúdos e tornar a leitura mais dinâmica. São ferramentas projetadas de acordo com a natureza dos temas que vamos examinar. Veja a seguir como esses recursos se encontram distribuídos no decorrer desta obra.

››› Conteúdos do capítulo

Logo na abertura do capítulo, você fica conhecendo os conteúdos que serão nele abordados.

》》 Após o estudo deste capítulo, você será capaz de:

Você também é informado a respeito das competências que irá desenvolver e dos conhecimentos que irá adquirir com o estudo do capítulo.

》》 Conteúdos do capítulo:

- Importância da sustentabilidade para a gestão empresarial.
- Conceitos modernos aplicados ao desenvolvimento sustentável das organizações: *triple bottom line*, economia circular e pegada ecológica.
- Principais conceitos de gestão de cadeias de suprimentos e de logística integrada na relação com o desenvolvimento sustentável.
- Inter-relações entre logística ambiental, logística reversa e gestão de resíduos.

》》 Após o estudo deste capítulo, você será capaz de:

1) conceituar logística reversa e apontar sua relevância para o desenvolvimento sustentável;
2) correlacionar práticas da gestão ambiental nas cadeias logísticas de suprimento;
3) entender a evolução da consciência ambiental na preservação do planeta e nas sociedades por meio de legislação e regulamentações gerenciais privadas;
4) aplicar as novas abordagens voltadas para o desenvolvimento sustentável, tais como o *triple bottom line*, a economia circular, a pegada ecológica, entre outras;
5) reconhecer a logística reversa como ferramenta de operacionalização de coleta, separação e recuperação de materiais e produtos, a qual contribui para o desenvolvimento sustentável e para o melhor aproveitamento dos recursos naturais.

》》 Para saber mais

Você pode consultar as obras indicadas nesta seção para aprofundar sua aprendizagem.

Agora, assinale a alternativa que apresenta a sequência correta:

a. F, F, F, V, F.
b. V, V, V, V, F.
c. V, F, V, F, F.
d. V, V, F, V, V.
e. V, F, V, V, V.

》》 Para saber mais

Resíduo zero: ideia ou possibilidade?

As políticas de gestão de RSUs fundamentam-se em princípios que se direcionam para o desenvolvimento sustentável, como mostramos no Capítulo 1. Na década de 1970, surgiu o conceito de resíduo zero, com hierarquia conhecida na gestão dos resíduos: **prevenir, reusar, reciclar e tratar**. A Zero Waste International Alliance define que, quando o produto não se enquadre nessas alternativas, ele deve ser reprojetado, remodelado ou até ter sua comercialização restringida ou proibida. O conceito do resíduo zero não é mais uma simples ideia, sendo adotado em vários países, inclusive no Brasil, onde tem havido algumas iniciativas. Para aprofundar essa ideia e conhecer procedimentos e resultados alcançados, visite os seguintes sítios:

CONNETT, P. **Zero Waste**: Theory & Practice Around the World. 12 Jan. 2010. Disponível em: <http://sustainabledevelopment.un.org/content/dsd/susdevtopics/sdt_pdfs/meetings2010/ss0110/Presentation_Paul_Connett.pdf>. Acesso em: 25 abr. 2019.

›› Para despertar o interesse

Nestes boxes, os autores apresentam exemplos reais e informações relevantes sobre o conteúdo analisado no capítulo, a fim de incentivá-lo a pesquisar mais a respeito do tema.

> **›› Para despertar o interesse**
>
> **China e os negócios globais de reciclagem**
>
> A China é o principal importador mundial de materiais recicláveis, como papel, plásticos e metais, os quais, com a geração interna de recicláveis, são reaproveitados na produção e na embalagem de novos produtos, sendo distribuídos internamente e exportados globalmente. A dimensão do comércio de recicláveis é representada por cerca de 7,3 milhões de toneladas (t) de materiais plásticos, ou seja, 70% dos plásticos descartados no mundo são importados pela China, segundo dados da ONU de 2016, em geral de países e grupos desenvolvidos do Hemisfério Norte, Estados Unidos, União Europeia e Japão. Esses países exportam tais materiais não só como negócio, mas também como parte de suas políticas internas de gestão de resíduos (BBC Brasil, 2018).
>
> O Brasil, em 2017, segundo dados do Ministério do Desenvolvimento, Indústria e Comércio – MDIC (BBC Brasil, 2018), também exportou para a China 25,3 mil t de papéis e resíduos metálicos, como cobre (12,3 mil t), além de aço e alumínio. No entanto, essa prática está sob ameaça, pois a China está revendo sua política de importação para proteger seu meio ambiente, dando preferência à utilização de geração interna de resíduos, considerada suficiente para atender à demanda. Os exportadores globais de recicláveis têm procurado novos mercados no Oriente (Tailândia, Vietnã, Camboja, Malásia, Índia e Paquistão), embora saibam que esses mercados não têm a mesma capacidade que a China (BBC Brasil, 2018).

›› Perguntas e respostas

Nesta seção, o autor responde a dúvidas frequentes relacionadas aos conteúdos do capítulo.

> **›› Perguntas e respostas**
>
> 1) Quais são as principais diferenças entre o desenvolvimento de negócios de logística reversa nos Estados Unidos e na UE?
>
> Constata-se uma preocupação comum às duas regiões: o esgotamento de áreas para instalação de aterros sanitários, o que tem estimulado a criação de legislações que restringem ou até proíbem a disposição final de resíduos por esse processo. A legislação europeia é, por enquanto, mais avançada que a norte-americana, uma vez que traz mais restrições e novos focos de atenção para a gestão de resíduos: recuperação de materiais, preocupações com o efeito estufa (*greenhouse effect*), incentivo a processos com menor pegada ecológica (*carbono footprint*), imposição da responsabilidade estendida (EPR) para fabricantes e outros. Na UE, há debates e regulamentações para implantação de processos produtivos na direção dos princípios da economia circular, o que exige ampla revisão dos processos produtivos desde a fase conceitual dos produtos até o final de sua vida útil.
>
> 2) Nos princípios de economia circular, o que se entende por *fabricantes e distribuidores mantendo a propriedade de seus produtos*?
>
> A proposição pode ser resumida como os *fabricantes ou distribuidores mantendo a propriedade dos produtos e atuando como prestadores dos serviços prestados pelos seus produtos*. Nesse sentido, os usuários ou consumidores fariam uso de serviços advindos das funções desempenhadas pelos produtos. Por exemplo, um automóvel prevê serviços de locomoção

〉〉 Estudos de caso

Esta seção traz ao seu conhecimento situações que vão aproximar os conteúdos estudados de sua prática profissional.

Na mudança na política de gestão de resíduos chinesa, a EMF apontou para a necessidade de repensar a economia, saindo da prática de descartes para o modelo da economia circular, com vistas a desvincular o crescimento econômico de consequentes impactos socioambientais (Middlehurst, 2017).

〉〉 Estudo de caso

Gestão e controle de resíduos industriais

Os resíduos industriais (gerados nos processos industriais) podem ser sólidos (aparas, restos, sucatas etc.), líquidos (efluentes em geral) e gasosos (gases, vapores e fumaças). A legislação brasileira tem normas específicas para resíduos industriais e para a respectiva disposição. No enfoque das dimensões do *triple bottom line* (econômica, ambiental e social), apresentamos uma análise de processos produtivos na geração de resíduos industriais. Esses resíduos são matérias-primas que não foram transformadas em produtos finais, as quais podem ser consideradas resultado de ineficiência do processo produtivo: "Esbanjam-se recursos quando se descartam produtos que contêm materiais utilizáveis e quando os clientes pagam – de forma direta ou indireta – pelo seu descarte." (Porter, 1999, p. 374). Igual colocação é feita por Mihelcic e Zimmermann (2012). Esses autores complementam o exposto com crítica à área de engenharia, que, ao longo do século XX, teria dado mais ênfase à maneira de conviver com resíduos e de monitorá-los, desenvolvendo sofisticadas e custosas técnicas de controle, do que à promoção de eficiência e sustentabilidade

〉〉 Síntese

Você dispõe, ao final do capítulo, de uma síntese que traz os principais conceitos nele abordados.

〉〉 Questões sobre o estudo de caso

1) Como podemos considerar os resíduos industriais, segundo a visão dos autores Porter (1989) e Mihelcic e Zimmermann (2012)?

2) Além da ineficiência, como os autores Mihelcic e Zimmermann (2012) posicionam-se a respeito dos resíduos sob o ponto de vista da sustentabilidade?

3) Em que se constituem os EIA/RIMA necessários para o licenciamento ambiental de empreendimentos novos?

〉〉 Síntese

Neste capítulo, apresentamos os princípios básicos para o entendimento da logística reversa e da inserção desta nas práticas do desenvolvimento sustentável em correlação com a gestão ambiental empresarial e a gestão de cadeias de suprimentos. Destacamos o desenvolvimento da consciência ambiental nas sociedades modernas pelas motivações criadas pela legislação e regulamentações privadas; pelas exigências dos mercados compradores e consumidores e pela filosofia de respeito à natureza e ao planeta, o que tem feito com que a gestão empresarial gradativamente incorpore os conceitos do *triple bottom line*, ou seja, o desempenho referenciado às dimensões econômica, ambiental e social. Também abordamos as bases das práticas relativas à economia circular e à pegada ecológica, a serem analisadas adiante nesta obra, a fim de evidenciar que a logística reversa apresenta-se como ferramenta importante na

>>> Questões para revisão

Com estas atividades, você tem a possibilidade de rever os principais conceitos analisados. Ao final do livro, o autor disponibiliza as respostas às questões, a fim de que você possa verificar como está sua aprendizagem.

» Questões para revisão

1) Quais são as diferenças básicas entre os canais da logística direta e os da logística reversa?

2) Quais fatores são determinantes para a implantação bem-sucedida de canais reversos pós-consumo?

3) O quadro seguinte apresenta produtos que são reaproveitados e reintegrados a cadeias produtivas.

Preencha, nos espaços correspondentes, o tipo de canal reverso (ciclo aberto ou ciclo fechado) e os produtos gerados pelas matérias-primas recicladas.

Produto/descartes	Tipo de ciclo		Produtos de retorno ao ciclo produtivo
	Aberto	Fechado	
Óleo lubrificante usado			
Óleo de fritura usado			
Papelão			
Baterias automotivas			
Latas de alumínio			
Garrafas PET			
Embalagem tetra pak			

Agora, assinale a alternativa que apresenta o preenchimento correto do quadro anterior:

LOGÍSTICA REVERSA: CONCEITOS E INTER--RELAÇÕES

»» Conteúdos do capítulo:
- » Importância da sustentabilidade para a gestão empresarial.
- » Conceitos modernos aplicados ao desenvolvimento sustentável das organizações: *triple bottom line*, economia circular e pegada ecológica.
- » Principais conceitos de gestão de cadeias de suprimentos e de logística integrada na relação com o desenvolvimento sustentável.
- » Inter-relações entre logística ambiental, logística reversa e gestão de resíduos.

»» Após o estudo deste capítulo, você será capaz de:
1) conceituar logística reversa e apontar sua relevância para o desenvolvimento sustentável;
2) correlacionar práticas da gestão ambiental nas cadeias logísticas de suprimento;
3) entender a evolução da consciência ambiental na preservação do planeta e nas sociedades por meio de legislação e regulamentações gerenciais privadas;
4) aplicar as novas abordagens voltadas para o desenvolvimento sustentável, tais como o *triple bottom line*, a economia circular, a pegada ecológica, entre outras;
5) reconhecer a logística reversa como ferramenta de operacionalização de coleta, separação e recuperação de materiais e produtos, a qual contribui para o desenvolvimento sustentável e para o melhor aproveitamento dos recursos naturais.

Neste capítulo, apresentamos os conceitos básicos para o entendimento da logística reversa e de sua ligação com a gestão ambiental para o desenvolvimento sustentável. Da mesma forma, tratamos de seu conceito sob as perspectivas da gestão de cadeias de suprimentos, da logística integrada e de seus componentes. A preocupação com o meio ambiente, a origem e a justificativa da logística reversa na gestão de resíduos têm como referência o tripé da sustentabilidade: as dimensões econômica, ambiental e social em uma análise cronológica.

A partir da década de 1980, a questão ambiental tem se apresentado como ponto estratégico para as organizações, principalmente na implantação e na melhoria de ações voltadas para preservação e para o desenvolvimento sustentável em suas atividades. O conceito de *desenvolvimento sustentável* mais difundido é expresso no Relatório Brundtland, de 1987, qual seja: "desenvolvimento sustentável é aquele que atende às necessidades do presente sem comprometer a capacidade das gerações futuras de atenderem as suas próprias necessidades" (CMMAD, 1988, p. 46).

Em uma visão crítica sobre a evolução dos países desenvolvidos e das nações em desenvolvimento, a definição de desenvolvimento sustentável ressalta que o progresso econômico e social não pode ocorrer com a exploração indiscriminada de recursos naturais e com prejuízos à natureza em seu sentido amplo.

O Relatório Brundtland amplia explicitamente o conceito de *desenvolvimento sustentável*: "um processo de transformação no qual a exploração dos recursos, a direção dos investimentos, a orientação do desenvolvimento tecnológico e a mudança institucional se harmonizam e reforçam o potencial presente e

futuro, a fim de atender as necessidades e aspirações humanas" (CMMAD, 1988, p. 49).

Simples de ser entendido, mas difícil de ser implantado, tal conceito desafia as organizações, uma vez que a adoção dele é determinada por três ordens de fatores, quais sejam:

1) imposições e regulamentações legais públicas expressas na legislação, imposições e regulamentações privadas expressas em certificações e as contrapartidas de controle;
2) exigência dos mercados compradores e consumidores e a preocupação com a imagem pública por parte das empresas;
3) posicionamento ideológico/filosófico voltado para maior consciência ecológica e atendimento ao conceito de desenvolvimento sustentável.

É comum a referência à importância das legislações ambientais. Essas considerações são polêmicas, uma vez que alguns as julgam excessivas e restritivas, outros as encaram como insuficientes e ineficientes. Nosso entendimento é pela necessidade delas, que devem ser acompanhadas por procedimentos de fiscalização eficientes e probos.

O Brasil sobressai-se como um dos países mais atuantes nesse campo. Destacamos a Lei n. 12.305, de 12 de agosto de 2010 (Brasil, 2010b), que instituiu a Política Nacional de Resíduos Sólidos (PNRS). No que diz respeito a certificações privadas, existem vários tipos das ambientais, como a da ISO 14.000. Essas certificações têm origem e aceitação na iniciativa das organizações ou em exigências de clientes em seus processos de discriminação de fornecedores. Essas exigências públicas e privadas são analisadas, mais detalhadamente, no Capítulo 3 desta obra.

» Desenvolvimento sustentável e logística reversa

As pressões da sociedade organizada repercutiram também nas atividades logísticas e na gestão das cadeias de suprimentos em direção a uma logística ambientalmente responsável. Essa preocupação tem recebido várias denominações, tais como: *logística ambiental, logística verde* e, mais recentemente, *economia circular*. De todas as aplicações possíveis, destaca-se a logística reversa, nosso foco principal nesta obra.

As organizações vêm se esforçando para atender, com seus produtos e em seus processos, aos requisitos legais ambientais, os quais se referem não apenas aos próprios países, mas também àqueles para os quais são exportados. O atendimento à questão ambiental já se configura como exigência comum dos mercados, podendo favorecer ou limitar os negócios entre empresas e organizações.

Outro conceito importante e subjacente ao de sustentabilidade empresarial é o do **triple bottom line** (TBL ou 3BL), em analogia à última linha (de baixo) dos resultados nos demonstrativos financeiros. O TBL representa a sustentabilidade como um tripé composto pelas dimensões econômica, ambiental e social, as quais devem ser gerenciadas de forma integrada (Elkington, 1997). O TBL também indica o equilíbrio entre **3 Ps** (em inglês), ou dimensões de "resultados", ou seja, a social (pessoas – *people*), a econômica (lucro – *profit*) e a ambiental (planeta – *planet*).

Segundo Elkington (1997), o TBL aponta que o resultado empresarial não se restringe ao desempenho econômico-financeiro, uma vez que também se leva em conta o impacto mais amplo dele sobre a economia, o meio ambiente, a sociedade e as comunidades em que atua. No enfoque do TBL, a prioridade

é um meio ambiente socialmente justo, ecologicamente correto e economicamente viável na extensão do conceito de sustentabilidade.

Em outras palavras, as interações das dimensões social, ambiental e econômica representam os diferentes aspectos da sustentabilidade. A dimensão econômica, ao interagir com a social, enfatiza as gerações de emprego e renda, e a intersecção das dimensões econômica e ambiental focaliza ações ambientais economicamente viáveis. As interações entre as dimensões social e ambiental, por sua vez, ocorrem por meio de atividades sociais que não afetam o meio ambiente de forma prejudicial. A intersecção das três dimensões é representada pela **sustentabilidade de forma ampla**, conforme ilustra a Figura 1.1.

» **Figura 1.1** – Sustentabilidade empresarial como intersecção das dimensões econômica, ambiental e social (TBL)

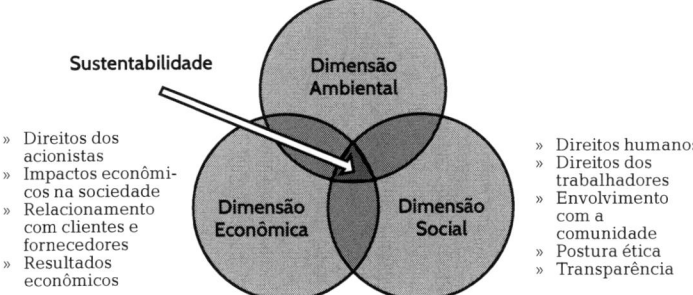

Fonte: Invepar, 2013.

A visão da sustentabilidade tem sido incorporada nas organizações tanto como fonte estratégica de vantagem competitiva quanto como elemento integrado às políticas de atuação. Essa motivação passa pelas exigências regulamentares públicas e privadas, pelas exigências de mercado e pela conscientização ecológica e ambiental.

Além da redução de impactos ambientais, há a prática de medidas compensatórias; por exemplo: a negociação de cotas de carbono segundo as definições do conceito de mecanismo de desenvolvimento limpo (MDL) – em inglês, *clean development mechanism* (CDM).

O *MDL* é definido no art. 12 do Protocolo de Quioto (Brasil, 1998b) e consiste na permissão dada a um país em desenvolvimento – com projetos e compromisso de redução de emissões – de poder negociar créditos relativos à redução de uma tonelada de gás carbônico (CO_2), os chamados *certificados de redução de emissão* (CER). O MDL pode envolver, por exemplo, a instalação de painéis solares para geração de energia em zonas rurais. O mecanismo de desenvolvimento limpo foi concebido contemplando dois objetivos:

» "Ajudar os países em desenvolvimento a cumprir seus compromissos de redução de emissões.
» Auxiliar países em desenvolvimento a alcançarem o desenvolvimento sustentável" (CDM, 2019, tradução nossa).

Nesse sentido, muitas organizações incorporam a seus relatórios anuais de resultados – e até mesmo a seus balanços – indicadores relativos a emissões atmosféricas, consumo de água e energia e impacto socioambiental com base na quantificação do desempenho ambiental organizacional. Essa

tendência é conhecida também como contabilidade da gestão ambiental (CGA), a qual é apresentada pela Divisão para o Desenvolvimento Sustentável das Nações Unidas (2001, citado por Tinoco; Robles, 2006, p. 1.084) como: "uma abordagem combinada que facilita a transição de informação da contabilidade financeira e da contabilidade de custos para aumentar a eficiência de materiais, reduzir o impacto e o risco e reduzir os custos de salvaguarda ambiental".

Outro conceito associado ao desenvolvimento sustentável – em aplicação pelas organizações – é o de **economia circular**, que surgiu no Reino Unido com base no pioneirismo da velejadora Ellen MacArthur após a preocupação que teve com utilização de recursos naturais na economia global. Em 2010, foi criada a Fundação Ellen MacArthur (EMF – Ellen MacArthur Foundation) com o objetivo de incentivar a gestão e o aproveitamento de recursos naturais em uma transição da economia tradicional (ou direta) para a economia circular. A EMF define *economia circular* como:

> *regenerativa e restaurativa*
> *por princípio. Seu objetivo*
> *é manter produtos, componen-*
> *tes e materiais em seu mais*
> *alto nível de utilidade e valor*
> *o tempo todo [...].*
>
> *A economia circular é con-*
> *cebida como um ciclo de*
> *desenvolvimento positivo*
> *contínuo que preserva*
> *e aprimora o capital natural,*

otimiza a produção de recursos e minimiza riscos sistêmicos administrando estoques finitos e fluxos renováveis. (EMF, 2015, p. 2)

O conceito de economia circular se baseia em **três princípios**, conforme mostra o Quadro 1.1. Trata-se de repensar processos, além da produção – uso – recuperação e reciclagem e, sim, desde sua concepção, escolha de materiais e processos produtivos de modo que seu reaproveitamento seja como considerado como base para sistemas ou circuitos internos da economia.

» **Quadro 1.1 – Princípios da economia circular**

Princípio 1: **Preservar e aumentar o capital natural** ... controlando estoques finitos e equilibrando os fluxos de recursos renováveis.	Isso começa com a desmaterialização dos produtos e serviços – com sua entrega virtual, sempre que possível. Quando há necessidade de recursos, o sistema circular seleciona-os com sensatez e, sempre que possível, escolhe tecnologias e processos que utilizam recursos renováveis ou apresentam melhor desempenho. Uma economia circular também aumenta o capital natural estimulando fluxos de nutrientes no sistema e criando as condições necessárias para a regeneração (como, por exemplo, a do solo).

(continua)

(Quadro 1.1 – conclusão)

Princípio 2 **Otimizar a produção de recursos** ... fazendo circular produtos, componentes e materiais no mais alto nível de utilidade o tempo todo, tanto no ciclo técnico quanto no biológico.	Isso é sinônimo de projetar para a remanufatura, a reforma e a reciclagem, de modo que componentes e materiais continuem circulando e contribuindo para a economia. Sistemas circulares usam circuitos internos mais estreitos sempre que preservam mais energia e outros tipos de valor, como a mão de obra envolvida na produção. Esses sistemas também mantêm a velocidade dos circuitos dos produtos, prolongando sua vida útil e intensificando sua reutilização. Por sua vez, o compartilhamento amplia a utilização dos produtos. Sistemas circulares também estendem ao máximo o uso de materiais biológicos já usados, extraindo valiosas matérias-primas bioquímicas e destinando-as a aplicações de graus cada vez mais baixos. Estende o uso de materiais biológicos já usados, recuperando matérias-primas bioquímicas e destinando-as a aplicações de graus cada vez mais baixo.
Princípio 3 **Fomentar a eficácia do sistema** ... revelando as externalidades negativas e excluindo-as dos projetos.	Isso inclui a redução de danos a produtos e serviços de que os seres humanos precisam, como alimentos, mobilidade, habitação, educação, saúde e entretenimento, e a gestão de externalidades, como uso da terra, ar, água e poluição sonora, liberação de substâncias tóxicas e mudança climática.

Fonte: EMF, 2019b.

A contraposição da economia circular é da extensão da visão da economia linear tradicional representada na expressão *do berço ao túmulo* (*cradle to grave*, em inglês) para o conceito de *do berço ao berço* (*cradle to cradle*, em inglês) em um sentido

natural, como acontece na natureza. A Figura 1.2 ilustra e resume a visão da economia circular.

» **Figura 1.2** – Economia circular

Fonte: BCSD, 2016, s.p.

Outro conceito usual e relativo ao desenvolvimento sustentável é o de **pegada ecológica**, que se vincula ao reconhecimento de danos ambientais atuais e potenciais associados a uma organização. O princípio é o da quantificação (*ecological footprint*) dos impactos prejudiciais à natureza advindos de produtos e processos. A WWF Brasil define *pegada ecológica* como:

> uma metodologia de contabilidade ambiental que avalia a pressão do consumo das populações humanas sobre os

> *recursos naturais. Expressada em hectares globais (gha), permite comparar diferentes padrões de consumo e verificar se estão dentro da capacidade ecológica do planeta. Um hectare global significa um hectare de produtividade média mundial para terras e águas produtivas em um ano.* (WWF Brasil, 2019a)

A WWF é uma organização mundial que se dedica a proteger e incentivar ações de preservação da natureza com atuação também no Brasil e propõe o conceito de *biocapacidade*, isto é, "a capacidade dos ecossistemas em produzir recursos úteis e absorver os resíduos gerados pelo ser humano" (WWF Brasil, 2019a).

A aplicação da pegada ecológica é semelhante à do balanço de massa na contabilidade ambiental. Tinoco e Robles (2006, p. 1.085) definem *balanço de massa* como "[...] uma equação que se baseia no princípio de que 'tudo o que entra terá de sair ou ficar estocado', dessa forma propõe-se o registro e o acompanhamento dos fluxos de materiais, segundo uma análise de entrada e saída no processo produtivo".

Nesse contexto, a gestão ambiental na direção do desenvolvimento sustentável requer das organizações estratégias e ações efetivas com relação à responsabilidade com as futuras gerações. Essas ações passam, necessariamente, pela mensuração e comunicação (transparência) das ações e pelos impactos causados no processo. Não raro, muitas organizações têm se esforçado para ir além do atendimento aos requisitos legais e às exigências de mercados conscientes. No entanto, essa atitude não é fácil nem amplamente disseminada se apresentada de forma descontínua e desigual em organizações, países e regiões. Há de se considerar que o respeito ao meio ambiente implica custos maiores e mudança real da mentalidade predominante ao longo da história da economia industrial. A logística reversa é uma demonstração de que se pode respeitar o meio ambiente, caminhando ao encontro dos conceitos apresentados de economia circular e de pegada ecológica e aproveitando a oportunidade para exploração de negócios associados. Uma condição básica é a relativa consideração às cadeias de suprimento, como veremos a seguir.

» Dimensão ambiental, gestão de cadeias de suprimentos e logística reversa

A dimensão ambiental tem se apresentado como um dos componentes determinantes da gestão das *cadeias de suprimento*, as quais, segundo Robles (2016, p. 56) podem ser definidas como:

> *um conjunto de atividades que cria valor competitivo, agregando serviços aos produtos vendidos e, consequentemente, valor aos clientes, contribuindo ainda para a otimização dos custos operacionais e da produtividade,*

*para melhores utilizações
da capacidade produtiva
e dos recursos, reduzindo
estoques ao longo das cadeias
produtivas e de suprimentos,
integrando, de forma mais
estreita, a empresa a seus
fornecedores e clientes.*

O autor aponta que o conceito de gestão de cadeias de suprimento identifica-se com o de *logística integrada*, que pressupõe a gestão integrada dos componentes logísticos, quais sejam: transporte; armazenagem; embalagem e manuseio de mercadorias; gestão de inventários (estoques); ciclo de vida e processamento de pedidos; níveis de serviços aos clientes; sistemas de informações; questões fiscais e questões ambientais.

Autores basilares do tema apontam que a **função da logística** é "mover e localizar o inventário ao longo das cadeias de suprimento" (Bowersox; Closs; Cooper, 2006, p. 21) a fim de "alcançar os benefícios desejados de tempo, local e posse a um custo total mínimo" (Lambert; Stock, 1999, p. 45, tradução nossa). Assim, ao longo das cadeias de suprimento, o inventário (estoque) movimenta-se e seu valor apresenta-se na disponibilidade, no tempo certo, no lugar certo e com a transferência de propriedade para utilização. Uma extensão desse conceito diz respeito à gestão logística durante todo o ciclo de vida de um produto: aquisição de matérias-primas, processos industriais de produção, distribuição e recuperação após uso ou disposição final.

Cadeias de suprimentos, portanto, apresentam-se como formas inter-relacionadas de atuação e, por isso, configuram "redes" de empresas, naturalmente, induzidas ou comandadas por empresas focais, ou seja, empresas que determinam suas relações *com* e *entre* fornecedores e distribuidores. Essas inter-relações podem configurar parcerias pela interdependência dos participantes. No entanto, não podemos esquecer, conforme destacou Robles (2016, p. 77), "as empresas focais são mandatórias nessa iniciativa e conduzem os processos de forma acordada com as demais componentes das cadeias de suprimento".

Mais recentemente, tem-se considerado que produtos em cadeias de suprimentos não se deslocam em um só sentido (da obtenção de matérias-primas básicas na natureza até o consumo de produtos acabados), mas também há de se levar em conta o sentido contrário ou **reverso**, ou seja, da disposição final após consumo até as fontes de produção. Esse é o objeto desta obra.

A Lei n. 12.305/2010 (Política Nacional de Resíduos Sólidos), em seu art. 3º, inciso XII, define *logística reversa* como:

> *instrumento de desenvolvimento econômico e social caracterizado por um conjunto de ações, procedimentos e meios destinados a viabilizar a coleta e a restituição dos resíduos sólidos ao setor empresarial, para reaproveitamento, em seu ciclo ou em outros ciclos produtivos, ou outra destinação final ambientalmente adequada.*
> (Brasil, 2010b)

Leite (2003, p. 16), por sua vez, entende *logística reversa* como:

> *área da logística empresarial que planeja, opera e controla o fluxo e as informações logísticas correspondentes, do retorno dos bens de pós-venda e de pós-consumo ao ciclo dos negócios ou ao ciclo produtivo, por meio de canais de distribuição reversos, agregando-lhes valor de diversas naturezas: econômico, ecológico, legal, logístico, de imagem corporativa, entre outras.*

É consenso a crescente importância dos fluxos reversos, ou seja, fluxos de materiais e de componentes de produtos ou de processos que, após consumo, são coletados e transportados em revés nas cadeias de suprimento para eventual reutilização ou reciclagem e reincorporação ao processo produtivo. No Brasil, um exemplo marcante é o das latas de alumínio, as quais são coletadas de forma extensiva para reciclagem para, de novo, tornarem-se latas novas. Outro exemplo é o das embalagens de garrafas PET coletadas, recicladas e reutilizadas, inclusive para a produção de fibras têxteis. Esses casos serão abordados em mais detalhes no Capítulo 2.

Fluxos reversos, em geral, reincorporam materiais aos processos produtivos ou os destinam para revenda, o que denominamos de *cadeias de suprimentos de ciclo fechado* ou, em inglês, *closed-loop supply chains*. Trata-se de cadeias de suprimento que compreendem fluxos diretos e reversos, na forma de "ciclos" compostos por materiais (usados ou não) que são devolvidos a locais anteriores da cadeia para reutilização ou reprocessamento. Nesse contexto, denomina-se de **logística reversa** a integração de seus componentes.

O sistema de produção inicia-se com a obtenção das matérias-primas a serem incorporadas aos produtos, as quais podem ser naturais de origem animal (por exemplo, peles), vegetal (produtos agrícolas ou extração) ou mineral (por exemplo, minério de ferro, bauxita e outros minerais), bem como a água e as matérias-primas transformadas, ou seja, que já passaram por um processo de transformação (por exemplo, o papel).

Os recursos naturais podem ser considerados renováveis e não renováveis. Os exemplos mais notórios dizem respeito a fontes de energia não renováveis, como o petróleo, e renováveis, como a hidráulica, a eólica e a solar. O conceito de sustentabilidade tem como um de seus princípios a utilização de recursos renováveis e a reciclagem dos resíduos, subprodutos e matérias secundárias.

Para melhor entendimento da logística reversa, apresentamos a seguir algumas definições sobre matérias-primas:

» **Matérias-primas e componentes**: representam todo material utilizado na fabricação de um produto e são parte integrante deste. Têm origem na natureza, podendo passar ou não por transformação. Como classificação, dividem-se em matérias-primas renováveis e matérias-primas não renováveis.

» **Produtos secundários (coprodutos)**: originários do processo produtivo principal, porém não são parte integrante do produto final, embora possam ter valor significativo. Um exemplo ocorre na cadeia produtiva do biodiesel*, que tem como subprodutos farelos, torta e glicerina, utilizados na alimentação animal e na indústria química. O item 3.10 da norma ISO 14040:2009 define *coproduto* como "qualquer um entre dois ou mais produtos procedentes do mesmo processo elementar ou sistema de produto" (ABNT, 2009, p. 3).

» **Subprodutos**: como os coprodutos, são resultantes da produção do produto principal, mas têm valor de mercado bastante inferior se comparado ao do produto principal. Por exemplo, no processo industrial que usa chapas metálicas, as aparas são convertidas em sucata e, como tal, são comercializadas.

» **Produtos intermediários**: produtos acabados utilizados em um processo produtivo com função resultante de sua incorporação a outro produto. Por exemplo, pneus são considerados produtos intermediários na indústria montadora de veículos, assim como *chips* e placas de circuito impresso o são no setor de equipamentos eletroeletrônicos.

» **Resíduos, emissões ou efluentes**: produtos resultantes dos processos produtivos que, geralmente, exigem ações mitigadoras de custo significativo. Por exemplo, o tratamento de efluentes em indústrias fabricantes de cervejas. Em alguns casos, podem ser convertidos em receita se reaproveitados como matéria-prima em novos produtos ou como combustível [matéria-prima secundária – resíduos (sólidos, líquidos ou gasosos) reciclados].

A estratégia de sustentabilidade nas organizações apareceu, inicialmente, por ações de mitigação, ou seja, atos que

---

* Veja mais detalhes sobre biodiesel no Capítulo 2 deste livro.

serviam "de alguma forma para remediar ou reduzir algum impacto ambiental detectado" (BioJr.USP, citado por Maranha, 2013). Por exemplo, mitigar gases do efeito estufa (GEE) é uma ação que tem ligação direta com a redução de impactos originados da emissão de gases na atmosfera. Atualmente, as organizações têm enfatizado ações de reaproveitamento e de redução de perdas em suas cadeias produtivas.

Nessa direção, a logística reversa nos processos produtivos surge no reaproveitamento de coprodutos e subprodutos e no pós-consumo, na coleta e no encaminhamento para processamento de produtos usados para reúso como matéria-prima secundária.

Atualmente, entende-se que consumidores e outras entidades da sociedade requerem informações sobre efeitos prejudiciais ao meio ambiente na obtenção das matérias-primas, nos processos produtivos e na recuperação e no reúso de materiais descartados pós-consumo. Ora, como vimos ao tratar da economia circular, impactos ambientais abarcam as cadeias de suprimentos de forma integral, e a gestão ambiental acontece no projeto, no desenvolvimento, na produção, no encaminhamento, na recuperação e na disposição final dos produtos.

A sustentabilidade ambiental manifesta-se, então, como estratégia nas organizações sob a pressão da sociedade organizada (governo e organizações não governamentais – ONGs) e requer a concepção dos instrumentos gerenciais disponíveis ao ambiente empresarial na constituição da gestão ambiental como componente desse ambiente.

Nesse sentido, destacamos aqui o conceito de **pegada ambiental**, que, diante das necessidades humanas, parte da premissa de haver possibilidades ecológicas do planeta, para o alcance das quais se consideram os **3 Rs** da sustentabilidade: reduzir, reutilizar e reciclar, conforme ilustra a Figura 1.3. No processo ilustrado, a logística reversa apresenta-se na gestão de formas gerenciais de reutilizar ou reciclar, assim como de assegurar uma disposição adequada de resíduos não recicláveis.

» **Figura 1.3** – 3Rs da sustentabilidade

Reduzir

Reciclar   Reutilizar

Anson_shutterstock/Shutterstock

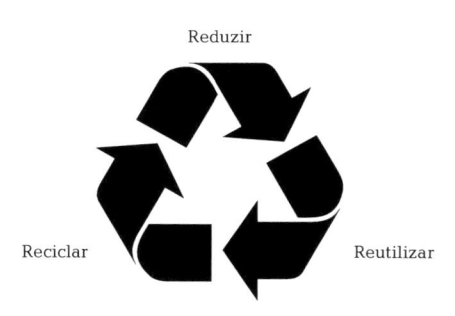

Bowman (1995, citado por Xavier; Corrêa, 2013) foi o pioneiro a considerar a logística ambiental em razão das repercussões da fixação de limites legais para emissões relativas aos diferentes modos de transporte (rodoviário, ferroviário, aquaviário, aéreo e dutoviário), tendo evidenciado a interação entre logística e meio ambiente.

A limitação dos níveis de emissão atmosféricas tem sua origem nos protocolos de Montreal (1987) e de Quioto (1997), e ambos consubstanciaram as preocupações e obrigações com a emissão de gases, principalmente CO_2 no efeito estufa (*greenhouse effect*), com o fenômeno do aquecimento global e as consequentes mudanças climáticas*.

Resíduos perigosos

A Convenção de Basileia, de 1989, da qual o Brasil é signatário, dispôs sobre o "controle de movimentos transfronteiriços de resíduos perigosos e seu depósito", estabelecendo instrumentos internacionais de controle com base no "consentimento prévio e explícito" da movimentação de resíduos perigosos entre países (Brasil, 1993; 2019f). Protocolos internacionais têm repercutido no estabelecimento de políticas públicas e no rebatimento na gestão das organizações na dimensão ambiental de sua atuação.

>>> **Para saber mais**

Para mais detalhes sobre o papel dos diferentes modais de transporte nas cadeias de suprimentos, consulte:

ROBLES, L. T.; NOBRE, M. **Logística internacional**. Curitiba: InterSaberes, 2016.

---

* Os principais gases emitidos responsáveis pelo efeito estufa são o dióxido de carbono (CO_2), o mais importante, o metano (CH_4), o óxido nitroso (N_2O), os hidrofluorocarbonetos (HFCs), os perfluorcarbonetos (PFCs), o hexafluoreto de enxofre (SF_3) e o trifluoreto de nitrogênio (NF_3). O ozônio (O_3) é considerado tecnicamente um gás de estufa, mas necessário para o bloqueio de luz ultravioleta que pode ser prejudicial ao ser humano. Os gases do efeito estufa bloqueiam a radiação infravermelha da terra, podendo resultar no aquecimento da superfície do planeta na medida em que sua concentração aumenta (EIA, 2018).

A Lei n. 12.305/2010, que instituiu a Política Nacional de Resíduos Sólidos, em seu art. 13, trecho em que classifica os resíduos sólidos, define *resíduos perigosos* como

> *aqueles que, em razão de suas características de inflamabilidade, corrosividade, reatividade, toxicidade, patogenicidade, carcinogenicidade, teratogenicidade e mutagenicidade, apresentam significativo risco à saúde pública ou à qualidade ambiental, de acordo com lei, regulamento ou norma técnica.* (Brasil, 2010b)

A logística ambiental inclui cuidados especiais na **movimentação** de produtos perigosos, tendo em vista que um deslocamento (embalagem, transporte, operações de manuseio, armazenagem, disposição de embalagens e outros) não adequado pode provocar danos às pessoas e ao meio ambiente.

No Brasil, vale destacar a atuação da Associação Brasileira da Indústria Química (Abiquim) e de seu programa de certificação, o Sistema de Avaliação de Segurança, Saúde, Meio Ambiente e Qualidade (SASSMAQ) – iniciado em 2001 –, que abrangem modais de transporte, terminais de armazenagem e estações de limpeza com o objetivo de, contínua e progressivamente, "reduzir os riscos de acidentes nas operações de transporte e distribuição de produtos químicos" (Abiquim, 2012b).

A gestão ambiental nas organizações e seu rebatimento na logística também se refletem na adoção de sistemas de certificação e na adoção de indicadores (os quais abordaremos nos Capítulos 3 e 4). Exemplos de indicadores adotados por grandes organizações são o Índice Dow Jones de Sustentabilidade e, no caso brasileiro, o Índice de Sustentabilidade Empresarial (ISE) proposto pela Bolsa de Valores de São Paulo.

» Logística reversa e logística verde (ou ambiental): caracterização

Em logística, nos campos acadêmico e empresarial, têm-se adotado as terminologias equivalentes de *logística ambiental* ou *logística verde (green logistics)* e de *logística reversa*. No entanto, Rogers e Tibben-Lembke (1999) apontam que, embora relacionadas, as definições podem diferenciar-se entre si. Assim, logística reversa representaria "o esforço de movimentar produtos de seu local usual de disposição com a finalidade de recapturar valor" e logística verde (ou ambiental) representaria o "entendimento e a minimização do impacto ambiental da logística" (Rogers; Tibben-Lembke, 1999, p. 103, tradução nossa).

Os autores consideram como parte da logística verde a quantificação de impactos relativos aos modos de transporte, as ações para a certificação da série ISO 14000, a economia de energia nas atividades logísticas e a redução do uso de materiais (Rogers; Tibben-Lembke, 1999).

Essa discussão da distinção entre as definições é mais acadêmica que prática, pois o que interessa é em que medida seus princípios básicos são adotados e praticados nas organizações. Essa prática, vale a pena enfatizar, tem motivação em legislações e regulamentações de origem pública e privada, exigências de mercados e consumidores adeptos de uma filosofia de atuação responsável na direção do desenvolvimento sustentável. Nesta obra, consideramos o conceito de logística reversa como parte integrante do conceito de logística ambiental.

A Figura 1.4 mostra as conexões comuns entre a logística reversa e a logística ambiental tendo como base o conceito de *triple bottom line* (TBS), também ilustrado n a imagem.

» **Figura 1.4** – Conexões entre os escopos da logística reversa e da logística ambiental

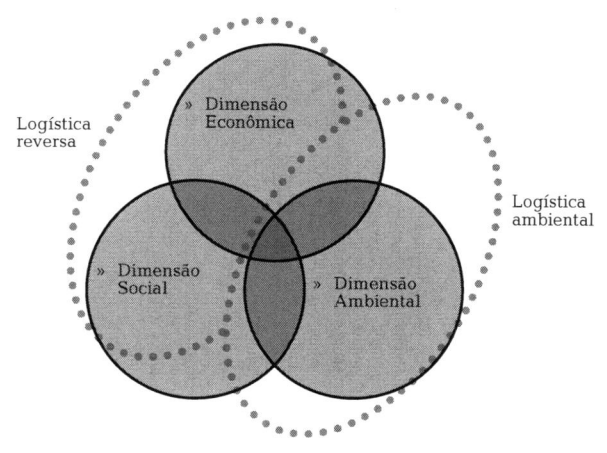

Fonte: Elaborado com base em Xavier; Corrêa, 2013.

Wang e Gupta (2011) resumiram a evolução das cadeias de suprimentos verdes e, logicamente, a evolução da logística verde e da logística reversa, conforme mostra a Figura 1.5. Esses autores demonstram que, à medida que cresce a consciência em relação ao meio ambiente, aumentam a complexidade e a escala das tecnologias associadas a processos e produtos nas cadeias de suprimentos quanto à incorporação do conceito de sustentabilidade.

» **Figura 1.5** – Evolução das cadeias de suprimentos verdes

ALTA

2010+
» Sustentabilidade nas cadeias de suprimentos como um todo
» Foco na redução da "pegada" ecológica em toda a cadeia de suprimentos
» Gestão da energia utilizada
» Prevenção da poluição em vez do controle da poluição
» Utilização de produtos recicláveis e reutilizáveis

2000-2010
» Gestão sistemática de produtos e processos para assegurar a qualidade ambiental e maximizar a rentabilidade
» Foco nos impactos no meio ambiente durante o ciclo de vida de processos e produtos

1990-2000
» Melhorias de processo para redução do consumo de matéria-prima
» Minimização de perdas (resíduos) e melhoria de eficiência

1980-1990
» Gestão de perdas (resíduos) e controle da poluição
» Introdução da sustentabilidade dos processos de manufatura no nível local
» Sustentabilidade dos processos de manufatura por meio da terceirização
» Nenhum impacto nas cadeias de suprimento como um todo

1970-1980
» Início do planejamento do uso de recursos naturais nas cadeias de suprimentos
» Surgimento da regulamentação relativa ao meio ambiente nos processos de manufatura
» Início da gestão de riscos

1960-1970
» Normas ambientais concentradas apenas na poluição do ar
» Cadeias de suprimentos mais simples e existência apenas de planejamento para a rentabilidade
» Cadeias de suprimentos e normas ambientais sem relacionamento

BAIXA

Normas ambientais

BAIXA — Complexidade das cadeias de suprimentos — ALTA

Fonte: Wang; Gupta, 2011, p. 7, tradução nossa.

No início, as ações ocorriam para controle de emissões atmosféricas e uso mais eficiente energeticamente de cada modo de transporte (por exemplo, no Brasil, a introdução do etanol oriundo da cana de açúcar, menos poluente, de origem em fonte renovável). Mais recentemente, adotaram-se práticas de interação adequada entre atividades logísticas e meio ambiente. Nesse caso, destaca-se a logística reversa, nosso objeto.

O conceito de logística reversa não é novo, uma vez que tem sido usado há muito tempo, tanto na academia quanto nas organizações. No entanto, a visão da área era restrita e associada à gestão de devoluções comerciais, quando tinham pouca relevância os aspectos de melhoria do desempenho ambiental de processos e produtos. A logística reversa de origem, anterior, seria incorporada, então, ao conceito de economia circular na proposição de redução de resíduos e de minimização da disposição inadequada destes.

Nesse contexto, vale mencionar que uma das vantagens do sistema capitalista é possibilitar o aproveitamento de oportunidades de negócio: uma vez que há obrigações legais, que podem acarretar aumento de custos, o sistema inova-se e novos negócios apresentam-se. Um exemplo notório é o da coleta seletiva, que incorpora novos agentes e constitui-se como um negócio novo, com impacto social, visto que, em razão dela, incorporam-se ao mercado pessoas (novos atores) que se encontravam à margem deste.

A Figura 1.6 demonstra como ocorre essa realidade, com destaque para as atividades de coleta, triagem e transformação de resíduos após o surgimento de novos agentes e relações nas cadeias de suprimentos.

» **Figura 1.6** – Construção de cadeias de suprimentos sustentáveis e a logística reversa

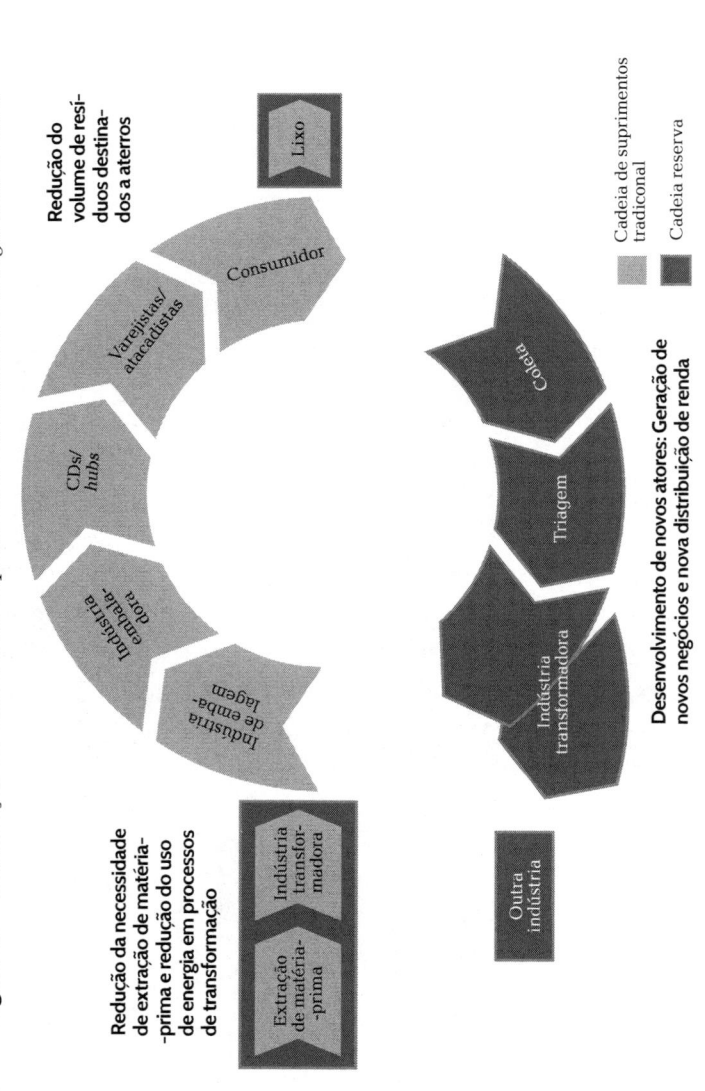

Fonte: Sousa; Pozes, 2011.

A Figura 1.6 também demonstra a ideia da **logística reversa em ciclos**, proposta por Dyckhoff, Lackes e Reese (2004). Os ciclos consubstanciam-se em ações de redução e de reciclagem e, em decorrência delas, os resíduos coletados passam, com base no reaproveitamento, a ser matérias-primas primárias e secundárias na produção de produtos principais, que, como vimos, podem ou não ser aqueles dos quais se originam.

Dyckhoff, Lackes e Reese (2004) apresentam um modelo simples de ciclo representado por um fluxo de recursos extraídos da natureza, os quais são manufaturados, destinados a uso e reúso e, finalmente, constituídos em resíduos (perdas, em inglês *wastes*). Estes últimos têm de ser dispostos de modo que os impactos no meio ambiente sejam os menores possíveis. Dessa forma, os autores propõem *produção, consumo* e *redução* como categorias do processo de transformação de insumos (*inputs*) em produtos (*outputs*). Essas categorias, conforme apontam Dyckhoff, Lackes e Reese (2004), estão inter-relacionadas em um ou mais ciclos de vida de materiais, os quais, por sua vez, apresentam-se em três categorias de transações econômicas, a saber:

1) Pontos de venda (POS – *points of sale*): atacadistas e varejistas envolvidos na comercialização e distribuição dos produtos (ver Figura 1.6).
2) Pontos de retorno (POR – *points of return*): locais ou entidades de coleta ou redistribuição de produtos usados ou velhos (obsoletos) considerados resíduos.
3) Pontos de entrada, reentrada ou saída (POE – *point of entry, re-entry or exit*): locais ou entidades que obtêm, recolocam ou dispõem os produtos como materiais primários ou secundários.

A última categoria é apontada pelos autores como a "interface com a natureza". Para eles, o "sistema econômico não somente é alimentado por insumos naturais primários, como também devolve resíduos, que necessitam ser dispostos como produtos" (Dyckhoff; Lackes; Reese, 2004, p. 4, tradução nossa). Os autores enfatizam que, para os ciclos funcionarem, é necessária a cooperação entre os agentes, questão que conduz à reflexão sobre as dificuldades de implantação generalizada de cadeias de suprimentos verdes e da dimensão concreta da logística reversa.

»» Fatores que influenciam a implementação de práticas ambientais

Silva (2016) desenvolveu estudo em que levantou fatores que induzem a dimensão ambiental nas organizações e, mais detalhadamente, as barreiras que se apresentam para sua implantação. Essas **barreiras** foram categorizadas nas dimensões resumidas no Quadro 1.2, quais sejam: desempenho econômico (DE); desempenho ambiental (DA); desempenho legal e certificações; desempenho operacional (DO) e conhecimento e informação (CI).

» **Quadro 1.2** – Dimensões da implantação de cadeias de suprimentos verdes

Desempenho econômico (DE)	» Prioridade da alta administração » Incertezas com relação aos benefícios econômicos
Desempenho ambiental (DA)	» Preocupação com relação a impactos ambientais » Visão da qualidade do meio ambiente

(continua)

(Quadro 1.2 – conclusão)

Desempenho legal e certificações	» Atendimento a requisitos legais » Atendimento a certificações privadas » Proteção à saúde humana

Desempenho operacional (DO)	» Redução, reutilização, remanufatura, reciclagem
	» Compras verdes
	» Cooperação com o cliente
	» *Ecodesign*
	» Gestão ambiental interna e externa
	» Logística verde:
	  » transporte sustentável
	  » logística reversa
	  » embalagens ambientalmente amigáveis
	» Gestão do fim de vida de produtos (etc.)

Conhecimento e informação (CI)	» Sistemas de avaliação e de *feedback* » Sistemas de comunicação entre agentes envolvidos, principalmente fornecedores » Interação e compromisso no desenvolvimento de um capital social

Fonte: Elaborado com base em Silva, 2016.

A dimensão *desempenho legal e certificações* ressalta uma das principais motivações para adoção da gestão ambiental nas organizações: **questões legais, exigências do mercado, filosofia de atuação**. Destacamos, ainda, que as ações relativas ao meio ambiente implicam maiores **custos** microeconômicos de operação. Isso ocorre porque a disposição adequada de resíduos e a utilização de recursos naturais com responsabilidade requerem custos elevados se comparados aos relacionados ao descarte e à utilização indiscriminada. E aí residem uma das principais barreiras para a implantação generalizada e a necessidade da intervenção governamental.

Em uma economia globalizada, como esta em que vivemos, há de se considerar que as exigências ambientais são diferentes entre países e até entre regiões de um mesmo país. O Brasil, por exemplo, embora tenha regulamentação ambiental avançada e detalhada, infelizmente falha na extensão/no alcance e na eficácia dos instrumentos e mecanismos de controle.

A gestão de resíduos domiciliares é um exemplo notório. Inicialmente, essa gestão resumia-se à coleta dos resíduos domiciliares ("lixo"), que eram dispostos em locais afastados dos centros urbanos. O processo de disposição desenvolveu tecnologias que resultaram nos aterros sanitários, com controles dos impactos ambientais no solo, na água e no ar atmosférico, permitindo a progressiva extinção dos aterros controlados ou "lixões".

Entretanto, ainda se constata, como mostraremos no Capítulo 6, a existência de lixões, nos quais pessoas e animais convivem de modo inadequado e em razão dos quais há impacto causado pelo chorume (líquido gerado pela decomposição da matéria orgânica) no lençol freático (água), além das emissões atmosféricas, com odor e presença de vetores biológicos.

Os primeiros aterros sanitários desenvolveram ações de mitigação dos prejuízos à saúde pública, pois, por meio de máquinas de terraplenagem, os "resíduos" eram cobertos com o solo do local, o chorume gerado era coletado e tratado e os gases eram queimados. Mais recentemente, esse tipo de disposição começou a ser questionado, quer pelo espaço ocupado ou esgotado, quer pela expansão das áreas e populações urbanas, além da insustentabilidade do processo ao desperdiçar materiais com valor econômico.

Assim, outros processos de disposição passaram a ser discutidos, como reaproveitamento dos materiais, dos gases gerados, que agora são coletados e usados como fonte de energia, com geração de créditos de carbono. Infelizmente, a opção de aterros, mesmo os não sanitários, é comum, eventualmente, em razão do custo financeiro menor que o de outras alternativas com tratamento e disposição dos resíduos coletados.

No entanto, há uma aceitação geral da exigência de **prevenção da geração de resíduos**, conforme mostramos na Figura 1.6, que destaca a geração de negócios decorrentes da gestão ambiental. Podemos citar, entre outros, serviços de consultoria, implantação e operação de estações de tratamento de efluentes (ETEs), além de programas de coleta seletiva, os quais viabilizam negócios relativos ao que era considerado inservível.

Entretanto, essas ações exigem iniciativas efetivas em direção à redução da geração de resíduos na fonte, ao dimensionamento adequado dos equipamentos e do pessoal para a coleta e às destinações estabelecidas para seu aproveitamento. A natureza não perdoa: tudo o que é jogado ou disposto de forma inadequada, ela retorna em desastres naturais. Exemplos são as inundações urbanas potencializadas por um sistema de drenagem inadequado e pelos conhecidos entupimentos de bueiros.

Nesse sentido, é muito importante implementar programas de educação ambiental. O Japão é exemplo de país em que os efeitos dessa cultura são visíveis na limpeza das cidades e na consciência da população. Não há contentores de lixo nas ruas, pois cada indivíduo é responsável pelo resíduo que gera, tendo de carregá-lo até um ponto de descarte adequado.

Com a logística reversa, a reciclagem de materiais tem propiciado melhor utilização de recursos naturais não renováveis e viabilizado negócios associados, gerando renda e emprego e conscientizando pessoas, que disporão resíduos de forma adequada para coleta e reciclagem, em um círculo econômico virtuoso.

A gestão ambiental também implica desenvolver e implantar sistemas gerenciais de apoio, que vão desde programas de gerenciamento de frotas de veículos e de rotas até o rastreamento de produtos. Esses sistemas de apoio à tomada de decisão gerencial ambiental (EDSS – *environmental decision support system*) são desenvolvidos por equipes multidisciplinares que utilizam ferramentas de computação que envolvem mapeamento de dados, modelos estatísticos e numéricos e, ainda, comparação e avaliação de resultados econômicos e restrições legais (Pocajt et al., 2013).

A logística reversa apresenta-se como uma dimensão importante e concreta da gestão ambiental e tem se firmado nas organizações como atividade complementar e, mais atualmente, como atividade-fim das organizações. Vamos apresentar as características principais, as categorias e as atividades de logística reversa no Capítulo 2.

▶▶▶ Perguntas e respostas

1) Os conceitos de desenvolvimento sustentável, *triple bottom line* e economia circular se equivalem?

Na verdade, esses conceitos expressam algo comum: a preocupação com a sustentabilidade da vida no planeta Terra. Na década de 1970, diversos estudos evidenciaram que os recursos naturais eram finitos e que um desenvolvimento econômico justo para todos os povos só poderia ser alcançado com a revisão profunda do modo de utilizar dos recursos naturais disponíveis. Poderíamos diferenciar esses conceitos pela forma que cada um tem de atender ao objetivo final comum de desenvolvimento com igualdade e justiça sem danos ao meio ambiente.

2) Como surgiram os conceitos de desenvolvimento sustentável, *triple bottom line* e economia circular?

O conceito de *desenvolvimento sustentável* ganhou notoriedade a partir do relatório da ONU Nosso Futuro Comum, ou Relatório Brundtland, apresentado em 1987 como resultado dos trabalhos da Comissão Mundial sobre o Meio Ambiente e Desenvolvimento da ONU, chefiada pela então primeira ministra da Noruega, Sra. Gro Harlem Brundtland. O conceito de *triple bottom line* surgiu no final dos anos 1990, proposto pelo sociólogo britânico John Elkington e sendo voltado para os resultados dos processos de gestão empresarial com base em três dimensões: econômica, ambiental e social, ao encontro da proposição do Relatório da ONU. Por sua vez, o conceito de economia circular é iniciativa da velejadora inglesa Ellen MacArthur, que tinha igual preocupação com o uso indiscriminado dos recursos naturais pela economia global e propunha uso e reúso contínuo de materiais na fabricação de produtos projetados para reaproveitamento de suas matérias-primas.

3) *Desenvolvimento sustentável* e *sustentabilidade* são conceitos sinônimos?

Não podemos considerá-los sinônimos, uma vez que o desenvolvimento sustentável compreende três dimensões: econômica, ambiental e social. A sustentabilidade, por sua vez, exige adjetivização, ou seja, a sustentabilidade *econômica* e *financeira* diz respeito à continuidade de uma organização com base em seus resultados (lucros) medidos em termos monetários. No entanto, muitas vezes, os conceitos são utilizados como sinôminos, o que não é o caso nesta obra.

4) Como a logística reversa insere-se no contexto dos conceitos relativos ao desenvolvimento sustentável?

Todos os conceitos apresentados apontam para a necessidade de coleta, disposição e reaproveitamento de recursos naturais finitos. Nesse sentido, leva-se em consideração a reciclagem de produtos ou dos materiais que os compõem. A logística reversa trata de fluxos de produtos e materiais em sentido inverso, ou seja, dos consumidores e seu descarte de produtos até os locais de classificação, separação e encaminhamento para disposição adequada, inclusive remanufaturas para reinserção nos processos produtivos, sejam os originais, sejam outros para reutilização desses recursos em novos bens.

>>> **Para despertar o interesse**

China e os negócios globais de reciclagem

A China é o principal importador mundial de materiais recicláveis, como papel, plásticos e metais, os quais, com a geração interna de recicláveis, são reaproveitados na produção e na embalagem de novos produtos, sendo distribuídos internamente e exportados globalmente. A dimensão do comércio de recicláveis é representada por cerca de 7,3 milhões de toneladas (t) de materiais plásticos, ou seja, 70% dos plásticos descartados no mundo são importados pela China, segundo dados da ONU de 2016, em geral de países e grupos desenvolvidos do Hemisfério Norte, Estados Unidos, União Europeia e Japão. Esses países exportam tais materiais não só como negócio, mas também como parte de suas políticas internas de gestão de resíduos (BBC Brasil, 2018).

O Brasil, em 2017, segundo dados do Ministério do Desenvolvimento, Indústria e Comércio – MDIC (BBC Brasil, 2018), também exportou para a China 25,3 mil t de papéis e resíduos metálicos, como cobre (12,3 mil t), além de aço e alumínio. No entanto, essa prática está sob ameaça, pois a China está revendo sua política de importação para proteger seu meio ambiente, dando preferência à utilização de geração interna de resíduos, considerada suficiente para atender à demanda. Os exportadores globais de recicláveis têm procurado novos mercados no Oriente (Tailândia, Vietnã, Camboja, Malásia, Índia e Paquistão), embora saibam que esses mercados não têm a mesma capacidade que a China (BBC Brasil, 2018).

> Na mudança na política de gestão de resíduos chinesa, a EMF apontou para a necessidade de repensar a economia, saindo da prática de descartes para o modelo da economia circular, com vistas a desvincular o crescimento econômico de consequentes impactos socioambientais (Middlehurst, 2017).

»» Estudo de caso

Gestão e controle de resíduos industriais

Os resíduos industriais (gerados nos processos industriais) podem ser sólidos (aparas, restos, sucatas etc.), líquidos (efluentes em geral) e gasosos (gases, vapores e fumaças). A legislação brasileira tem normas específicas para resíduos industriais e para a respectiva disposição. No enfoque das dimensões do *triple bottom line* (econômica, ambiental e social), apresentamos uma análise de processos produtivos na geração de resíduos industriais. Esses resíduos são matérias-primas que não foram transformadas em produtos finais, as quais podem ser consideradas resultado de ineficiência do processo produtivo: "Esbanjam-se recursos quando se descartam produtos que contêm materiais utilizáveis e quando os clientes pagam – de forma direta ou indireta – pelo seu descarte." (Porter, 1999, p. 374). Igual colocação é feita por Mihelcic e Zimmermann (2012). Esses autores complementam o exposto com crítica à área de engenharia, que, ao longo do século XX, teria dado mais ênfase à maneira de conviver com resíduos e de monitorá-los, desenvolvendo sofisticadas e custosas técnicas de controle, do que à promoção de eficiência e sustentabilidade dos processos produtivos. Nos Estados Unidos, a prevenção da poluição e o conceito da ecoeficência foram incentivados pela "Lei da Prevenção da Poluição", de 1990, tema analisado por Porter (1999), que recomendou às empresas norte-americanas que revisassem seus processos produtivos, reduzindo resíduos na fonte ou agregando-lhes valor e diminuindo custos. O autor considera que a revisão dos processos produtivos não só traz benefícios ambientais, mas também pode aumentar a competitividade empresarial. A legislação brasileira obriga – para concessão de licenciamento ambiental – que cada novo empreendimento industrial ou expansão de existentes submeta aos órgãos ambientais os projetos EIA/RIMA (Estudo Prévio de Impacto Ambiental – Relatório de Impacto Ambiental), instrumentos da Política Nacional de Meio Ambiente instituídos pela Resolução Conama n. 1 de 23 de janeiro de 1986, necessários para atividades utilizadoras de recursos naturais com potencial importante de degradação ou poluição (Brasil, 1986). Os EIA/RIMA devem ser desenvolvidos por consultorias independentes, demonstrando os impactos ambientais decorrentes do empreendimento e as ações para mitigação ou compensação deles, a serem objeto de audiências públicas de avaliação e consolidação que envolvam diversos segmentos da população interessada ou afetada. A gestão dos resíduos de responsabilidade das empresas geradoras é fiscalizada e controlada pelos órgãos governamentais de meio ambiente, assim como para as certificações privadas que a adotem. O tema é tão amplo como o são os processos industriais e não se constitui foco desta obra, que trata, principalmente, da logística reversa de produtos nas dimensões de pós-venda e pós-consumo.

>>> Questões sobre o estudo de caso

1) Como podemos considerar os resíduos industriais, segundo a visão dos autores Porter (1999) e Mihelcic e Zimmermann (2012)?

2) Além da ineficiência, como os autores Mihelcic e Zimmermann (2012) posicionam-se a respeito dos resíduos sob o ponto de vista da sustentabilidade?

3) Em que se constituem os EIA/RIMA necessários para o licenciamento ambiental de empreendimentos novos?

>> Síntese

Neste capítulo, apresentamos os princípios básicos para o entendimento da logística reversa e da inserção desta nas práticas do desenvolvimento sustentável em correlação com a gestão ambiental empresarial e a gestão de cadeias de suprimentos. Destacamos o desenvolvimento da consciência ambiental nas sociedades modernas pelas motivações criadas pela legislação e regulamentações privadas; pelas exigências dos mercados compradores e consumidores e pela filosofia de respeito à natureza e ao planeta, o que tem feito com que a gestão empresarial gradativamente incorpore os conceitos do *triple bottom line*, ou seja, o desempenho referenciado às dimensões econômica, ambiental e social. Também abordamos as bases das práticas relativas à economia circular e à pegada ecológica, a serem analisadas adiante nesta obra, a fim de evidenciar que a logística reversa apresenta-se como ferramenta importante na efetivação desses conceitos, na recuperação e na valorização de materiais descartados, contribuindo para a preservação ou para a redução da exploração dos recursos naturais. Diante da análise desses conceitos relativos à logística reversa, foi possível concluir que essas inter-relações, na verdade, impossibilitam uma avaliação em separado da gestão ambiental.

» Questões para revisão

1) Entre os conceitos presentes na gestão ambiental das empresas está o de *triple bottom line* (TBL ou 3BL): as três dimensões a serem gerenciadas de forma integrada para o alcance do desenvolvimento sustentável. Quais são essas dimensões?

2) A Fundação Ellen MacArthur (EMF) entende que a economia circular é, por princípio, regenerativa e restaurativa e corresponde a um ciclo de desenvolvimento positivo contínuo, que preserva e aprimora o capital natural, otimiza a produção de recursos e minimiza riscos sistêmicos, administrando estoques finitos e fluxos renováveis. Como esse conceito pode ser aplicado aos produtos?

3) Com base no desenvolvimento dos canais de distribuição reversos (logística reversa), as organizações podem reaproveitar e reduzir perdas nos processos produtivos. Os dois quadros a seguir apresentam termos e definições dos processos produtivos. Relacione os itens do primeiro quadro às definições do segundo quadro.

QUADRO 1	
1	Matérias-primas
2	Subprodutos
3	Produtos secundários (coproduto)
4	Produtos intermediários
5	Resíduos, emissões ou efluentes

QUADRO 2	
A	São recicláveis e não recicláveis.
B	São produtos gerados nos processos produtivos que, em geral, requerem ações mitigadoras (tratamentos) com custo.
C	Materiais do processo produtivo e integrantes do produto final.
D	Têm origem no processo produtivo principal e podem ter valor, embora não integrem o produto final.
E	São gerados na produção do produto principal, mas em relação a este têm pouco valor.
F	São produtos acabados que se incorporam e são usados em outro produto.

Agora, assinale a alternativa que apresenta a sequência correta de correlação:

a. 1-A/B; 2-E; 3-D; 4-F; 5-C.
b. 1-A/C; 2-E; 3-D; 4-F; 5-B.
c. 1-E/C; 2-A; 3-D; 4-F; 5-B.
d. 1-D/F; 2-E; 3-A; 4-C; 5-B.
e. 1-E/C; 2-A; 3-D; 4-B; 5-F.

4) Os canais de logística reversa com melhor aproveitamento dos recursos naturais não renováveis alteram os sistemas de gestão das organizações, trazendo benefícios sociais e ambientais. Analise as afirmativas a seguir e indique V para as verdadeiras e F para as falsas.
   ( ) Os canais reversos permitem a reciclagem de materiais com melhor uso de recursos naturais não renováveis.
   ( ) A logística reversa viabiliza negócios que geram renda e emprego.
   ( ) A logística reversa não faz parte da gestão ambiental das empresas.
   ( ) As ações da logística reversa só acontecem se esta constituir-se como atividade-fim da organização.
   ( ) A logística reversa pode propiciar benefícios à saúde pública.

   Agora, assinale a alternativa que apresenta a sequência correta:
   a. V, F, F, F, V.
   b. F, V, F, F, F.
   c. V, V, F, F, V.
   d. F, V, V, F, V.
   e. F, V, F, V, V.

5) Analise as afirmativas a seguir sobre logística reversa e logística ambiental e indique V para as verdadeiras e F para as falsas.
   ( ) Logística reversa e logística ambiental (ou verde) (*green logistics*) não têm qualquer ponto em comum entre si.
   ( ) Logística reversa e ambiental/verde (*green logistics*) têm pontos comuns entre si.

( ) Os pontos comuns entre a logística reversa e a ambiental se reforçam com a conscientização da sociedade e a evolução dos processos/produtos em aderência ao conceito de sustentabilidade.

( ) A logística reversa em seus primórdios tinha visão restrita e associada às devoluções comerciais, com pouca ênfase à gestão ambiental. Atualmente, tem como objetivo o reaproveitamento e a redução de resíduos em direção de benefícios sociais, ambientais, além dos econômicos.

Agora, assinale a alternativa que apresenta a sequência correta:
a. V, F, F, V.
b. F, V, F, F.
c. F, V, F, V.
d. V, V, V, V.
e. F, V, V, V.

>>> **Para saber mais**

O Serviço Nacional da Indústria (Senai), que tem apoiado empreendimentos brasileiros na otimização de processos na direção da sustentabilidade, disponibiliza, em seu sítio, para diferentes atividades industriais, um manual de implementação e orientação de etapas de processos de *produção mais limpa* (P + L), cuja definição é:

> *Produção mais Limpa*
> *é a aplicação de uma estratégia técnica, econômica*
> *e ambiental integrada aos*

> *processos e produtos, a fim de aumentar a eficiência no uso de matérias-primas, água e energia, através da não geração, minimização ou reciclagem dos resíduos e emissões geradas, com benefícios ambientais, de saúde ocupacional e econômicos.* (Senai, 2003, p. 7)

SENAI – Serviço Nacional de Aprendizagem Industrial. **Implementação de programas de produção mais limpa**. Centro Nacional de Tecnologias Limpas, Porto Alegre: INEP, 2003. Disponível em: <http://institutossenai.org.br/public/files/manual_implementacao-pmaisl.pdf>. Acesso em: 31 dez. 2018.

Se você quer aprofundar a leitura sobre o conceito de $P + L$, consulte as duas obras seguintes:

BARBIERI, J. C. **Gestão ambiental empresarial**: conceitos, modelos e instrumentos. 4. ed. São Paulo: Saraiva, 2016.

MIHELCIC, J. R.; ZIMMERMANN, J. B. **Engenharia ambiental**: fundamentos, sustentabilidade e projeto. São Paulo: LTC, 2012.

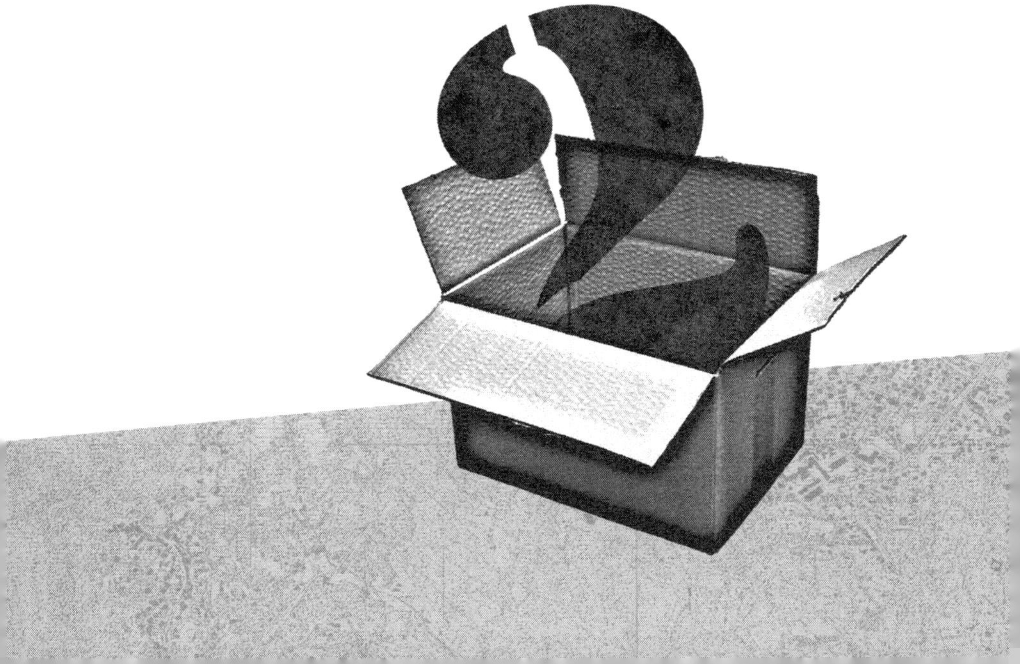

LOGÍSTICA REVERSA: FLUXOS, CANAIS, TIPOLOGIAS E OPERAÇÕES

》》 Conteúdos do capítulo:

» Canais reversos de pós-venda e de pós-consumo.
» Itens movimentados nos canais reversos.
» Identificação dos canais reversos por itens movimentados.
» Formas de gestão de canais reversos.
» Evidências de que a gestão de canais reversos atende aos conceitos de *triple bottom line*, de economia circular e da pegada ecológica.

》》 Após o estudo deste capítulo, você será capaz de:

1) diferenciar a logística tradicional e a logística reversa no manuseio de materiais e produtos, bem como entender a importância da identificação e da exploração de economias de escala e de serviços de apoio aos compradores no pós-venda e no pós-uso;
2) reconhecer o papel dos consumidores/usuários finais no início da movimentação de materiais e produtos nos canais reversos;
3) diferenciar os procedimentos e as características da recuperação de materiais e produtos para reaproveitamento na logística reversa de pós-venda e de pós-consumo;
4) identificar, na logística reversa de pós-venda, as práticas diferenciadas de devoluções de produtos feitas pelos compradores ou de encalhes de produtos nos pontos de venda;
5) indicar a viabilidade de aproveitamento de materiais na logística reversa de pós-consumo atendendo ao enfoque da sustentabilidade.

O conceito de desenvolvimento sustentável, proposto na década de 1970, tem se apresentado de diversas formas nas atividades humanas na redução dos impactos no meio ambiente: regulamentações e restrições legais, regulamentações privadas e uma crescente conscientização ambiental dos mercados e do público em geral. As organizações, no enfrentamento da questão ambiental, passaram a implantar ações de redução de custos na gestão de cadeias de suprimentos, entre as quais destacamos os processos logísticos e a gestão da logística reversa.

As estratégias e ações da logística reversa vão além da recuperação de materiais e produtos já utilizados, uma vez que buscam a satisfação dos consumidores por meio do atendimento às garantias de venda ou contratuais e à gestão determinística dos ciclos de vida de produtos, com vistas a maior rapidez e controle dos processos mediante a concepção e utilização de fluxos de informações para uma maior responsabilidade ambiental e social.

Um dos exemplos de regulamentação sobre logística reversa é uma lei federal alemã, da década de 1990, que impôs responsabilidades aos fabricantes e fornecedores sobre embalagens, forçando a redução do uso, o reúso ou a reciclagem destas e, assim, reduzindo disposição delas em aterros sanitários[*]. A disseminação da legislação alemã aos demais países europeus e a outras regiões do planeta afetou as cadeias de reciclagem já existentes e o comércio internacional, tendo mudado procedimentos e incentivado a gestão da logística reversa (Dyckhoff; Lackes; Reese, 2004).

---

[*] No Brasil, a Lei n. 12.305/2010 (Política Nacional de Resíduos Sólidos) é similar.

A globalização e a alteração das características de produtos, que diminuíram de tamanho e se sofisticaram no desenvolvimento da eletrônica e da informática, modificaram a gestão logística de materiais e produtos, incorporando o conceito de reaproveitamento em vez da simples substituição e do simples descarte indiscriminado (Blumberg, 2005).

Brito e Dekker (2003) apontam, como fatores direcionadores (*drivers*) da logística reversa, as questões econômicas, a legislação e a regulamentação e a conscientização ambiental da sociedade e dos mercados. Essas questões são abordadas ao longo desta obra, na medida em que interagem e se efetivam e que estruturas de negócios viabilizam cadeias reversas de produtos, criando, por isso, mercados de compra e venda de materiais e desenvolvendo agentes econômicos especializados.

Essa situação veio para ficar, e a recuperação de materiais ou produtos, com reinserção nos ciclos produtivos – foco da logística reversa – deve acentuar-se ao longo deste século. Mercadorias passaram a ser programadas para a sustentabilidade, com reaproveitamento integral (reúso), parcial (aproveitamento de partes) ou reciclagem com revisão de seus processos produtivos na consideração estratégica de questões e critérios ambientais.

Os sistemas de gestão dos fluxos reversos tornam-se mais sofisticados, com processos de reciclagem complexos, decorrência da variedade de componentes presentes nos produtos e da consideração de sua eventual toxicidade. Dessa forma, os processos de coleta, de adensamento, de transformação e de destinação apresentam-se mais criteriosos, e as técnicas de recuperação econômica e ambiental constituem-se o foco dos negócios.

Neste capítulo, abordaremos a implantação da logística reversa e as diferenças desta em relação à logística direta, considerando a variedade de materiais, os pontos de origem, as pequenas possibilidades de economia de escala, a dependência das ações de usuários para a disposição adequada e, também, as iniciativas das indústrias para início dos ciclos reversos. Analisaremos dois tipos de canais reversos: logística reversa pós-consumo e logística reversa pós-venda, com as possíveis destinações finais, atendendo aos conceitos de *triple bottom line* (TBS), de economia circular e de possibilidades de redução da pegada ecológica.

» Fluxos reversos e componentes da logística reversa

Os processos logísticos diretos movimentam os produtos dos centros produtores aos consumidores. Estes, por sua vez, podem desejar descartar o produto, ao final do uso, por perda de interesse, por apresentar algum defeito ou por desejo de substituí-lo por um novo, com tecnologia mais avançada. Há, ainda, a questão do descarte das embalagens usadas na movimentação dos produtos, as quais devem ser dispostas de forma ambientalmente adequada, sem contar o uso das embalagens retornáveis. Essas situações justificam a utilização de canais reversos diretamente ligados aos processos de distribuição.

As legislações ambientais, que analisaremos com mais detalhes no Capítulo 3, mostram-se determinantes e, até mesmo, restritivas ao impor a produtores e fornecedores das mercadorias a responsabilidade pelas embalagens e pela destinação do produto ao final de sua vida útil.

A logística reversa inverte o sentido do fluxo de movimentação de produtos, os quais, no todo ou em partes, juntos às embalagens, devem retornar a centros concentradores, produtores, distribuidores ou áreas de reencaminhamento ao ciclo produtivo, configurando canais reversos com mais de um agente (elo) envolvido. (Giuntinu; Andel, 1995; Rogers; Tibben-Lembke, 1999; Leite, 2003; Blumberg, 2005).

Rogers e Tibben-Lembke (1999) apontam que um processo de logística reversa típico é composto pelas atividades de coleta de materiais usados, danificados, indesejados (retorno de estoque por obsolescência ou não venda) e de produtos vencidos e de suas embalagens no transporte do usuário final para um revendedor (centro de consolidação e transformação).

A Figura 2.1, proposta por Leite (2003), apresenta diagrama por meio do qual percebemos o foco de atuação da logística reversa nas atividades econômicas de produção e distribuição com inter-relação de comércio e indústria, bem como os canais reversos de bens de pós-venda, pós-consumo e os resíduos industriais.

» **Figura 2.1** – Foco de atuação da logística reversa

```
                          Comércio ← Indústria

        Bem de pós-venda    Resíduos industriais    Bem de pós-consumo

   Garantia/   Comerciais   Substituição de      Fim de vida    Em condi-
   qualidade                componentes           útil          ções de uso

                                                 Desmanche
   Conserto/   Estoques     Validade de                         Reuso
   reforma                  produtos
                                                 Componentes

   Retorno ao ciclo de    Disposição   Reciclagem   Remanufatura   Mercado de
   negócios               final                                    2ª mão

   Mercado secundário     Mercado secundário    Mercado secundário
   de bens                de matérias-primas    de componentes

                          Retorno ao ciclo produtivo
```

Fonte: Leite, 2003, p. 19.

Notamos, com base no conteúdo da Figura 2.1, que cada tipo de resíduo tem desenvolvido um canal reverso dedicado. Ao tratarmos, por exemplo, de embalagens, há canais reversos mais genéricos, como o de latas de alumínio, o de embalagens PET, o de papel e papelão e assim por diante. As embalagens desvinculam-se dos produtos e têm um encaminhamento logístico reverso, que pode ou não devolver o material ao processo produtivo específico. Resíduos industriais, por sua vez, apresentam uma destinação particular a cada tipo de material descartado ou remanescente do processo produtivo.

Outro ponto de destaque nas movimentações reversas diz respeito aos resíduos domiciliares, cuja disposição mostra-se como um problema em diversas regiões do planeta e, em particular, no Brasil, onde, infelizmente, a maior parte deles tem destinação ambiental e socialmente inadequada. Essa questão analisaremos no Capítulo 3, quando examinaremos a concepção e a operacionalização da Política Nacional de Resíduos Sólidos (PNRS – Lei n. 12.305/2010). Também trataremos o assunto no Capítulo 6, no qual apresentaremos a função dos catadores e de suas associações e cooperativas, no que diz respeito às ações de municipalidade de implantação de programas de coleta seletiva para destinação e tratamento adequados dos resíduos, o que permite o devido reaproveitamento de materiais em vez da disposição indiscriminada destes em aterros sanitários ou em alternativas mais impactantes ao meio ambiente: descarte nos famigerados "lixões" ou incineração.

Xavier e Corrêa (2013), ao encontro do que foi apresentado na Figura 2.1, descrevem o processo de logística reversa em etapas e atividade principais, destacando as operações de planejamento, coleta e separação, reprocessamento e redistribuição. As atividades pertinentes a cada fase estão descritas no Quadro 2.1, a seguir.

» **Quadro 2.1** – Operações do processo de logística reversa

Operações	Atividades	Descrição
Planejamento	Planejamento do processo / Planejamento da cadeia / Projeto da logística reversa	» Especificação do conteúdo do processo, definindo os produtos e materiais pós-consumo a serem processados. » Identificação, seleção, contratação e capacitação de intervenientes na cadeia reversa. Muitas vezes, estes agentes não existem e precisam ser desenvolvidos. » Componentes: a) especificação da quantidade (volumes mínimos) e frequências de descarte e coleta por tipo de produto; b) especificação das rotas de coletas de produtos e materiais pós-consumo; c) especificação das etapas de pré-processamento, tais como, triagem ou desmontagem (total ou parcial); d) especificação e localização de eventuais pontos de transbordo; e) definição de parcerias para diminuição de custos e tempos de processamento; f) especificação dos procedimentos de destinação.

(continua)

(Quadro 2.1 – continuação)

Operações	Atividades	Descrição
Coleta e separação	Coleta Triagem Teste Armazenagem	» A coleta parte da especificação das fontes geradoras, dos tipos de materiais e volumes gerados. Ela pode ser feita a em postos de entrega voluntária (PEV); com a participação de parceiros atuantes na atividade; entrega em pontos de assistência técnica, pela devolução direta do consumidor ou pela ação de catadores independentes ou suas associações e cooperativas. » Seleção mecânica ou manual de materiais, componentes e produtos, de modo a determinar as condições de reúso ou revenda imediata deles, por meio de realização de testes, os quais, por sua vez, podem concluir por uma destinação ambientalmente adequada. » Avaliação de componentes e produtos para encaminhamento ao reúso ou revenda após o recondicionamento deles com base em condições de funcionamento e segurança. » Armazenagens intermediárias objetivam a consolidação de volumes de movimentação viáveis para os processos de transporte e reciclagem.

(Quadro 2.1 – continuação)

Operações	Atividades	Descrição
Reprocessamento	Recondicionamento Remanufatura Manufatura reversa	» Atividades de limpeza e reparos menores para recompor o funcionamento de componentes ou de produtos danificados. Esses componentes recondicionados podem ser utilizados no recondicionamento de outros produtos pós-consumo já em condição de remanufatura. » Reparo e manutenção de equipamentos, partes ou peças para restaurar especificações do produtor OEM (*original equipment manufacturer*), com serviços de terceiros e com restauração de garantias dos fabricantes ou de garantias propiciadas pelos terceiros. » Composto das atividades de recebimento de produtos e materiais pós-consumo, armazenagem, pré-processamento, processamento, desmontagem, descaracterização, possibilidade de rastreamento, gestão de inventários e vendas.

(Quadro 2.1 – conclusão)

Operações	Atividades	Descrição
Redistribuição	Canais de revenda / Destinação	1. pós-consumo, a partir do consumidor – o consumidor anuncia o produto ou material por meio de bolsas ou locais de comercialização de resíduos. Canal ainda de pouca utilização pela grande variação de preços e custos de transporte; 2. pós-consumo a partir do fabricante – em geral, utilizado por empresas com comercialização de equipamentos na forma de aluguel ou comodato, as quais os revendem após as devidas reparações; 3. pós-venda – produtos devolvidos aos fabricantes que são triados e destinados para revenda com ou sem desmontagem; 4. assistência técnica – postos de assistência técnica credenciados que revendem produtos manufaturados. Prática em expansão no segmento de equipamentos eletroeletrônicos. Esse credenciamento, em alguns casos, compreende a emissão de nota fiscal e oferta de garantia para produtos reparados ou remanufaturados. Na impossibilidade de reúso dos produtos, componentes ou materiais, dependendo de sua composição, condição, volume e proximidade de centros de reprocessamento, são encaminhados para uma disposição adequada, ou seja, reciclagem para outro uso que não o original) incineração ou para aterros sanitários.

Fonte: Xavier; Corrêa, 2013, p. 68-69.

Os autores deixam clara a nessecidade de um **planejamento** detalhado para concepção e implantação de processos logísticos reversos, tendo como base os produtos a serem processados, os quais, por sua vez, determinam os agentes das cadeias reversas (existentes ou não) a serem envolvidos no detalhamento das principais etapas da logística reversa.

A fase de **coleta e separação**, claramente, distingue-se como etapa da logística direta, ou seja, suas ações de movimentação partem do início e do local de descarte, contexto no qual é preciso conhecer o potencial de reúso para a tomada de decisões relativas ao **reprocessamento** de produtos e materiais que, de certo modo transformados, devem ser objeto de **redistribuição** nos canais adequados de destinação.

O objetivo é identificar a viabilidade econômica de toda a atividade e o modo como compartilhar e repassar custos decorrentes do processo de logística reversa, pois, como dissemos, os canais reversos apresentam-se à medida que sua viabilidade econômica é mais evidente. Isso não implica afirmarmos que as dimensões ambientais e sociais não estão presentes, mas sim que a dimensão econômica, na maior parte das vezes, é determinante. Essa questão será retomada ao longo desta obra.

❱❱ Canais reversos

De forma semelhante à logística direta ou às cadeias de suprimentos, a logística reversa incorpora planejamento, controle do fluxo e do estoque dos materiais, desde seu ponto de origem até os pontos de concentração, separação, tratamento, transformação e reaproveitamento para reinserção na cadeia produtiva. Porém, há diferença: na logística reversa, em vez de um fluxo de produtos direcionado aos consumidores ou usuários, é partir destes últimos que os fluxos de materiais se iniciam; e, em vez de um ou poucos pontos produtores e de expedição começarem a movimentação, é de inúmeros e diferentes usuários ou centros de concentração que a movimentação ocorrerá para eventual reaproveitamento, feito por canais reversos.

Canais reversos correspondem aos elos (agentes e formas de comunicação e transporte) nas cadeias reversas, ou seja, coleta, tratamento, disposição e encaminhamento para reutilização de materiais e produtos pós-venda ou pós-uso. Eles já funcionavam antes da disseminação do conceito e da prática da logística reversa. Blumberg (2005) cita que, nos primórdios da indústria têxtil, os fabricantes já faziam uso de roupas usadas, das linhas e das sobras do processo produtivo como matéria-prima. No Brasil, os sucateiros ou negócios de "ferros-velhos", desde muito tempo, compravam (e ainda compram) papéis, papelão e sucata de metais, destinando-os a interessados na reinserção desses materiais no ciclo produtivo.

>>> Para saber mais

Para aprofundar seu conhecimento sobre logística e cadeia de suprimentos, consulte:

BOWERSOX, D. J.; CLOSS, D. J.; COOPER, M. B. **Gestão logística de cadeias de suprimentos**. Porto Alegre: Bookman, 2006.

ROBLES, L. T.; NOBRE, M. **Logística internacional**. Curitiba: InterSaberes, 2016.

Mais recentemente, as cooperativas de catadores passaram a desempenhar papel importante em cadeias reversas de reciclagem, inclusive com apoio na Lei n. 12.305, de 2 de agosto de

2010 (Brasil, 2010b). Outro exemplo, anterior a essa legislação, mas depois reforçado por ela, é o comércio de baterias de uso automotivo, tipo chumbo-ácido, disposto na Resolução Conama n. 257, de 30 de junho de 1999 (Brasil, 1999a). Ao comprarmos uma bateria nova, a negociação, geralmente, é feita "na base de troca", e o produto substituído é direcionado para centros aproveitamento de seus componentes, principalmente, do metal não ferroso, o chumbo*, componente de maior valor econômico desse tipo de bateria.

Outros exemplos mais recentes e notórios de sistemas de logística reversa são o da reciclagem de latas de alumínio e o da reciclagem de garrafas PET. No primeiro, a produção de latas de alumínio passa pela reciclagem de latas descartadas pós-consumo, como fonte de matéria-prima bem mais barata, cujo custo é 95% menor que o do uso de alumina, resultante do processamento do minério de alumínio, a bauxita. Na reciclagem das garrafas PET, a resina (politereftalato de etileno) é aproveitada como matéria-prima em diferentes processos, a custos inferiores ao da resina obtida pelo processo petroquímico (Robles; La Fuente, 2006).

Na logística reversa pós-venda, temos as sobras de estoques por vendas não realizadas ou por mudança de estação, produtos defeituosos devolvidos ao fornecedor, produtos em demonstração e as vendas em consignação. Cada um desses tipos de produto leva à formação de canais reversos específicos, com pontos em comum, mas com particularidades na movimentação graças às características das mercadorias. Na sequência, comentamos esses pontos comuns e as diferenças entre eles.

---

* O *Battery Council International* aponta que 99% do chumbo das baterias chumbo-ácido, produzidas nos Estados Unidos. provêm da reciclagem, que também possibilita o reaproveitamento do plástico contentor e da solução ácida. Veja mais em Battery Council International (2019).

Tipos e características de logística reversa: semelhanças e diferenças em seus sistemas

Uma primeira constatação a ser feita é que os canais reversos funcionam bem quando existe viabilidade econômica, ou seja, quando os custos de coleta, separação, transformação (por exemplo, enfardamento) são cobertos pelo valor do produto no mercado de compra para reutilização com o canal reverso, materializando-se economicamente a seus agentes e interagentes.

Quando isso não acontece, naturalmente são necessárias ações para motivar os consumidores finais a disponibilizar adequadamente os materiais. Esse é o caso dos resíduos domiciliares, que contêm, basicamente, uma parte orgânica e outra seca, esta passível de reciclagem. O primeiro passo é a segregação dessas duas frações pelo consumidor, para posterior direcionamento a diferentes processos de recuperação e reaproveitamento. Sem essa separação, ou seja, caso o consumidor não tenha a preocupação ambiental ou desconheça o valor dos materiais ali presentes, ou, ainda, não tenha cultura da separação de materiais, o ciclo reverso não acontece. O resultado é desperdício e ineficiência ambiental e econômica.

Um estudo do Instituto de Pesquisa Econômica Aplicada (Ipea) de 2012 indica que, no Brasil, embora 88,6% dos domicílios dispusessem de algum tipo de coleta de resíduos, apenas 21% deles dispunham de algum tipo de coleta seletiva. A situação é crítica, e a disposição de resíduos domiciliares inadequada requer um esforço conjunto das entidades governamentais, de organizações privadas e da sociedade em geral para a redução deles (Ipea, 2012).

As atividades da logística reversa são classificadas de acordo com a origem do produto no início da movimentação reversa. Rogers e Tibben-Lembke (1999) classificam as atividades de logística reversa segundo as características dos itens em movimentação, ou seja, **produtos** e **embalagens**, conforme mostra o Quadro 2.2. Dessa forma, com relação aos produtos, há coleta, recebimento, inspeção e destinação (reaproveitamento) no retorno aos fornecedores, com vistas à destinação adequada ao mercado dependendo das condições, sempre como produto ou material usado, nunca como novo. Quanto às embalagens, as atividades direcionam-se para as principais formas de utilização delas e, finalmente, para a eventual destinação a aterros sanitários.

» **Quadro 2.2** - Atividades típicas da logística reversa

Materiais	Atividades da logística reversa
Produtos	» Retorno os fornecedores » Revenda » Venda via *outlets* (p. ex.: lojas de ponta de estoque) » Recuperação » Recondicionamento » Reequipamento/reconstrução » Remanufatura » Retomada de materiais » Reciclagem » Destinação a aterros sanitários
Embalagens	» Reúso » Reequipamento/recuperação » Retomada de materiais » Reciclagem » Destinação a aterros sanitários

Fonte: Rogers; Tibben-Lembke, 1999, p. 10, tradução nossa.

Por sua vez, Leite (2003), conforme mostrado na Figura 2.1, classifica as atividades da logística reversa em duas áreas principais: a logística reversa de **pós-venda** e a logística reversa de **pós-consumo**. O autor define a de pós-venda como o retorno de produtos sem ou com pouco uso, que voltam aos fabricantes por motivos variados; por exemplo, questões comerciais, pedidos processados equivocadamente, falhas ou defeitos de funcionamento, garantia do fabricante, danos no transporte e outros. A logística reversa de pós-consumo, por sua vez, direciona-se a produtos descartados após uso que voltam ao ciclo produtivo para reúso e para, se em condições para isso, desmanche e aproveitamento de suas partes, e para reciclagem, ou seja, com destinação para utilização.

Leite (2003) propõe ainda dois tipos de logística reversa pós-consumo: a de **ciclo aberto** e a de **ciclo fechado**. Na de ciclo fechado, o item ou material reciclado é reinserido no processo produtivo para fabricação de um tipo similar de produto – o exemplo clássico é a reciclagem das latas de alumínio. No ciclo aberto, o material reciclado retorna na forma de produtos diferentes, por exemplo, as garrafas PET ao serem recicladas e reprocessadas viram matéria-prima para uso na indústria têxtil, tubulações, tintas, entre outros (Leite, 2003).

Brito e Dekker (2003), ao analisarem a estrutura da logística reversa de produtos ou de materiais componentes diferentes, identificaram, de forma concisa, os fluxos entre mercado e respectivos esquemas de recuperação e reposicionamento no ciclo produtivo, conforme mostra a Figura 2.2. Portanto, tudo se inicia na coleta que ocorre nos mercados. Os materiais devem ser inspecionados, segregados, classificados e encaminhados para seu reprocessamento, a partir do qual, dependendo da característica, da condição e da intervenção, **retornam aos mercados**.

» **Figura 2.2** – Processos da logística reversa

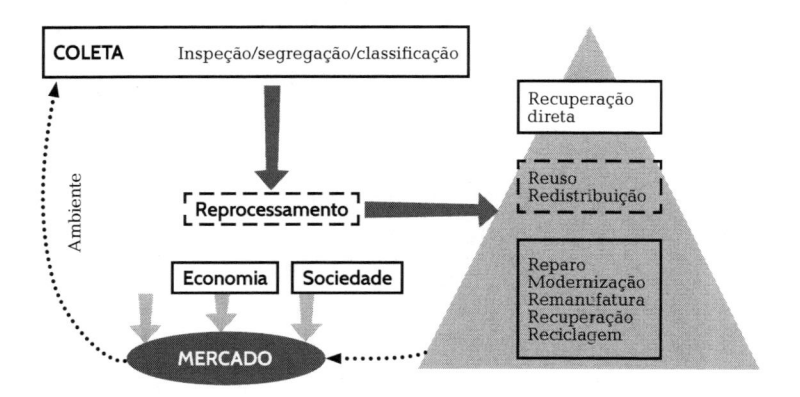

```
COLETA      Inspeção/segregação/classificação
  ▲                                              ┌─────────────┐
  :                    │                         │ Recuperação │
  :                    ▼                         │ direta      │
  :         ┌─────────────────┐                  ├─────────────┤
  : Ambiente│ Reprocessamento │─────────────▶    │ Reuso       │
  :         └─────────────────┘                  │ Redistribuição│
  :                                              ├─────────────┤
  :         ┌─────────┐  ┌──────────┐            │ Reparo      │
  :         │ Economia│  │ Sociedade│            │ Modernização│
  :         └─────────┘  └──────────┘            │ Remanufatura│
  :              │           │                   │ Recuperação │
  :              ▼           ▼                   │ Reciclagem  │
  ..........▶  MERCADO  ◀..........              └─────────────┘
```

Fonte: Brito; Dekker, 2003, p. 12, tradução nossa.

Blumberg (2005), em pesquisa nos Estados Unidos, após analisar a gestão e os atores presentes em diferentes cadeias reversas, propôs uma classificação com base nas características dos materiais e na motivação para implantação da logística reversa. Vejamos:

» **Partes e subconjuntos**: os produtos de alta tecnologia têm peças ou componentes continuamente reusados após reparos, e as peças ou partes trocadas são movimentadas em cadeias reversas* para eventual reaproveitamento.

» **Materiais e consumíveis**: itens de uso nos processos produtivos, como produtos químicos, papel, vidro, entre outros, que necessitam de reprocessamento, antes de sua reinserção no ciclo produtivo, como matéria-prima ou para comercialização diferenciada.

---

* Cadeias (*chains*) são formadas pelo conjunto de canais reversos.

» **Sistemas completos ou mercadorias**: retornos com origem em locação, negociações ou trocas de vendas por produtos novos, produtos obsoletos ou, ainda, sistemas completos, que não permitem reparo no local de uso.

O Quadro 2.3 resume a proposição desses autores para classificar as cadeias reversas. Elas são semelhantes e definidas em razão das particularidades dos produtos, de sua destinação econômica e do ponto de inicial da movimentação reversa.

» **Quadro 2.3** – Classificação das cadeias reversas

Pesquisadores	Características
Rogers e Tibben-Lembke (1999)	» Produtos » Embalagens
Leite (2003)	» Itens pós-consumo (ciclo aberto e ciclo fechado) » Itens pós-venda
Blumberg (2005)	» Produtos de alta tecnologia e valor » Produtos descartados pelo consumidor » Recicláveis » Embalagens, paletes*, contentores** » Resíduos comerciais e industriais

Nesta obra, vale ressaltar, tomamos como base a classificação de Leite (2003) de pós-consumo e pós-venda, pois entendemos que ela define de forma direta os canais reversos associados.

---

* Palete (do inglês *pallet*): estrado de madeira, metal ou plástico que é utilizado para movimentação de cargas.
** Contentor (contêiner): toda embalagem de papel, de plástico, de vidro, de metal (e outros) que serve para facilitar a movimentação e o uso de produtos.

» Logística reversa de pós-consumo: práticas e políticas

A logística reversa de pós-consumo ocorre com a movimentação de bens descartados por usuários/consumidores como inservíveis. Assim, devem retornar ao setor produtivo por meio de canais reversos, por exemplo, produtos descartados em fim de vida útil (com ou sem perda de sua funcionalidade) por deixaram de funcionar (defeitos) ou por obsolescência. Nessa categoria, aparecem, também, os resíduos industriais e as embalagens.

Na cadeia reversa, encontram-se os contentores retornáveis, diversos materiais de condicionamento e de proteção das mercadorias e os resíduos domiciliares secos ou recicláveis, como latas metálicas, recipientes plásticos, vasilhames para bebidas (vidro ou plástico), entre outros. Essa categoria de produtos apresenta possibilidades de reúso, desmanche, reciclagem e, finalmente, diante da inviabilidade de reaproveitamento, a disposição final adequada deles.

O Quadro 2.4 apresenta itens movimentados na logística reversa de pós-consumo e as possíveis oportunidades de reaproveitamento oferecidas. Destacamos que, no retorno de produtos por defeitos, o fornecedor tem interesse em uma rápida movimentação na cadeia reversa, seja por tratar a questão para satisfazer o comprador, contribuindo para a fidelização dele, seja pela reputação da marca estar em jogo, além da necessidade de avaliar o defeito e implantar eventuais correções.

No caso de existência de defeito, o produto pode ser reparado e voltar aos mercados de venda primário ou secundário. Um exemplo típico similar diz respeito aos *recalls*, usuais na indústria automobilística, para os quais deve haver uma logística dedicada, pois as peças em substituição têm de ser encaminhadas para as concessionárias e as com defeito precisam ser recolhidas.

» **Quadro 2.4** – Itens de cadeias reversas pós-consumo e possibilidade de aproveitamento

Itens da cadeia reversa de pós-consumo	Possibilidades de aproveitamento
Produtos em fim de vida útil	» Revenda de peças » Reciclagem de materiais
Produtos defeituosos	» Reparo e revenda em segunda mão » Aproveitamento de peças » Reciclagem de materiais
Produtos obsoletos	» Aproveitamento de peças » Reciclagem de materiais
Contentores retornáveis (paletes, caixas, tanques contentores)	» Reúso » Adaptação para outro fim
Embalagens de proteção de produtos [papelão, plásticos (filmes, suportes e contentores)]	» Reciclagem
Vasilhames de bebida retornáveis	» Reúso
Resíduos domiciliares (recicláveis) (latas metálicas, recipientes plásticos, vasilhames de bebidas de vidro ou plástico)	» Reciclagem

As embalagens são importantes itens de destinação para reciclagem. No Brasil, há alguns processos e canais reversos bem-estruturados e bem-sucedidos, como detalhamos a seguir.

»» Práticas, processos e políticas de retorno no pós-consumo

As embalagens apresentam duas dimensões, conforme apontam Robles e Nobre (2016): a de *marketing*, que objetiva a comunicação com o comprador/consumidor, e a logística, que se destina à facilitação de movimentação. Em ambos os casos, deparamo-nos com a necessidade de dispô-las adequadamente após o recebimento e o desembalamento do produto para uso.

Para proteção de um produto qualquer no transporte e na armazenagem, vários materiais podem compor sua embalagem: metais, papelão, paletes, filmes plásticos, embalagens plásticas menores, folhetos de orientação, peças e parafusos para montagem final, entre outros. Após o recebimento, o consumidor terá de descartar adequadamente esses materiais. Uma das formas para tanto é a utilização de contentores retornados (retornáveis) aos fornecedores. Nesse caso, os processos de logística reversa de pós-consumo desses contentores são de ciclo fechado, incentivado pelo fornecedor do produto, que qualifica o sistema como um modo de atender o cliente e melhor competir com seus concorrentes.

Os paletes e contentores, dos mais variados tipos, são usados no transporte de materiais sólidos, líquidos e gasosos (cilindros para gases comprimidos, vasilhames especiais para produtos químicos e bebidas etc.). Dessa forma, mercadorias de diferentes pesos, formatos, tamanhos e estado físico devem ser consolidadas em unidades (unitizadas) que facilitem o transporte, a armazenagem e a movimentação delas. Esse tipo de equipamento segue padrões preestabelecidos para possibilitar seu uso nos diversos modais de transporte; os mais evidentes são os contêineres utilizados no transporte marítimo internacional.

> **Para saber mais**
>
> Para conhecer mais o processo de unitização de cargas, consulte:
>
> ROBLES, L. T.; NOBRE, M. **Logística internacional**. Curitiba: InterSaberes, 2016.

Além das questões econômica e de estratégia de venda, é relevante que o uso das embalagens retornáveis proteja o meio ambiente, pois a utilização reiterada delas elimina descartes e disposições inadequados.

A seguir, analisaremos cadeias reversas de resíduos recicláveis de pós-consumo, entre os quais algumas existem há muito tempo, antes mesmo das atuais restrições legais e da preocupação acentuada com o meio ambiente. Essas cadeias reversas tradicionais aconteceram de modo espontâneo e resultaram do fato de que os custos de coleta e recuperação envolvidos são menores do que os valores obtidos na negociação dos materiais presentes nos itens reciclados (Wright et al., 2011).

É preciso observar, de forma pragmática, que essas atividades – por exemplo, a referente a descartes de metais, como a sucata – beneficiam o meio ambiente ao retirá-los dos aterros sanitários. Além disso, elas reduzem a necessidade da extração das matérias-primas na natureza e propiciam a ocupação de mão de obra que estaria desocupada e a criação de empregos, contemplando a dimensão social do conceito de *triple bottom line*.

Nessas cadeias reversas, estão os metais ferrosos (sucata de ferro e aço), os não ferrosos (alumínio, cobre, chumbo), bem como os presentes nos resíduos dos equipamentos eletroeletrônicos (REEE), em cuja composição há mais de 40 elementos químicos da tabela periódica (Unep, 2009).

No caso brasileiro, devemos ter em mente que essas cadeias viabilizam-se em função da existência de pessoas com baixa formação, que se dispõem a trabalhar nesses sistemas. Abordaremos essa questão com mais detalhes no Capítulo 6.

Reciclagem de latas de alumínio

Nas cadeias reversas de metais, com certeza um exemplo notável é o da reciclagem das latas de alumínio para bebidas no Brasil, mercado importante que dá destaque ao país na obtenção de expressivos índices de recuperação e reciclagem. As justificativas econômicas básicas para sua utilização são a redução da extração e beneficiamento do minério de alumínio (bauxita) e a minimização do custo com energia na produção de latas (5% do processo via extração mineral). Além disso, os impactos ambientais são 95% menores, pois, para cada quilo de alumínio produzido com minério, são utilizados cinco quilos de material extraídos do solo e processados. Com a reciclagem, o alumínio é aproveitado integralmente e de modo quase permanente.

A cadeia reversa das latas de alumínio para bebidas está consolidada desde 2001, o que confere ao país a posição de líder mundial no índice de reciclagem de latas de alumínio. Em 2016, o Brasil atingiu o índice de 97,7% de latas recicladas, em um total de 280 mil t de sucata (Abal*, 2019b), ou seja, praticamente todas as latinhas utilizadas foram recicladas.

Essa cadeia reversa é de ciclo fechado com produção de latas novas por meio de material reciclado (Leite, 2003). Diferentes

---

* Associação Brasileira do Alumínio: formada em 1970 por empresas produtoras e transformadoras de alumínio primário, atua com base nos interesses dos membros e busca a ampliação de sua representatividade junto ao governo e à comunidade. Visite o sítio em: <http://abal.org.br/>.

atores são envolvidos nas etapas desse processo de reciclagem, que é composto pelas fases de coleta e consolidação; prensagem em fardos padronizados; e fundição e lingotamento* da sucata para fabricação de latas novas. Na ligação entre essas etapas, ocorrem processos logísticos em que atuam diversos agentes, entre os quais catadores e suas associações e cooperativas; adensadores; comerciantes; centros concentradores de material; centros de reciclagem e de geração de lingotes; laminadoras e fabricantes de latas em uma sequência de negócios interdependentes (Abal, 2019a).

O processo de reciclagem é também um processo de educação ambiental. Nesse contexto, os produtos costumam apresentar símbolos de identificação para indicar se podem ser direcionados ao reaproveitamento e se devem ter destinação adequada. Nas latas de alumínio, vem impresso o símbolo mostrado na Figura 2.3 (duas setas cujas direções opostas se encontram e formam um círculo que circunscreve a abreviação "al", centralizada), ilustração autodeclaratória da fonte produtora.

» **Figura 2.3** – Símbolo autodeclaratório do alumínio

Fonte: Abre, 2019.

---

* Termo técnico para a fase do processo de reciclagem da sucata de alumínio, que significa "ato ou efeito de moldar, em lingotes (barras), metal em estado de fusão" (Houaiss; Villar, 2019).

Reciclagem de embalagens PET

Essa cadeia reversa pós-consumo recicla as embalagens plásticas para bebidas, que utilizam a resina plástica PET (polietileno tereftalato). Esse material se impõe em razão da transparência, resistência a impactos, da maior leveza em relação às embalagens tradicionais, do brilho e da impermeabilidade ao gás carbônico (usado na gaseificação das bebidas), tendo substituído o vidro nas embalagens para refrigerantes (Leite, 2003).

O vidro, que ainda é bastante utilizado como vasilhame de bebidas alcoólicas, sendo reutilizado várias vezes, tem sido substituído desde a introdução da resina PET no Brasil em 1998. Da mesma forma que o alumínio, o reconhecimento de sua reciclabilidade pelos consumidores ocorre pelo símbolo autodeclaratório mostrado na Figura 2.4 (setas que delimitam uma área triangular em cujo centro há um número 1).

» **Figura 2.4** – Símbolo autodeclaratório da resina PET

Fonte: Abre, 2019.

O ciclo reverso das garrafas PET é do tipo aberto, isto é, a sucata de PET, com origem nas garrafas, após coleta, adensamento e geração de matéria-prima reciclada, é transformada em diferentes setores produtivos (Leite, 2003). Esse reaproveitamento, segundo a Associação Brasileira da Indústria do PET (Abipet)*, apresenta como etapas básicas:

» **recuperação**: coleta após descarte pelo consumidor, consolidação e prensagem na forma de fardo;
» **revalorização**: comercialização dos fardos da sucata de resina PET;
» **transformação**: processamento da sucata e geração de matéria-prima PET reciclável (Abipet, 2012b).

A etapa de recuperação/coleta, conforme Abipet (2012b), é essencial, e seu objetivo é recuperar o material, impedindo que seja destinado ao lixo comum. Nessa ação é fundamental o papel dos catadores e de suas associações, bem como o da "coleta dirigida", ou seja, a coleta feita por cooperativas e por empresas também conhecidas como *sucateiras*, que arregimentam catadores e a ação social de entidades que obtêm o material da comunidade, revendendo-o para as sucateiras.

Na etapa de recuperação, ocorre a triagem, na qual os materiais são identificados e separados. As embalagens PET são separadas por cor; conteúdo (refrigerante, água, óleo comestível e outros) e por origem (coleta seletiva, lixões etc.). Depois disso, é feita a prensagem e o enfardamento para redução de volume e facilitação do transporte. As características dos fardos vão influir no preço de comercialização, por exemplo, fardo somente com PET e de uma só cor.

Após a recuperação, acontece a revalorização da sucata, que passa por processamento de lavagem, secagem e moagem,

---

* Entidade sem fins lucrativos que reúne a cadeia produtiva do segmento PET: produtores da resina, fabricantes de embalagens e seus recicladores. Representa cerca de 80% da indústria de PET no Brasil e é a maior desse segmento na América Latina.

gerando material reciclado da resina PET. Nessa etapa, os fardos são desfeitos e o material é lavado. Na sequência, ocorre nova triagem de materiais não adequados, e, por esteira, as garrafas são levadas para moagem, sendo separadas de rótulos e tampas. Após passarem por processo químico, são novamente moídas para que se obtenha a granulometria adequada. Finalmente, pós-inspeção e secagem, são embalados em *big bags*. Essas ações são realizadas em instalações industriais com processo em linha (Abipet, 2012c).

Na etapa de transformação, o material é comercializado com vários setores, servindo de matéria-prima para diferentes produtos, conforme mostramos no Quadro 2.5.

» **Quadro 2.5** – Possibilidades de aproveitamento da resina PET reciclada

Indústria ou setor produtivo	Aplicações
Indústria têxtil (principal usuária)	Roupas, lonas, cordas, mantas geotêxtis etc.
Indústria automotiva	Revestimentos automotivos (tapetes e forrações)
	Formulação de resinas insaturadas para produção de cabines de caminhões, para-choques e baús de motocicletas
Construção civil	Formulação de resinas insaturadas para caixas d'água e piscinas
	Box para banheiros, tubos e conexões para esgotamento predial
Artigos de limpeza	Vassouras

(continua)

(Quadro 2.5 – conclusão)

Indústria ou setor produtivo	Aplicações
Chapas plásticas	Placas de sinalização viária, pontos de venda e cartões bancários
Filmes plásticos	Embalagens para produtos alimentícios, brinquedos, produtos eletrônicos
Formulação de resinas	Tintas, vernizes, massa plástica
Fitas de arqueação	Amarração de fardos e embalagens
Garrafas e frascos	Embalagens de produtos não alimentícios ou destes, desde que atendam à Resolução RDC n. 20, de 26 de março de 2008* (Brasil, 2008a)
Produção de peças técnicas, com resinas formuladas com o PET reciclado	Peças para testes especiais e produção de compósitos**

Fonte: Elaborado com base em Abipet, 2012e.

A reciclagem da resina PET, que é derivada do petróleo, contribui para a redução da utilização desse recurso não renovável, sendo essencial sua disposição adequada, uma vez que a destinação dela para aterros sanitários prejudica o processo de decomposição biológica da matéria orgânica presente, em razão da impermeabilidade da resina, dificultando a circulação de gases e líquidos. Outro problema evitado pela reciclagem

---

* O uso da resina PET reciclada descontaminada para fins alimentícios é possível desde 2008, conforme a Resolução RDC n. 20/2008, da Agência Nacional de Vigilância Sanitária (Anvisa) (Brasil, 2008a).
** Compósitos: materiais complexos, combinação de metais, cerâmicas, vidros e resinas plásticas, que resultam em propriedades não existentes em qualquer um dos componentes individuais (Newell, 2010).

é o do descarte no meio urbano, que leva ao entupimento de bueiros e redes de esgoto, dificultando o escoamento de águas pluviais e provocando inundações.

A logística reversa das embalagens PET, a exemplo das latas de alumínio, também gera benefícios sociais, uma vez que cria emprego, e econômicos, em razão do menor custo de produção com uso do material reciclado (Abipet, 2012a).

No entanto, seus índices de reciclagem situam-se abaixo do das latas de alumínio e longe do equilíbrio entre a produção e o reaproveitamento (57% em 2011). Dados da Abipet apontam que entre 2004 e 2012, houve um crescimento constante das quantidades recicladas, de cerca de 167 mil t em 2004, para 331 mil t em 2012 (Abipet, 2012d).

A logística reversa das latas de alumínio e das garrafas PET é exitosa, mas exige ação constante de educação ambiental e de consolidação dos canais reversos para o equilíbrio entre as movimentações direta e reversa. Muito de sucesso vem da existência de um mercado estabelecido de compra e venda desses materiais para reciclagem.

››› Itens pós-consumo (de menor valor) e fatores legais

O que fazer com itens de pós-consumo, cujos materiais apresentem pouco ou nenhum valor para reciclagem?

Wright et al. (2011) apontam como solução a mobilização governamental por meio de legislação que exija ações de reciclagem e/ou conceda incentivos econômicos para viabilizar canais reversos para esses materiais. A PNRS (Lei n. 12.305/2010), mais detalhada no Capítulo 3, vai nessa direção e tem se consubstanciando por meio dos acordos setoriais com segmentos da indústria em que metas de reciclagem são estabelecidas. Essa lei ainda tem vínculo com a conhecida Lei n. 9.605, de 12 de fevereiro de 1998, que dispõe sobre crimes ambientais (Brasil, 1998a).

No entanto, a questão da legislação é controversa. Blumberg (2005) aponta que incentivos podem gerar desequilíbrios, pois, tendo como foco a questão ambiental, criam um mercado artificial. Além disso, como advertiram Rogers e Tibben-Lembke (1999) ao analisarem a legislação alemã na década de 1990, podem provocar um aumento artificial da disponibilidade de resíduos, levando à queda dos preços no mercado e ao desequilíbrio nas cadeias reversas de reciclagem existentes. De todo modo, é inegável que o atendimento à legislação é uma das motivações principais para a logística reversa.

Ciclo de vida dos produtos

Outro fator considerado na logística reversa pós-consumo é a influência dos ciclos de vida dos produtos, os quais, graças às novas tecnologias, estão cada vez mais curtos.

Produtos de maior porte podem apresentam um ciclo de vida mais longo, ao passo que os de menor porte apresentam ciclo de vida mais curto, tendo uso descartável. De um lado, refrigeradores, máquinas de lavar roupa, *freezers*, geradores de grande porte apresentam um ciclo de vida de cinco a dez anos; por outro lado, equipamentos eletrônicos pequenos têm ciclo de vida encurtado pelos avanços na tecnologia, que, rapidamente, os tornam obsoletos e descartáveis. Outra condição a considerar é a quantidade e a diversidade de materiais utilizados na fabricação desses produtos (Xavier; Corrêa, 2013).

A Tabela 2.1 apresenta exemplos de grupos de produtos e a duração de seus ciclos de vida, além das influências com relação à logística reversa, ou seja, o peso e as motivações para o descarte.

» **Tabela 2.1** – Ciclo de vida de produtos presentes nos canais reversos

Grupos	Itens principais	Ciclo de vida (anos)	Peso por equipamento	Influências para o retorno
Equipamentos eletroeletrônicos (linha marrom)	» Televisores (TVs) e DVDs » Equipamentos de som » Consoles para jogos	4 a 8	» 30 kg/TV	» Obsolescência » Flexibilidade » Conectividade » Equipamentos mais amigáveis
Computadores pessoais	» PDA (*personal digital assistants*)* » Computadores portáteis e de mesa » Impressoras e periféricos	5 a 7	» 5 kg/PC » 25 kg/PC de mesa » 8 kg/impressora	» Tecnologia » Estado da arte » Novas aplicações
Telefones móveis (celulares)		4	» 0,1 kg	» Moda » Obsolescência » Qualidade

(continua)

(Tabela 2.1 – conclusão)

Grupos	Itens principais	Ciclo de vida (anos)	Peso por equipamento	Influências para o retorno
Equipamentos da linha branca	» Lavadoras/secadoras » Refrigeradores » Condicionadores de ar	10 a 15	» 45 kg/ geladeira	» Confiabilidade » Manutenção » Qualidade

Fonte: Elaborado com base em Blumberg, 2005; Unep, 2009.*

Outros produtos também devem ser tratados de forma específica na logística reversa pós-consumo; por exemplo, remédios e cosméticos, que têm, além do descarte de embalagens, suas próprias sobras ou a extinção mediada pelos prazos de validade. Algumas embalagens já contam com canais reversos constituídos (vidros e plásticos), mas os produtos em si exigem cuidados especiais. Nesse sentido, o setor brasileiro de medicamentos negocia há tempos com o Ministério do Meio Ambiente (MMA) a assinatura de seu futuro acordo setorial**.

» Logística reversa de pós-venda

A logística reversa de pós-venda busca agregar valor a produtos devolvidos pelos consumidores. Por *agregar valor*

---

* Assistentes que apresentam evolução tecnológica contínua. Em razão disso, as funções de um PDA passaram a estar disponíveis em outros assistentes – por exemplo, funções das primeiras agendas eletrônicas e dos dispositivos móveis, atualmente, estão disponíveis nos *smartphones*.

** A NBR ABNT 16457:2016 trata da logística reversa de medicamentos de uso humano vencidos e/ou em desuso. Orienta a instalação de pontos de coleta para os materiais descartados pelo consumidor (ABNT, 2016). A norma é complementar ao acordo setorial ainda em negociação (FecomercioSP, 2016).

entendemos o processo de valorização do produto descartado, que passa a ter valor comercial, mesmo que não na forma original de comercialização. São exemplos: devolução de produtos com defeitos, devolução de produtos após comunicações de venda irreais ou em razão de redação pouco clara dos manuais de funcionamento. Além desses casos, há os bens comercializados em consignação, o retorno de pontas de estoque (sobras de estação, introdução de novos modelos) para comercialização de produtos novos (Rogers; Tibben-Lembke, 1999; Leite, 2003; Blumberg, 2005).

Xavier e Corrêa (2013) apontam que a logística reversa do pós-venda pode originar-se de alguma falha ou atividade não esperada no processo de comercialização, gerando custos para fabricantes e consumidores. Produtos ainda não utilizados voltam diretamente aos canais de venda, os de pouco uso podem ser negociados em mercados de segunda mão ou, se não houver condição de uso, são encaminhados para a reciclagem.

O Quadro 2.6 resume algumas motivações para destinação de produtos e materiais para canais reversos de pós-venda, as quais podem ocorrer nas etapas de fabricação do produto, de distribuição e de consumo, quando compradores são iniciadores do processo logístico reverso.

» **Quadro 2.6** – Origem e causas das cadeias reversas pós-venda

Retorno de produtos

Origem	Causas	Destinação
Etapa de fabricação do produto*	» Matérias-primas fora de especificação	» Devolução ao fornecedor
Etapa de fabricação do produto*	» Produtos fora de especificação (controle de qualidade) » Sobras do processo produtivo	» Reprocessamento ou reciclagem
Etapa da distribuição	» *Recalls* (garantias de venda) » Danos no transporte	» Reparos e retorno para comercialização primária ou secundária » Reciclagem
Etapa da distribuição	» Retornos por acordos comerciais (B2B**): (produtos não comercializados; sobras/ajustes de estoque, liberação dos canais de venda)	» Venda no mercado secundário
Etapa da distribuição	» Devolução de embalagens e contentores retornáveis	» Limpeza e reúso » Reciclagem dos materiais das embalagens
Etapa da distribuição	» Preenchimento errado do destino	» Inspeção e retorno aos canais de venda

(continua)

---

* B2B, do inglês *business to business*, "corresponde a uma empresa vendendo produtos ou serviços para outras empresas, podendo ser outra indústria, um atacadista ou importador que comercializa produtos para outros lojistas e distribuidores" (Robles, 2016, p. 173).
** Veja o estudo de caso do Capítulo 1, sobre resíduos industriais com origem nos processos produtivos.

(Quadro 2.6 – conclusão)

Retorno de produtos

Origem	Causas	Destinação
Consumidores	» Produtos para teste de clientes	» Competitividade e políticas de venda
	» Reembolsos e garantias (B2C*) » Retornos por garantias legais » Retornos por assistência técnica	» Reparos e retorno para comercialização primária ou secundária » Reciclagem
	» Retornos pelo fim da validade	» Legislação » Reciclagem

Fonte: Elaborado com base em Rogers; Tibben-Lembke, 1999; Brito; Dekker, 2003.

⟫⟫ Processos de retorno no pós-venda

Os processos reversos pós-venda ilustram sobremaneira o conceito de logística reversa, pois, ao inverter o fluxo de produtos e materiais, os produtos retornam dos pontos de venda ou dos locais de consumo para destinações dedicadas, inclusive para o fabricante original. Suas fases principais dizem respeito à coleta, à consolidação e à triagem, à seleção e à destinação.

---

* B2C, do inglês *business to consumer*, corresponde à venda direta ao consumidor, comum no *e-commerce* (compras e vendas feitas por meios computacionais e internet) e compras em varejistas e atacadistas.

A destinação pode ser o desmanche, processo depois do qual há encaminhamento de materiais para a reciclagem industrial na conversão destes em matéria-prima. Outro exemplo é o encaminhamento para o mercado secundário de produtos, ou seja, a comercialização de produtos usados (de segunda mão) ou produtos com pequenos defeitos, comuns no setor de vestuário. No caso de os produtos serem desmanchados e remanufaturados, em geral, são destinados ao mercado secundário de componentes. A seguir, analisaremos a logística reversa de pós-venda sob o ponto de vista de fornecedores e consumidores.

Fornecedores

Alguns negócios já consideram a possibilidade de retorno de mercadorias. No seu encaminhamento aos canais de distribuição, conta-se com o possível retorno dos produtos ao centro distribuidor se não forem vendidos. Exemplo típico é o da venda de revistas (50% de devolução) e livros (as devoluções no setor editorial são da ordem de 20% a 30%; e, no de distribuição, de 10% a 20%). Essa situação requer gestão logística dedicada, uma vez que o negócio tem de atentar que o fornecedor deve arcar com os custos de coleta e transporte dos itens excedentes (Rogers; Tibben-Lembke, 1999).

Nesses casos, é essencial realizar previsão acurada de demanda, pois não pode faltar nem sobrar material nos pontos de venda. Em geral, a previsão é feita com base no perfil dos pontos de vendas, com uma análise histórica para determinar padrões regulares, se é que existem. De toda forma, têm de ser previstos os custos de coleta dos eventuais "encalhes" e de seu encaminhamento aos canais reversos (Rogers; Tibben-Lembke, 1999). Outro exemplo são produtos encaminhados a clientes para demonstração ou oferecidos a eles na modalidade "pagamento na entrega", após teste e aprovação do qual seu retorno é esperado.

Como mostramos no Quadro 2.6, vários motivos levam à devolução de bens pelos consumidores. Nesse caso, o cliente deseja refazer a negociação, devolver a mercadoria, receber seu dinheiro de volta ou substituí-la por outra. Como há o interesse em satisfazer o cliente, caberá ao fornecedor estabelecer uma logística ágil para esse atendimento, assim como para providenciar eventuais reparos e repor a mercadoria nos mercados de venda. Caso o canal reverso não ocorra, os materiais poderão ser perdidos, razão pela qual haverá desperdício de recursos naturais, descartados com impacto ambiental, impossibilitando negócios com reaproveitamento ou vendas em mercados secundários.

Consumidores

A qualidade da informação vinda do consumidor que devolve uma mercadoria é importante para a agilidade da cadeia reversa, uma vez que é base para antecipar a destinação de retorno do item e permitir cursos de ação adequados, os quais podem incluir: realização de testes de funcionamento, execução de reparos, aproveitamento de componentes da mercadoria ou até destinação final, caso não haja mais condição de aproveitá-lo.

No fluxo logístico tradicional, a previsão de vendas dá início ao planejamento do processo de movimentação, e a efetivação das vendas indica como as mercadorias chegarão aos compradores. No fluxo reverso, porém, a movimentação só acontece após a manifestação dos consumidores ou das centrais de atendimento, o que determina como proceder. Robinson (2014b) aponta que a melhor qualidade da informação dada pelo consumidor vai permitir uma resposta rápida e agilizar o fluxo reverso a fim de que o produtor possa reaproveitar o produto ou seus materiais. A Figura 2.5 ilustra a sequência do produto devolvido e das informações colhidas do consumidor, nos esquemas de devoluções no pós-venda.

» **Figura 2.5** – Fluxo do produto e da informação nas cadeias reversas pós-venda

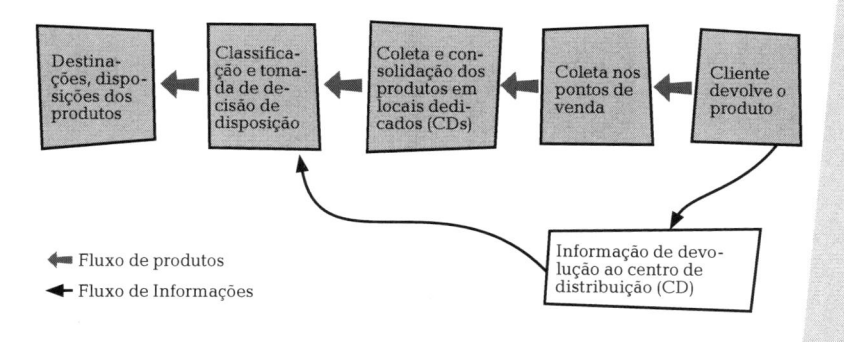

```
[Destinações, disposições dos produtos] ⇐ [Classificação e tomada de decisão de disposição] ⇐ [Coleta e consolidação dos produtos em locais dedicados (CDs)] ⇐ [Coleta nos pontos de venda] ⇐ [Cliente devolve o produto]
```

⇐ Fluxo de produtos
← Fluxo de Informações

Informação de devolução ao centro de distribuição (CD)

Fonte: Robinson, 2014b, tradução nossa.

››› O *e-commerce* e a logística reversa

O comércio eletrônico (*e-commerce*) – ou seja, as transações comerciais feitas por meio de equipamentos eletrônicos com a utilização de redes de informações, como a internet – apresenta-se com um dos desafios da logística reversa. Se, na logística direta, essa forma de comercialização, que vem se expandindo, já é complexa, não o seria menos na logística reversa. Como tal, tem sido objeto de preocupação por parte de fornecedores e agentes dessa modalidade.

Firmino (2014) apresenta cinco regras básicas com relação à logística reversa no comércio eletrônico, quais sejam:

1) **Definição das políticas de troca e retorno de produtos**: a legislação brasileira, conforme apontado por Leite (2003), determina que o consumidor tem direito de recusar o produto por várias razões em um prazo de sete dias a partir da data de recebimento. Desse modo, o fornecedor, via comércio eletrônico deve ter uma política de troca e retorno clara e explícita e assumir o frete de retorno. Por outro lado, essa é uma condição essencial para o sucesso do negócio, pois clientes satisfeitos voltam e os insatisfeitos irradiam sua insatisfação para muitos outros potenciais consumidores.

2) **Atendimento transparente e oferecimento de alternativas**: após uma eventual devolução, o cliente deve saber como proceder para troca, tanto em loja física quanto em loja virtual. Do mesmo modo, ele deve ser informado sobre a situação de sua compra.

3) **Coordenação do processo de retirada e entrega de um novo produto**: esse processo deve ser estabelecido com o operador logístico e envolve troca, coleta no domicílio do comprador, entrega pelo operador em um local determinado e possibilidade de reembolso da compra.

4) **Mapeamento do ciclo de troca para melhorias**: o tratamento das devoluções é crítico para o negócio, e o fornecedor deve buscar o porquê da desistência e do retorno de produtos. Esse mapeamento deve incluir:
    » levantamento do tempo do ciclo da venda e contatos feitos com o cliente;
    » classificação dos motivos da devolução (defeito, dano na movimentação, erro de entrega com produto errado,

cliente que se frustra ou se arrepende ao receber o produto, não atendimento ao combinado etc.);
» descrição do produto no recebimento após devolução;
» destinação do produto retornado (volta para revenda, reparo e remanufatura, descarte etc.);
» avaliação da satisfação do cliente (pesquisa sobre o processo como um todo).

5) **Implantação de ações para diminuir a frequência de retorno de produtos**: melhoria das fotos de apresentação do produto, assim como descritivo mais claro e didático. A etapa anterior deve servir de base para essas melhorias.

» Logística reversa, negócios e satisfação dos clientes

Mercadorias defeituosas paradas nas mãos dos compradores ou espaços ocupados por mercadorias das últimas encomendadas. Centros de distribuição aguardando a chegada de mercadorias devolvidas pelos clientes para reencaminhá-las para venda. Tudo isso nos faz pensar na necessidade de canais reversos ágeis e de informações completas sobre os itens em movimentação. Devemos considerar que a gestão deficiente dos retornos afeta a satisfação dos clientes, implica custos não recuperáveis, estoques excessivos e utilização indevida e perdida de espaços físicos em armazéns e instalações.

Elliot (2017) recomenda que o processo logístico reverso deve partir do atendimento de objetivos concretos para os retornos de produtos com base nas seguintes indagações:

» Qual é a nossa capacidade de lidar com quantidades variadas de retornos? Podemos encaminhar os produtos diretamente aos fornecedores?

» Em qual local os produtos podem ser recompostos, reembalados ou estocados para revenda (em instalações próprias ou alugadas)?

» Para produtos que não podem ser devolvidos, quais instalações podem ser usadas para realização de leilões ou mantidas para destinação a canais de venda especializados?

» Qual é a taxa aceitável de produtos a serem recomercializados, reestocados ou redistribuídos? Esse controle é básico?

Estabelecidas as respostas e fixados os objetivos, conforme afirma Elliot (2017) para as chamadas "caixas no canto", o processo logístico reverso deve considerar as seguintes etapas:

1) **Autorização de retornos**: o conhecimento prévio das devoluções e suas autorizações permitem a alocação de recursos humanos e a tomada de decisões sobre o retorno de produtos.

2) **Recebimento das mercadorias**: uma notificação antecipada permite prever ações quanto ao recebimento da mercadoria, assim como mobilizar recursos.

3) **Especificação e classificação das mercadorias**: a classificação de produtos é base para determinar a forma de disposição e destinação deles.

4) **Rastreamento dos produtos**: os produtos devem ser controlados, e o inventário construído deve ser gerenciado para evitar perda e utilização inadequada dos recursos. Evitar, então, as "caixas nos cantos".

5) **Recuperação do produto**: os produtos em recuperação ou reparo devem ser controlados e o processo deve ser acompanhado.

6) **Vendas/leilões**: os procedimentos de venda – tanto com recursos próprios quanto com recursos de terceiros – devem estar claros e direcionados para produtos que não podem ser reestocados como novos.

7) **Redistribuição**: produtos cuja recuperação ou venda são difíceis ou impossíveis devem ser encaminhados rapidamente para disposição. Nunca devem estar misturados com produtos novos ou reaproveitáveis (Elliot, 2017).

Harrington (2006) afirma que, em um sistema de logística reversa com bom funcionamento, varejistas, fornecedores e empresas de prestação de serviços de logística unem-se para reduzir a porcentagem de produtos retornados e para melhorar o fluxo de retorno. Isso implica um sistema compartilhado de resultados e ações em todas as etapas para que despachos, recebimentos e estoques sejam gerenciados devidamente.

No caso de provedores de serviços logísticos, na logística reversa, as atividades críticas são: coleta; identificação do produto, por escaneamento, como alocação do produto à loja ou ao fornecedor; e disposição adequada dos produtos devolvidos. Desse modo, a logística reversa tem se desenvolvido com o objetivo de reduzir custos, agregar eficiência e melhorar as experiências de consumidores.

Devemos lembrar, conforme ressalta Robinson (2015), que, para muitas organizações, a logística reversa apresenta-se com um centro de custos de pouca visibilidade, composto por produtos que devem ser reestocados, reparados, reciclados, reembalados e dispostos adequadamente. No entanto, como dissemos, o sistema de logística reversa pode representar um **centro de resultados**, uma vez que:

» reduz de custos administrativos, de transporte e de apoio a serviços pós-venda;
» aumenta a velocidade de atendimento aos clientes e de disposição de produtos retornados;
» aumenta a participação de mercado com a satisfação dos clientes;
» facilita um maior atendimento aos objetivos de desenvolvimento sustentável;
» melhora a prestação de serviços aos clientes contribuindo para sua fidelização;
» faz retornar os investimentos de capital em ativos (Robinson, 2015).

Do ponto de vista de atendimento às expectativas de clientes e consumidores, a logística reversa tem aspectos semelhantes aos da logística direta – sempre lembrando que os fluxos de ambas são inversos. Nesse sentido, tem como características as necessidades de: inexistência de atrasos nas coletas ou de perdas dos pedidos; mercadorias que correspondam às informações da devolução; de busca de maiores margens mediante adoção de técnica novas (por exemplo, rastreamento por *electronic data interchange* [EDI]*); redução dos custos da gestão de inventários**; diminuição do retorno de produtos; e busca da satisfação dos clientes por maior confiabilidade em entrega, operações de embarque, transporte eficientes e ação responsável para a solução de eventuais litígios.

---

* É a "troca interorganizacional de documentações relativas a negócios de forma estruturada e processada por computador, ou, simplesmente, um computador se comunicando diretamente com outro" (Lambert; Stock, 1999, citados por Robles, 2016, p. 176).

** Ver: Robles, 2016, p. 92.

A seguir, apresentaremos um roteiro básico para estruturar um negócio para recuperação e destinação de materiais com base no conceito de desenvolvimento sustentável.

» Passos básicos para a montagem de um sistema (negócio) de logística reversa

Blumberg (2005) ressalta que negócios de logística reversa requerem planejamento cuidadoso e detalhado, começando pela escolha do material a ser trabalhado, passando pela verificação da existência de concorrentes, pela capacidade operacional própria já disponível ou a ser adquirida, pela definição de metas, entre outros itens.

O Quadro 2.7 apresenta as etapas básicas propostas por Blumberg (2005) comentadas:

» **Quadro 2.7** – Etapas para proposição de um negócio de logística reversa

Etapa	Descrição	Observação
1	Definição do material para reaproveitamento.	O tipo de material vai definir o mercado de atuação e as tecnologias adequadas para seu tratamento.
2	Levantamento de informações sobre o mercado do material escolhido. Definição dos equipamentos e instalações necessários, bem como da infraestrutura necessária em relação à existente.	Estimativa de investimentos necessários (local, equipamentos, tecnologia, legislação, restrições e instalações sustentáveis).

(continua)

(Quadro 2.7 – conclusão)

Etapa	Descrição	Observação
3	Elaboração de um plano de negócios, ou seja, estimativa de receitas e despesas de investimento e de operação do empreendimento ao longo de sua vida útil.	O plano de negócios vai subsidiar a tomada de decisão de implantar o empreendimento, determinando suas viabilidades técnica, operacional e, principalmente, econômica.
4	Desenho do modelo de gestão, ou seja, detalhamento do plano de negócios em uma estrutura formal e definição de políticas de terceirização e de relação com fornecedores e pontos de coleta do material.	O modelo de gestão deve subsidiar a elaboração de um orçamento anual, assim como a forma de operação e administração do empreendimento.
5	Desenvolvimento, implantação e operação do empreendimento.	Em um primeiro momento, deve-se avaliar a efetiva operação em relação ao plano de negócios e depois o modelo de gestão para possíveis ajustes e melhorias.
6	Operação em modo contínuo.	O controle dos resultados obtidos deve subsidiar a revisão dos planos de negócios e eventuais ajustes para a continuidade do empreendimento.

Fonte: Elaborado com base em Blumberg, 2005.

As etapas propostas por Blumberg (2005) são semelhantes em quaisquer empreendimentos; no entanto, o fato de tratar-se de materiais que deixaram de ser úteis para o consumidor ou que foram sucateados implica necessidade de um planejamento detalhado, pois a probabilidade de sucesso pode ser pequena, haja vista as pequenas margens usuais nesse negócio. Nesse sentido, acrescentamos algumas observações:

» Caso a opção seja por trabalhar com mais de um material, os processos e equipamentos a serem usados poderão ser diferentes. Por exemplo, nos casos que apresentamos das latas de alumínio e das garrafas PET, os processos e recursos são diferentes desde a fase de coleta das sucatas até o processo de adensamento, no qual formato, peso e forma de manuseio dos fardos são completamente diferentes, conforme apresenta La Fuente (2005).

» A evolução tecnológica fez com que materiais novos, escassos e valiosos passassem a estar presentes nos produtos de uso nas residências e serviços, como é caso dos eletroeletrônicos. Os estudos da Unep (2009) indicam que muitos desses materiais são prejudiciais ao meio ambiente e à saúde dos trabalhadores, o que faz com que, além dos fatores econômico e ambiental, apresente-se a responsabilidade social no tratamento de seus resíduos, com maiores custos e impedimentos legais.

» O plano de negócio deve, efetivamente, responder à questão: Escolhido o material a ser recuperado pela logística reversa, os valores obtidos com sua venda cobrem os custos do negócio?

» Em reforço ao proposto por Blumberg (2005), é preciso atentar para as questões: Há concorrentes instalados nesse mercado?; Quais são eles?; Qual é o porte deles?; Há quanto tempo estão estabelecidos?; Quais são seus resultados?; Seu modelo de gestão pode ser replicado?; Em quais circunstâncias (*benchmarking*)?; Nosso plano de negócios será capaz de acompanhar ou superar esses índices?

» Qual tecnologia de informação (TI) é necessária para apoio ao negócio? Rastreamento por códigos de barra podem ser viáveis, e terceiros prestadores de serviços logísticos (3PL)* podem trazer vantagens com relação a esse ponto.

» O modelo de gestão deve responder às questões: A infraestrutura disponível é suficiente para o funcionamento contínuo do negócio?; e Quando e como a terceirização será interessante?

>>> **Para despertar o interesse**

Canais reversos e resíduos domiciliares

Os resíduos sólidos urbanos** (RSUs) são motivo de preocupação em todo o mundo. Relatório recente da Agência Ambiental Norte-Americana (EPA, 2016) registra que o número de aterros sanitários nos Estados Unidos diminuiu dos anos 1990 para o início da segunda década do século XXI, embora seu tamanho médio tenha aumentado, o que provocou falta de áreas para expansão em algumas regiões daquele país. Nos Estados Unidos, em razão de políticas de controle e disposição em aterros, a quantidade total de RSUs foi reduzida de 145,3 milhões t em 1990 para 136 milhões t em 2014 (queda de 6,4%). A geração *per capita* de resíduos também diminuiu, passando de 1,45 kg/hab/dia, em 1990, para 1,0 kg/hab/dia em 2014.

---

* Do inglês *third party logistics providers*. Ver: Robles, 2016, p. 103.
** Materiais ou objetos descartados pela sociedade, que se apresentam nos diferentes estados físicos da matéria: sólidos, líquidos e gasosos.

No Brasil, segundo o relatório Diagnóstico dos Resíduos Sólidos Urbanos do Ipea (2012), a geração de RSUs é de 1,1 kg/hab/dia, valor constante no período de 2000 a 2011 (cerca de 183.500 t/dia em 2011). Serviços de coleta aconteceram em 88,6% dos 5.507 municípios brasileiros, dos quais 21% dispunham de coleta seletiva. Para enfrentar essa situação, entrou em vigor a PNRS, como desafio à gestão pública, pois busca incentivar a reciclagem e dar destinação adequada aos resíduos orgânicos, evitando sua destinação para aterros sanitários, espaços que, em vez de terem uso mais nobre, acabam emitindo gases do efeito estufa. De forma ideal, aterros sanitários receberiam apenas rejeitos, ou seja, materiais sem qualquer possibilidade de aproveitamento.

⟫ Perguntas e respostas

1) Qual a ligação entre a *logística reversa* e a PNRS expressa na Lei n. 12.305/2010?

O documento legal, considerado legislação ambiental avançada, aponta expressamente a existência, nos processos de gestão e recuperação dos resíduos sólidos, da logística reversa, definindo-a em seu art. 3°, inciso XII, como: "instrumento de desenvolvimento econômico e social caracterizado por um conjunto de ações, procedimentos e meios destinados a viabilizar a coleta e a restituição dos resíduos sólidos ao setor empresarial, para reaproveitamento, em seu ciclo ou em outros ciclos produtivos, ou outra destinação final ambientalmente adequada" (Brasil, 2010b).

2) Qual é a maior dificuldade na operacionalização de canais reversos de materiais?

Uma das dificuldades dos canais reversos é o fato de apenas se concretizarem quando o usuário detentor do bem ou material – após uso ou outro evento – toma a iniciativa de dispô-lo de forma adequada e direcioná-lo a uma cadeia reversa. A Lei n. 12.305/2010 expressa a condição de responsabilidade compartilhada. Nos acordos setoriais da PNRS, por sua vez, há a obrigação de incentivar e viabilizar referida disposição. Essa ação implica planejamento e efetivação dos passos e atuação da logística reversa, conforme bem ilustra o Quadro 2.1.

3) Qual a distinção entre logística reversa de pós-venda e logística reversa de pós-consumo?

Nos canais reversos de pós-venda, em geral, não há, necessariamente, descaracterização ou intervenção no produto, pois este poderá retornar ao consumidor ou aos canais de venda, o que implica movimentação diferenciada. Nesse caso, apresentam-se também considerações legais, por exemplo: as garantias oferecidas na compra dos produtos ou estabelecidas em contratos com distribuidores e outros compromissos. Na logística reversa de pós-consumo, movimentam-se materiais que deixaram de ter utilidade para os usuários; como exemplos típicos, há as latinhas de alumínio para bebidas e as garrafas plásticas manufaturadas com a resina PET. A questão básica é ambiental e pragmática, pois disposições inadequadas desencadeiam impactos de toda forma indesejáveis. Nas etapas iniciais da cadeia reversa, os produtos e materiais perdem sua forma original – por exemplo, por processos mecânicos de prensagem ou corte – e a recuperação deles é específica e variável em relação aos materiais presentes.

>>> Estudo de caso

A cadeia reversa do óleo de fritura usado (OFU) – de poluidor a participante de processo produtivo sustentável

Produtos e rejeitos específicos exigem cadeias reversas especializadas e dedicadas. Esse é o caso do óleo de fritura usado, conhecido pela sigla OFU. Esse resíduo causa impacto ambiental considerável, o qual é evitável se feita destinação ambientalmente correta e se fomentada a conscientização ambiental dos usuários. O descarte do óleo usado nas pias das cozinhas segue para a rede de esgoto sanitário: parte do OFU adere às paredes das tubulações, absorvendo outras substâncias, gerando acúmulos que reduzem os fluxos de material e até provocando entupimentos. A parte não aderente segue para os sistemas de tratamento de esgoto, prejudicando esse processo e provocando elevação dos custos de operação. Onde não há rede coletora, esses resíduos oleosos acabam por contaminar os recursos hídricos (córregos e rios), provocando ainda a impermeabilização de leitos e terrenos, o que contribui para a ocorrência de enchentes. O descarte do OFU em sacos ou garrafas plásticas também é inadequado, pois esses invólucros acabam por se romper contaminando o lençol freático da região (Brasil, 2014). Esse resíduo pode servir de matéria-prima para produção de biodiesel[*], e este, ao reagir com metanol ou etanol, gera éster

---

[*] É substância que tem origem óleos vegetais e gorduras animais, matérias-primas renováveis, sendo equivalente ao óleo diesel mineral, de origem fóssil (BSBIOS, 2019).

metílico ou etílico, produto similar ao óleo diesel de origem fóssil, isto é, do petróleo ou de seus derivados.

A produção e o uso do biodiesel acontecem no Brasil desde 2005 (Lei n. 11.097/2005*). A disponibilização comercial desse combustível pode ser feita na forma pura ou em mistura com o óleo diesel, sendo, no país, identificada com a letra B seguida do percentual de biodiesel presente. Isto é: a mistura com 8% de biodiesel é identificada como B8; aquela com 10%, seria a B10; e o biodiesel puro tem a identificação B100 (BSBIOS, 2019). As condições de sustentabilidade do biodiesel relacionam-se com sua origem integralmente renovável, pelo fato de ser biodegradável e não tóxico, pela geração de emprego e renda no campo, propiciando melhoria na qualidade do ar, pela menor geração de gases do efeito estufa (GEE) e menor formação de material particulado (Brasil, 2014; Aprobio**, 2017). A recuperação do OFU é um processo de logística reversa e baseia-se na implantação de cadeias que partem da iniciativa dos geradores de OFU (domicílios, estabelecimentos comerciais, redes de alimentação etc.) de dispor adequadamente esse resíduo. Já se apresentam várias iniciativas, não integralmente mapeadas (Abiove***, 2019), mas com resultados percebidos. Em 2014, uma parceria da Petrobras Biocombustível com 28 cooperativas e associações de catadores no Ceará (Quixadá e Fortaleza) e na

---

* A Lei n. 11.097, de 13 de janeiro de 2005, dispõe sobre a introdução do biodiesel na matriz energética brasileira (Brasil, 2005a).

** Associação dos Produtores de Biodiesel do Brasil: entidade de representação corporativa e institucional dos produtores de biodiesel do país, fundada em 2011, com nove empresas associadas que controlam 11 usinas de biocombustível.

*** Associação Brasileira das Indústrias de Óleos Vegetais: fundada em 1981, reúne 13 empresas associadas responsáveis por 56% do volume de processamento de soja do Brasil (Abiove, 2019).

Bahia (região metropolitana de Salvador) permitiu o processamento de 232 mil litros de óleos residuais em duas usinas da companhia. Na cidade de Sete Lagoas (MG), desde 2014, a ONG União Social Ecológica administra o projeto "Papa Óleo" recolhendo OFU para reaproveitamento como biodiesel. Em Osasco (SP), a Secretaria de Meio Ambiente recolhe, desde 2008, o OFU em 900 pontos por meio do Projeto Biodiesel (Abiove, 2019). Iniciativas para reaproveitamento de óleo de fritura usado também acontecem no meio empresarial.

Mei, Christiani e Leite (2011) analisaram a logística reversa de conhecida rede de lanchonetes, que coleta e transforma o OFU em biodiesel, tendo constatado que a transportadora que a abastecia com produtos, coletava o OFU em recipientes específicos, o qual, após filtração, era encaminhado para usina de produção de biodiesel.

Outro exemplo é o programa Ação Grandiesel e o Meio Ambiente, iniciado em 2003, por produtores de soja, de derivados de soja e de biodiesel, que têm parceria com um supermercado cliente do estado de São Paulo. A rede foi montada após conscientização da clientela sobre os malefícios do descarte irregular do OFU. Outras parcerias foram firmadas com supermercados/clientes, prefeituras, hospitais, empresas privadas e escolas. Nesse exemplo, o OFU é recolhido de modo voluntário em garrafas PET (reúso da embalagem), encaminhado para uma central de armazenamento para processamento em usina geradora de biodiesel da empresa. As garrafas PET vazias são doadas para cooperativa de reciclagem (Granol, 2019). A cadeia produtiva do biodiesel mostra-se como fator viabilizador do desenvolvimento de processos de coleta de OFU em razão da economicidade e dos benefícios ambientais que oferece (Brasil, 2014).

»» Questões sobre o estudo de caso

1) O que é OFU? O que o descarte inadequado de OFU pode causar no meio ambiente?
2) Aponte uma utilização dos OFUs após o descarte adequado. O que regulamenta sua utilização?
3) Quais são os pontos-chaves para a logística reversa do OFU e para sua recuperação?

» Síntese

Neste capítulo, abordamos os direcionadores de implantação e gestão de cadeias de logística reversa. Evidenciamos que as diferenças entre essa logística e a tradicional reside na diversidade de materiais, nos pontos de origem, nas poucas possibilidades de economia de escala e, principalmente, na dependência ao usuário final dos produtos, exigindo convencimento e facilitação da disposição dos produtos após o uso e no pós-venda.

Também analisamos as categorias relacionadas à logística reversa e seus canais de recuperação de produtos no pós-consumo e no pós-venda. Nesta última logística reversa (de pós-venda), há motivações variadas, desde a desistência do comprador até "sobras" de estoque nos pontos de venda, enfatizando seu papel no atendimento diferenciado a clientes. No pós-consumo, a logística reversa é essencial para prover a destinação aos resíduos, em atendimento aos conceitos de TBS e a ações relativas ao meio ambiente.

» Questões para revisão

1) Quais são as diferenças básicas entre os canais da logística direta e os da logística reversa?

2) Quais fatores são determinantes para a implantação bem-sucedida de canais reversos pós-consumo?

3) O quadro seguinte apresenta produtos que são reaproveitados e reintegrados a cadeias produtivas.

   Preencha, nos espaços correspondentes, o tipo de canal reverso (ciclo aberto ou ciclo fechado) e os produtos gerados pelas matérias-primas recicladas.

Produto/descartes	Tipo de ciclo Aberto	Tipo de ciclo Fechado	Produtos de retorno ao ciclo produtivo
Óleo lubrificante usado			
Óleo de fritura usado			
Papelão			
Baterias automotivas			
Latas de alumínio			
Garrafas PET			
Embalagem tetra pak			

   Agora, assinale a alternativa que apresenta o preenchimento correto do quadro anterior:

a.

Produto/descartes	Tipo de ciclo		Produtos de retorno ao ciclo produtivo
	Aberto	Fechado	
Óleo lubrificante usado	x		Biodiesel
Óleo de fritura usado	x		Óleos lubrificantes
Papelão		x	Papelão
Baterias automotivas (metal chumbo)		x	Latas de alumínio
Latas de alumínio	x		Baterias novas
Garrafas PET	x		Matéria-prima
Embalagens tetra pak	x		Telhas, caixas, paletes, mobiliário

b.

Produto/descartes	Tipo de ciclo		Produtos de retorno ao ciclo produtivo
	Aberto	Fechado	
Óleo lubrificante usado		x	Óleos lubrificantes
Óleo de fritura usado	x		Biodiesel
Papelão		x	Papelão
Baterias automotivas (metal chumbo)		x	Baterias novas
Latas de alumínio		x	Latas de alumínio

(continua)

(conclusão)

Produto/descartes	Tipo de ciclo		Produtos de retorno ao ciclo produtivo
	Aberto	Fechado	
Garrafas PET	×		Matéria-prima
Embalagens tetra pak	×		Telhas, caixas, paletes, mobiliário

c.

Produto/descartes	Tipo de ciclo		Produtos de retorno ao ciclo produtivo
	Aberto	Fechado	
Óleo lubrificante usado		×	Telhas, caixas, paletes, mobiliário
Óleo de fritura usado		×	Biodiesel
Papelão		×	Matéria-prima
Baterias automotivas (metal chumbo)		×	Baterias novas
Latas de alumínio		×	Latas de alumínio
Garrafas PET	×		Papelão
Embalagens tetra pak	×		Óleos lubrificantes

d.

Produto/descartes	Tipo de ciclo		Produtos de retorno ao ciclo produtivo
	Aberto	Fechado	
Óleo lubrificante usado		x	Óleos lubrificantes
Óleo de fritura usado	x		Biodiesel
Papelão	x		Baterias novas
Baterias automotivas (metal chumbo)		x	Papelão
Latas de alumínio		x	Latas de alumínio
Garrafas PET		x	Matéria-prima
Embalagens tetra pak		x	Telhas, caixas, paletes, mobiliário

e.

Produto/descartes	Tipo de ciclo		Produtos de retorno ao ciclo produtivo
	Aberto	Fechado	
Óleo lubrificante usado	x		Óleos lubrificantes
Óleo de fritura usado	x		Biodiesel
Papelão	x		Papelão
Baterias automotivas (metal chumbo)		x	Telhas, caixas, paletes, mobiliário

(continua)

(conclusão)

Produto/descartes	Tipo de ciclo		Produtos de retorno ao ciclo produtivo
	Aberto	Fechado	
Latas de alumínio		×	Latas de alumínio
Garrafas PET	×		Matéria-prima
Embalagens tetra pak	×		Baterias novas

4) A implantação de canais de logística reversa de pós-venda diferencia a organização para melhor concorrer em seu segmento de mercado, pois eles aumentam:
   I. a satisfação do consumidor.
   II. a satisfação do consumidor e levam à sua fidelização.
   III. a participação em seu segmento de mercado.
   IV. a satisfação do consumidor desvinculada de sua fidelização.
   V. a satisfação do consumidor, reduzindo sua participação no mercado.

   Assinale a alternativa que apresenta os itens que complementam corretamente o enunciado:
   a. I e II.
   b. II e III.
   c. I, II e III.
   d. II, III e IV.
   e. II, III, IV e V.

5) Analise as opções a seguir referentes à contribuição que os canais reversos pós-venda oferecem às organizações que os adotam e indique V para as verdadeiras e F para as falsas.

( ) Revalorização econômica de bens.
( ) Recuperação de ativos.
( ) Liberação de canais de venda para novos produtos.
( ) Maior satisfação dos consumidores/clientes.
( ) Evidenciar respeito à legislação e às garantias legais.

Agora, assinale a alternativa que apresenta a sequência correta:
a. V, F, F, F, F.
b. F, F, V, F, V.
c. V, F, V, V, V.
d. V, V, V, F, V.
e. V, V, V, V, V.

>>> **Para saber mais**

Um dos grupos de produtos cuja destinação final adequada é uma das mais complexas de realizar é o dos resíduos eletroeletrônicos (REEE*). Esses produtos, cada vez mais comuns nas sociedades modernas, contêm materiais de alto valor e exigem processos dedicados de coleta, de encaminhamento, de recuperação para eventual retorno como matéria-prima reciclada. Esses processos, por sua vez, devem ser diferenciados para cada de tipo de produto ou grupo de produtos, e os materiais presentes impactam o meio ambiente e a saúde humana se descartados de forma inadequada. Os processos de recuperação são sofisticados, tendo tecnologia restrita a alguns países; no entanto, a expansão de seu comércio levou a ONU a implementar o programa ambiental United Nations Environment *Programme* – UNEP, que analisou a situação dos descartes em

* WEEE na sigla em inglês (*waste eletro and eletronic equipment*).

11 países em desenvolvimento, entre os quais o Brasil. Os resultados estão disponibilizados no relatório Recycling – From e-Waste to Resources. Acesse o documento a seguir indicado para conhecer as condições de implantação de canais reversos para os REEE:

UNEP – United Nations Environmental Programme. Sustainable Innovation and Technology Transfer Industrial Sector Studies: Recycling from e-waste to resources. July 2009. Disponível em: <http://www.unep.fr/shared/publications/pdf/DTIx1192xPA-Recycling%20from%20ewaste%20to%20Resources.pdf>. Acesso em: 23 abr. 2019.

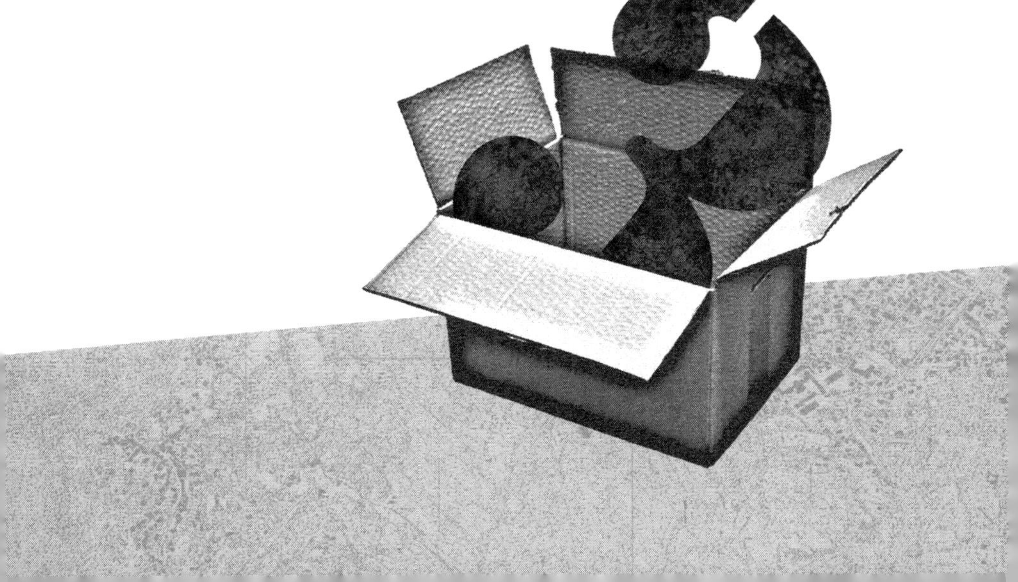

LOGÍSTICA REVERSA: FUNDAMENTOS, ASPECTOS LEGAIS E CERTIFICAÇÕES

》》 Conteúdos do capítulo:

» Evolução da regulamentação ambiental no Brasil.
» Principais instrumentos e entidades legais que atuam no campo da logística reversa.
» Relação estreita entre a legislação ambiental e a legislação de logística reversa.
» Entidades privadas engajadas na logística reversa e no atendimento da Política Nacional de Resíduos Sólidos.
» Evolução e principais tipos de regulamentação (certificações e rotulagens) privada existentes no país.

》》 Após o estudo deste capítulo, você será capaz de:

1) apontar por que a incorporação da gestão da logística reversa nas práticas empresariais evidencia a imagem e a reputação da organização como amigável ao meio ambiente, em respeito às responsabilidades socioambientais, tendo como base o atendimento a regulamentações legais e privadas;
2) reconhecer as legislações ambientais e os processos de certificação ambiental existentes, com destaque para a Lei n. 12.305/2010 e os consequentes acordos setoriais para criação e gestão de cadeias logísticas reversas;
3) identificar os papéis da educação ambiental e da comunicação social para a disposição adequada e o reaproveitamento de materiais presentes nos resíduos.

A logística reversa ocorre no sentido inverso do da logística direta. A evolução da área tem gerado oportunidades de negócios a diferentes camadas da sociedade, com a vantagem de apresentar características ambientalmente justificadas e sustentáveis.

A logística reversa de pós-venda, inicialmente, voltava-se para atender a questões referentes a devoluções de produtos por obsolescência, defeitos ou esgotamento de vida útil, como vimos no Capítulo 2, razão pela qual a principal motivação era a preservação da imagem e da reputação das organizações pertencentes à cadeia de suprimentos. Em sua evolução, a logística reversa assumiu, também na dimensão de pós-consumo, a questão ambiental e um papel importante nas ações voltadas para o desenvolvimento sustentável.

Podemos dizer, portanto, que a logística reversa é resultante da conjugação de três ordens de fatores:

1) atendimento a regulamentações governamentais e privadas (certificações);
2) preservação de imagem e reputação das organizações, observando um mercado consumidor exigente e consciente;
3) adoção de estratégias de respeito ao meio ambiente na filosofia das responsabilidades social e ambiental.

Nesse sentido, abordaremos as regulamentações existentes relativas a práticas de preservação ao meio ambiente e as certificações privadas ambientais, destacando o caso brasileiro com base na Política Nacional de Resíduos Sólidos (PNRS), expressa, na Lei n. 12.305, de 2 de agosto de 2010 (Brasil, 2010b).

» Regulamentação ambiental no Brasil

O processo de redemocratização do país e a Constituição Federal (CF) de 1988 (Brasil, 1988) propiciaram o avanço no Brasil do conceito de desenvolvimento sustentável, consubstanciado pelo Relatório Brundtland de 1987 (CMMAD, 1988).

A Constituição de 1988, por exemplo, prevê, em seu art. 225, que: "Todos têm direito ao meio ambiente ecologicamente equilibrado, bem de uso comum do povo e essencial à sadia qualidade de vida, impondo-se ao Poder Público e à coletividade o dever de defendê-lo e preservá-lo para as presentes e futuras gerações" (Brasil, 1988).

Os incisos VI e VII do art. 23 da CF de 1988 estabelecem como "competência comum da União, dos Estados, do Distrito Federal e dos Municípios: [...] VI – proteger o meio ambiente e combater a poluição em qualquer de suas formas; VII – preservar as florestas, a fauna e a flora" (Brasil, 1988). O art. 24, inciso VI, por sua vez, dispõe sobre as competências da União, dos estados e do Distrito Federal de "legislar concorrentemente" a respeito, entre outros fatores, de "florestas, caça, pesca, fauna, conservação da natureza, defesa do solo e dos recursos naturais, proteção do meio ambiente e controle da poluição" (Brasil, 1988).

Além disso, a CF de 1988 prevê, em seu art. 5º, inciso XXIII, que as propriedades devem "atender sua função social". Nos 184 a 191, o documento regulamenta a "Política Agrícola e Fundiária e da Reforma Agrária" (Brasil, 1988).

Esses dispositivos todos constituem a base para o desenvolvimento da legislação ambiental do país, considerada uma das mais avançadas no mundo.

O Quadro 3.1 apresenta o resumo da evolução da legislação ambiental no Brasil após a o advento da CF de 1988. Note, com base no quadro, que é difícil separar a legislação sobre meio ambiente da legislação voltada para a gestão de resíduos sólidos.

» **Quadro 3.1** – Evolução dos principais dispositivos da legislação ambiental brasileira após a Constituição Federal de 1988

Norma	Data	Referência
Lei n. 7.735	22/02/1989	Cria o Instituto Brasileiro de Meio Ambiente e dos Recursos Naturais Renováveis (Ibama) e integra a gestão ambiental no Brasil com a fusão da Secretaria de Meio Ambiente (Sema), Superintendência da Borracha (SUDHEVEA), Superintendência da Pesca (Sudepe) e Instituto Brasileiro de Desenvolvimento Florestal (IBDF).
Lei n. 7.797	10/07/1989	Cria o Fundo Nacional de Meio Ambiente (FNMA) para o desenvolvimento de projetos de estímulo ao uso racional e sustentável dos recursos naturais, a manutenção, recuperação e melhoria da qualidade ambiental e da vida da população.
Lei n. 7.802	11/07/1989	Dispõe sobre a pesquisa, a experimentação, a produção, a embalagem e rotulagem, o transporte, o armazenamento, a comercialização, a propaganda comercial, a utilização, a importação, a exportação, o destino final dos resíduos e embalagens, o registro, a classificação, o controle, a inspeção e a fiscalização de agrotóxicos, seus componentes e afins.

(continua)

(Quadro 3.1 – continuação)

Norma	Data	Referência
Lei n. 7.803	18/07/1989	Apresenta, pela primeira vez, a definição de *reserva legal*, percentual de preservação de área, exige averbação e veda alterações nos casos de transmissão a qualquer título ou de desmembramento das áreas.
Lei n. 7.804	18/07/1989	Altera a Lei n. 6.938, de 31 de agosto de 1981, que dispõe sobre a Política Nacional do Meio Ambiente, seus fins e mecanismos de formulação e aplicação, a Lei n. 7.735, de 22 de fevereiro de 1989, a Lei n. 6.803, de 2 de julho de 1980, e dá outras providências.
Decreto n. 99.274	06/06/1990	Regulamenta a Lei n. 6.902, de 27 de abril de 1981, e a Lei n. 6.938, de 31 de agosto de 1981, que dispõem, respectivamente, sobre a criação de estações ecológicas e áreas de proteção ambiental e sobre a Política Nacional do Meio Ambiente.
Lei n. 8.490	19/11/1992	Dispõe sobre a organização da Presidência da República e dos Ministérios e cria o Ministério do Meio Ambiente (MMA).

(Quadro 3.1 – continuação)

Norma	Data	Referência
Lei n. 9.433	08/01/1997	Institui a Política Nacional de Recursos Hídricos, cria o Sistema Nacional de Gerenciamento de Recursos Hídricos, regulamenta o Inciso XIX do art. 21 da Constituição Federal, e altera o art. 1º da Lei n. 8.001, de 13 de março de 1990, que modificou a Lei n. 7.990 de 28 de dezembro de 1989. A Lei estabelece que a água é um bem de domínio público, de uso múltiplo e de gestão descentralizada, com participação dos usuários. O Decreto n. 4.613 de 11 de março de 2003 regulamenta o Conselho Nacional dos Recursos Hídricos, suas competências e composição.
Lei n. 9.605	12/02/1998	Lei dos Crimes Ambientais: estabelece sanções penais e administrativas relativas a ações e atividades lesivas ao meio ambiente, responsabilizando os infratores nas esferas civil e penal e possibilitando a recuperação dos danos causados.

(Quadro 3.1 – continuação)

Norma	Data	Referência
Lei n. 9.795	28/04/1999	Estabelece a Política Nacional de Educação Ambiental (PNEA), compreendendo a educação ambiental interdisciplinar, multidisciplinar e transdisciplinar em todos os níveis e modalidades formais do ensino e não formais como práticas educativas desenvolvidas pelas organizações da sociedade civil, empresas, sindicatos, organizações não governamentais, meios de comunicação e cidadãos para a sensibilização da coletividade sobre as questões ambientais, sua organização e defesa do meio ambiente. A Lei n. 9.795/1999 é regulamentada pelo Decreto n. 4.281 de 25 de junho de 2002.
Decreto n. 3.179	21/09/1999	Regulamenta a Lei dos Crimes Ambientais (Lei n. 9.605/1998) e especifica as sanções aplicáveis às condutas e atividades lesivas ao meio ambiente.

(Quadro 3.1 – continuação)

Norma	Data	Referência
Lei n. 9.966	28/04/2000	Dispõe sobre a prevenção, o controle e a fiscalização da poluição causada por lançamento de óleo e outras substâncias nocivas ou perigosas em águas sob jurisdição nacional e dá outras providências. A Resolução Conama 306 de 05 de julho de 2002 estabelece os requisitos para as auditorias ambientais de avaliação dos sistemas de gestão e controle ambiental nos portos, plataformas e refinarias com objetivo de fazer cumprir a legislação e os licenciamentos ambientais pelas indústrias petrolíferas, gás natural e derivados.
Lei n. 9.985	18/07/2000	Regulamenta o art. 225, § 1º, incisos I, II, III e VII da Constituição Federal, institui o Sistema Nacional de Unidades de Conservação da Natureza e dá outras providências, estabelecendo critérios e normas para a criação, implantação e gestão das Unidades de Conservação (UCs).
Lei n. 11.326	24/07/2006	Estabelece as diretrizes (conceitos, princípios, instrumentos e políticas públicas) para a formulação da Política Nacional da Agricultura Familiar e Empreendimentos Familiares Rurais.
Lei n. 11.516	28/08/2007	Cria o Instituto Chico Mendes (ICMBio), responsável pela gestão e fiscalização das Unidades de Conservação.

(Quadro 3.1 – continuação)

Norma	Data	Referência
Lei n. 11.445	05/01/2007	Estabelece a Política Nacional de Saneamento Básico (PNSB), compreendendo as diretrizes nacionais para o saneamento básico: abastecimento de água, esgotamento sanitário, drenagem e manejo das águas pluviais, limpeza urbana e manejo dos resíduos sólidos. Estabelece os princípios fundamentais para a prestação de serviços públicos de saneamento, sua titularidade, planejamento e regulação. Foi regulamentada pelo Decreto n. 7.217 de 21 de junho de 2010, que estabeleceu o Sistema Nacional de Informações em Saneamento (Sinisa).
Lei n. 12.305	02/08/2010	Estabelece a Política Nacional de Resíduos Sólidos (PNRS): conjunto de princípios, objetivos, instrumentos, diretrizes e metas adotadas para a gestão integrada e o gerenciamento ambientalmente correto dos resíduos sólidos. Institui a logística reversa de embalagens e produtos usados ou obsoletos, a responsabilidade compartilhada entre fabricantes, importadores, distribuidores, comerciantes e consumidores, a cooperação entre os órgãos públicos e as empresas e o incentivo à formação de cooperativas de trabalhadores em reciclagem.

(Quadro 3.1 – continuação)

Norma	Data	Referência
Decreto n. 7.404	23/12/2010	Regulamenta a Lei n. 12.305/2010 e cria o Comitê Interministerial da Política Nacional de Resíduos Sólidos e o Comitê Orientador para a Implantação dos Sistemas de Logística Reversa.
Lei n. 12.651	25/05/2012	"Código Florestal" ou "Código Ambiental", estabelece normas gerais sobre a Proteção da Vegetação Nativa, incluindo Áreas de Preservação Permanente (APP), de Reserva Legal e de Uso Restrito; a exploração florestal, o suprimento de matéria-prima florestal, o controle da origem dos produtos florestais, o controle e a prevenção dos incêndios florestais, e a previsão de instrumentos econômicos e financeiros para o alcance de seus objetivos. Revoga a Lei n. 4.771 de 15 de setembro de 1965 – antigo Código Florestal e outras leis relacionadas, altera algumas diretrizes da Lei n. 6.938 de 31 de agosto de 1981 – Política Nacional de Meio Ambiente. Foi regulamentada pelo Decreto n. 7.830 de 17 de outubro de 2012, que dispõe sobre o Cadastro Ambiental Rural (CAR) e Programas de Regularização Ambiental (PRA).
Instrução Normativa 2 – MMA	06/05/2014	Estabelece os procedimentos para a integração, execução e compatibilização do Sistema de Cadastro Ambiental Rural (Sicar) e define os procedimentos gerais do Cadastro Ambiental Rural (CAR).

(Quadro 3.1 – conclusão)

Norma	Data	Referência
Decreto n. 9.177	23/10/2017	Decreto de efeito vinculante, regulamenta o art. 33 da Lei n. 12.305/2010 e complementa os arts. 16 e 17 do Decreto n. 7.404/2010, equiparando as obrigações de empresas não signatária de acordos setoriais a fim de assegurar a isonomia na fiscalização e atendimento das obrigações das empresas signatárias.

Fonte: Hendges, 2016.

》》 Desenvolvimento da legislação ambiental na relação com a logística reversa

Desde a década de 1980 e até a primeira metade da década de 1990, a Política Nacional do Meio Ambiente (PNMA) tinha como base a Lei n. 6.938, de 31 de agosto de 1981 (Brasil, 1981). Essa lei, considerada inovadora em relação aos padrões ambientais vigentes na América Latina, foi alterada pela Lei n. 7.802, de 11 de julho de 1989 (Brasil, 1989) em atendimento aos arts. 23 e 225 da CF de 1988.

A Lei n. 9.433, de 8 janeiro de 1997 (Brasil, 1997), estabeleceu a Política Nacional dos Recursos Hídricos, definindo a água como um bem de domínio público, de uso múltiplo, inalienável (com outorga de direito de uso) e de gestão descentralizada. A lei determinou instrumentos de gestão de recursos hídricos e de prevenção da poluição diante de eventuais despejos de resíduos (líquidos e gasosos) em corpos hídricos.

A Lei n. 9.605, de 12 de fevereiro de 1998 (Brasil, 1998a), denominada *Lei de Crimes Ambientais*, estabeleceu sanções penais e administrativas (proporcionais aos danos causados) relativas a ações e danos ao meio ambiente, responsabilizando os infratores nas esferas civil e penal e possibilitando a recuperação dos danos causados. Essa lei considera a pessoa física como responsável por eventuais impactos orignários de atividades industriais.

A Lei n. 11.445, de 5 de janeiro de 2007 (Brasil, 2007), instituiu a Política Nacional para o Saneamento Básico, tendo relação com a logística reversa, uma vez que trata de processos de tratamento e manejo de resíduos sólidos e define o controle social como mecanismo de sua atuação. Essa lei estabeleceu, ainda, dispositivos de atuação de pessoas físicas na coleta ("catação") de materiais recicláveis e sua aplicação em associações e cooperativas, o que incentivou o aparecimento e legitimou movimentos populares, como o Movimento Nacional de Materiais Recicláveis (MNCR).

Nese contexto, há também o Decreto n. 5.940, de 25 de outubro de 2006 (Brasil, 2006a), que instituiu a separação dos resíduos recicláveis descartados por órgãos e entidades da Administração Pública federal direta e indireta, na fonte geradora, e sua destinação a associações e cooperativas dos catadores de materiais recicláveis. Apresentaremos esse tema em mais detalhes no Capítulo 6.

A Lei n. 12.305, de 2 de agosto de 2010 (Brasil, 2010b) – Política Nacional de Resíduos Sólidos (PNRS) –, por sua vez, como já salientado, representa o principal dispositivo regulamentador das atividades relacionadas com a logística reversa no Brasil.

»»» Regulamentações associadas à PNRS e à logística reversa: pontos focais

O Instituto Ethos* analisou a PNRS em estudo intitulado *Política Nacional de Resíduos Sólidos: desafios e oportunidades para as empresas* (Instituto Ethos, 2012). Esse documento, muito bem elaborado, destacou a legislação aplicada à gestão de resíduos e, assim, à logística reversa:

» Lei n. 9.974, de 6 de junho de 2000: alterou a Lei n. 7.802/1989, dispondo sobre "a pesquisa, a experimentação, a produção, a embalagem e rotulagem, o transporte, o armazenamento, a comercialização, a propaganda comercial, a utilização, a importação, a exportação, **o destino final dos resíduos e embalagens**, o registro, a classificação, o controle, a inspeção e a fiscalização de agrotóxicos, seus componentes e afins" (Brasil, 2000b).
» Lei n. 9.966, de 28 de abril de 2000: dispõe sobre a prevenção, controle e fiscalização da poluição causada por lançamento de óleo e outras substâncias nocivas ou perigosas em águas sob jurisdição nacional (Brasil, 2000a);
» Normas dos órgãos do Sistema Nacional do Meio Ambiente (Sisnama)**, do Sistema Nacional de Vigilância Sanitária

---

* É uma organização da sociedade civil de interesse público (OSCIP) criada em 1998 com o objetivo "mobilizar, sensibilizar e ajudar as empresas a gerir seus negócios de forma socialmente responsável" (Instituto Ethos, 2019).
** No Brasil, constitui modelo descentralizado de gestão ambiental e cria uma rede estruturada de organizações nos diferentes âmbitos da federação, sendo composto, portanto, por: Conselho de Governo; Conselho Nacional do Meio Ambiente (Conama); Ministério do Meio Ambiente (MMA); Instituto Brasileiro de Meio Ambiente e dos Recursos Naturais Renováveis (Ibama), órgão executor; Órgãos Seccionais, entidades estaduais; órgãos locais ou entidades municipais (PRS, 2014b).

(SNVS)*, do Sistema Unificado de Atenção à Sanidade Agropecuária (Suasa)** e do Sistema Nacional de Metrologia, Normalização e Qualidade Industrial (Sinmetro)***.

» Resolução Conama n. 313, de 29 de outubro de 2002: dispõe sobre o Inventário Nacional de Resíduos Sólidos Industriais, e, em seu art. 2°, define:

> *I – Resíduo sólido industrial: é todo o resíduo que resulte de atividades industriais e que se encontre nos estados sólido, semissólido, gasoso – quando contido, e líquido – cujas particularidades tornem inviável o seu lançamento na rede pública de esgoto ou em corpos d'água, ou exijam para isso soluções técnica ou economicamente inviáveis em face da melhor tecnologia*

---

* Vinculado ao Sistema Único de Saúde (SUS), atua de maneira integrada e descentralizada em todo o território nacional. O SNVS, instituído pela Lei Orgânica da Saúde (Lei n. 8.080, de 19 de setembro de 1990), é coordenado pela Agência Nacional de Vigilância Sanitária (Anvisa) (PRS, 2014c).
** Sistema de inspeção, organizado de forma unificada, descentralizada e integrada, coordenado pelo Ministério da Agricultura, Pecuária e Abastecimento (Mapa), conta com quatro subsistemas de inspeção e fiscalização: Sistema Brasileiro de Inspeção de Produtos de Origem Animal (Sisbi-POA); Sistema Brasileiro de Inspeção de Produtos de Origem Vegetal (Sisbi-POV); Sistema Brasileiro de Inspeção de Insumos Agríclas (Sisbi-IA) e Sistema Brasileiro de Inspeção de Insumos Pecuários (Sisbi-IP). O Suasa foi instituído pelo Decreto n. 5.741, de 30 de março de 2006 (PRS, 2014a).
*** Sistema instituído pela Lei n. 5.966, de 11 de dezembro de 1973, e constituído por entidades públicas e privadas, exercendo atividades relacionadas com metrologia, normalização, qualidade industrial e certificação da conformidade (Brasil, 2019c).

> disponível. Ficam incluídos nesta definição os lodos provenientes de sistemas de tratamento de água e aqueles gerados em equipamentos e instalações de controle de poluição.
>
> II – Inventário Nacional de Resíduos Sólidos Industriais: é o conjunto de informações sobre a geração, características, armazenamento, transporte, tratamento, reutilização, reciclagem, recuperação e disposição final dos resíduos sólidos gerados pelas indústrias do país. (Brasil, 2002b)

A mesma resolução, em seu art. 4º, incisos I a IX, identifica os seguintes tipos de indústria que devem prestar informações ao Inventário:

> I – preparação de couros e fabricação de artefatos de couro, artigos de viagem e calçados (Divisão 19);
>
> II – fabricação de coque, refino de petróleo, elaboração de combustíveis nucleares

e produção de álcool (Divisão 23);

III – fabricação de produtos químicos (Divisão 24);

IV – metalurgia básica (Divisão 27);

V – fabricação de produtos de metal, excluindo máquinas e equipamentos (Divisão 28);

VI – fabricação de máquinas e equipamentos (Divisão 29);

VII – fabricação de máquinas para escritório e equipamentos de informática (Divisão 30);

VIII – fabricação e montagem de veículos automotores, reboques e carrocerias (Divisão 34);

IX – fabricação de outros equipamentos de transporte (Divisão 35). (Brasil 2002)

» O art. 56 da Lei n. 9.605/1998 (Lei dos Crimes Ambientais) assim dispõe:

Art. 56. Produzir, processar, embalar, importar, exportar, comercializar, fornecer, transportar, armazenar, guardar, ter em depósito ou usar produto ou substância tóxica, perigosa ou nociva à saúde humana ou ao meio ambiente, em desacordo com as exigências estabelecidas em leis ou nos seus regulamentos.

Pena – reclusão, de um a quatro anos, e multa.

§ 1º. Nas mesmas penas incorre quem:

I – abandona os produtos ou substâncias referidas no caput ou os utiliza em desacordo com as normas ambientais ou de segurança;

II – manipula, acondiciona, armazena, coleta, transporta, reutiliza, recicla ou dá destinação final a resíduos perigosos de forma diversa da estabelecida em lei ou regulamento. (Brasil, 1998a)

» Regulamentação federal da gestão de resíduos sólidos no Brasil: Lei n. 12.305/2010

A Lei n. 12.305/2010, que temos citado recorrentemente, foi resultado de amplo e demorado processo de negociação e tramitação, o qual durou pouco mais de 20 anos e cujo texto foi aprovado e sancionado sem vetos em 2 de agosto de 2010.

Posteriormente, a lei foi regulamentada pelo Decreto n. 7.404, de 23 de dezembro de 2010 (Brasil, 2010a). A PNRS é considerada uma lei atual, tendo incorporado instrumentos inovadores, a exemplo das questões de responsabilidade compartilhada e da inclusão social dos catadores.

Alguns estados brasileiros anteciparam-se à promulgação da PNRS e criaram sua própria legislação, razão pela qual a Lei n. 12.305/2010 veio disciplinar e orientar estados e municípios quanto aos procedimentos e à organização dessa importante área de atuação.

A PNRS explicitou que a gestão integrada entre todos níveis de governo deve ter como fundamento o diagnóstico da região com a participação de entidades políticas e setores da comunidade, a fim de definir programas de gestão e respectivos dispositivos legais de horizontes de curto, médio e longo prazos. Um dos elementos básicos é o da **coleta seletiva**, com seu potencial educativo e cultural de disposição de resíduos sólidos ao lado do engajamento de catadores e suas associações e cooperativas.

A Lei n. 12.305/2010 distingue, em seu art. 3°, incisos XV e XVI, resíduos e rejeitos:

XV – rejeitos: resíduos sólidos que, depois de esgotadas todas as possibilidades de tratamento e recuperação por processos tecnológicos disponíveis e economicamente viáveis, não apresentem outra possibilidade que não a disposição final ambientalmente adequada;

XVI – resíduos sólidos: material, substância, objeto ou bem descartado resultante de atividades humanas em sociedade, a cuja destinação final se procede, se propõe proceder ou se está obrigado a proceder, nos estados sólido ou semissólido, bem como gases contidos em recipientes e líquidos cujas particularidades tornem inviável o seu lançamento na rede pública de esgotos ou em corpos d'água, ou exijam para isso soluções técnica ou economicamente inviáveis em face da melhor tecnologia disponível.
(Brasil, 2010b)

Portanto, resíduos devem ser reaproveitados, e rejeitos devem ter disposição final ambientalmente adequada. Nesse sentido, a PNRS atribui ao setor empresarial a responsabilidade de elaboração de planos e programas para reduzir descartes e para reaproveitamento de materiais, assim como a implantação de sistemas de logística reversa.

O art. 6º da mesma lei estabeleceu 11 princípios que a fundamentam, os quais servirão de base para nosso entendimento a respeito desse dispositivo legal, um dos mais importantes da legislação ambiental brasileira. A seguir, apresentamos todos esses princípios:

*I – a **prevenção** e a precaução;*

*II – o **poluidor-pagador** e o protetor-recebedor;*

*III – a **visão sistêmica**, na gestão dos resíduos sólidos, que considere as variáveis ambiental, social, cultural, econômica, tecnológica e de saúde pública;*

*IV – o **desenvolvimento sustentável**;*

*V – a **ecoeficiência**, mediante a compatibilização entre o fornecimento, a preços competitivos, de bens e serviços qualificados que satisfaçam as necessidades humanas*

e tragam qualidade de vida
e a redução do impacto
ambiental e do consumo de
recursos naturais a um nível,
no mínimo, equivalente
à capacidade de sustentação
estimada do planeta;

VI – a **cooperação** entre as
diferentes esferas do poder
público, o setor empresarial
e demais segmentos da
sociedade;

VII – a **responsabilidade
compartilhada** pelo ciclo de
vida dos produtos;

VIII – o reconhecimento
do **resíduo sólido reutilizável
e reciclável** como um bem
econômico e de valor social,
gerador de trabalho e renda
e promotor de cidadania;

IX – o **respeito às diversidades**
locais e regionais;

X – o **direito** da sociedade
à informação e ao controle
social;

XI – a **razoabilidade** e a proporcionalidade. (Brasil, 2010b, grifo nosso)

O órgão federal responsável pela implantação da PNRS é o Ministério do Meio Ambiente (MMA) por meio da Secretaria de Recursos Hídricos e Ambiente Urbano (SRHU), que conta com a atuação do Comitê Interministerial da Política Nacional de Resíduos Sólidos no apoio à estruturação e à articulação dos órgãos e das entidades governamentais (Brasil, 2010b).

Um dos resultados da lei, conforme aponta o Instituto Ethos (2012), foi a elaboração do Plano Nacional de Resíduos Sólidos, com considerável participação social, composto por "diagnóstico, cenários, metas, programas, projetos, ações, normas e condicionantes para uso do recurso, medidas para incentivar a gestão regionalizada, normas e diretrizes para disposição final de rejeitos e meios para controle e fiscalização" (Instituto Ethos, 2012, p. 21).

O Plano Nacional de Resíduos Sólidos tem horizonte de 20 anos com revisão a cada quatro anos. No entanto, ainda está em versão preliminar, datada de setembro de 2011 (Brasil, 2011b), e, em janeiro de 2017, foi instalado o Grupo de Trabalho com prazo de 20 meses para a revisão do plano. Esse documento ainda não está vigente e permanece no estágio de discussões e realização de audiências públicas.

O MMA destaca alguns pontos importantes da Lei n. 12.305/2010:

> **Acordo Setorial**: ato de natureza contratual firmado entre o poder público e fabricantes, importadores, distribuidores

ou comerciantes, tendo em vista a implantação da responsabilidade compartilhada pelo **ciclo de vida do produto**;

Responsabilidade compartilhada[*] pelo ciclo de vida dos produtos: conjunto de atribuições dos **fabricantes, importadores, distribuidores e comerciantes, dos consumidores e dos titulares dos serviços públicos de limpeza urbana** e manejo dos resíduos sólidos pela minimização do volume de **resíduos** sólidos e **rejeitos** gerados, bem como pela redução dos impactos causados à saúde humana e à qualidade ambiental decorrentes do ciclo de vida dos produtos, nos termos desta Lei [ver Figura 3.1];

[...]

Coleta seletiva: coleta de resíduos sólidos previamente segregados conforme sua constituição ou composição;

---

[*] Em inglês: *extended producer responsibility* (EPR).

Ciclo de Vida do Produto: série de etapas que envolvem o desenvolvimento do produto, a obtenção de matérias-primas e insumos, o processo produtivo, o consumo e a disposição final;

Sistema de Informações sobre a Gestão dos Resíduos Sólidos – SINIR: [...] armazenar, tratar e fornecer informações que apoiem as funções ou processos de uma organização. [...]

Catadores de materiais recicláveis: [...] incentivo a mecanismos da atuação de associações ou cooperativas, [...] fundamental na gestão dos resíduos sólidos;

Planos de Resíduos Sólidos: O Plano Nacional de Resíduos Sólidos elaborado com ampla participação social, contendo metas e estratégias nacionais sobre o tema. Também estão previstos **planos regionais**, tais como, planos estaduais, microrregionais, de regiões metropolitanas, planos

> *intermunicipais, municipais de gestão integrada de resíduos sólidos e os planos de gerenciamento de resíduos sólidos.* (Brasil, 2010b, grifo nosso)

A Figura 3.1, a seguir, ilustra o princípio de responsabilidade compartilhada da PNRS.

» **Figura 3.1** – Responsabilidade compartilhada e a PNRS

LOGÍSTICA REVERSA, RESPONSABILIDADE COMPARTILHADA E ACORDOS SETORIAIS

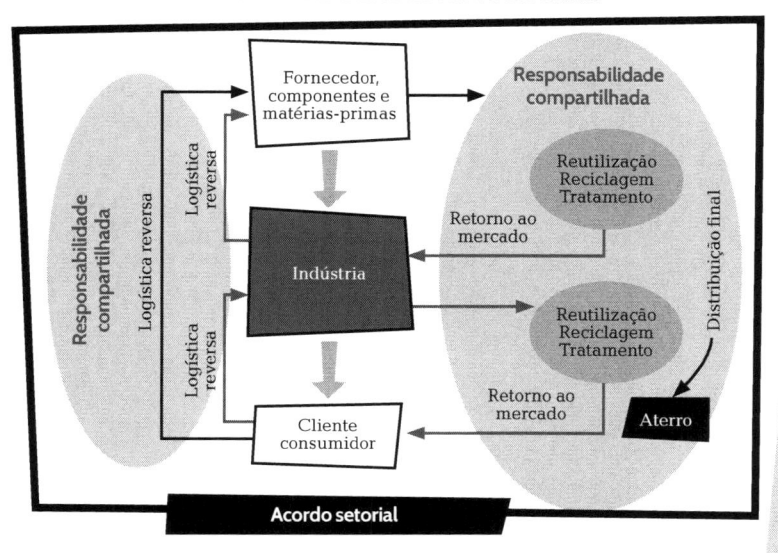

Fonte: Sinduscon-SP, 2012.

Conceito de responsabilidade compartilhada e acordos setoriais na PNRS

O balanço atual da PNRS pode não ser o desejável. Por exemplo, apesar de o art. 54 da Lei n. 12.305/2010* ter estipulado um prazo de quatro anos para o fim dos lixões, ou seja, o que teria ocorrido em 2014, esse objetivo está longe de ser atendido. Dados do MMA indicam que 41% dos municípios contam com planos de gestão de resíduos, dos quais 58% estão dispondo-os em aterros sanitários adequados. Estão tramitando no Congresso Nacional cinco projetos de lei para a prorrogação desse prazo (PRS, 2017).

Outra questão é a reivindicação de municípios de serem ressarcidos dos custos decorrentes da implantação de coleta seletiva e de aterros sanitários.

No entanto, muito tem sido feito, e um novo mercado de consultoria apresenta-se no assessoramento a prefeituras e entidades privadas para a elaboração de planos e a efetiva implantação de sistemas de resíduos sólidos. Nessa direção, a PNRS definiu, nos arts. 13 e 20, os setores geradores que devem elaborar planos de gerenciamento de resíduos sólidos:

a. serviços públicos de saneamento básico;
b. empreendimentos industriais;
c. serviços de saúde;
d. empresas mineradoras;
e. estabelecimentos comerciais que gerem resíduos perigosos;
f. empresas da construção civil;

---

* "Art. 54. A disposição final ambientalmente adequada dos rejeitos, observado o disposto no § 1º do art. 9º, deverá ser implantada em até quatro anos após a data de publicação desta lei" (Brasil, 2010b).

g. terminais e instalações de manuseio de mercadorias;
h. atividades agropastoris (BRASIL, 2010a, s.p.).

O que a PNRS tem de efetivo, além do engajamento de prefeituras e governos estaduais, é o envolvimento de setores da iniciativa privada no desenvolvimento e na assinaturas de acordos setoriais. Esses instrumentos, previstos em lei, visam estabelecer, com base em diagnósticos das condições dos setores econômicos, compromissos efetivos com relação à adoção de sistemas de logística reversa atrelados a planos e metas de recuperação e de desempenho.

O acordo setorial, conforme apresenta a Lei n. 12.305/2010, art. 3º, inciso I, é um "ato de natureza contratual firmado entre o poder público e fabricantes, importadores, distribuidores ou comerciantes, tendo em vista a implantação da responsabilidade compartilhada pelo ciclo de vida dos produtos" (Brasil, 2010b). A imposição a acordos que objetivam montar sistemas/processos de logística reversa é expressa no art. 33 da referida lei:

> *Art. 33. São obrigados a estruturar e implementar sistemas de logística reversa, mediante retorno dos produtos após o uso pelo consumidor, de forma independente do serviço público de limpeza urbana e de manejo dos resíduos sólidos, os fabricantes, importadores, distribuidores e comerciantes de:*

I – agrotóxicos, seus resíduos e embalagens, assim como outros produtos cuja embalagem, após o uso, constitua resíduo perigoso, observadas as regras de gerenciamento de resíduos perigosos previstas em lei ou regulamento, em normas estabelecidas pelos órgãos do SISNAMA, do SNVS e do SUASA, ou em normas técnicas;

II – pilhas e baterias;

III – pneus;

IV – óleos lubrificantes, seus resíduos e embalagens;

V – lâmpadas fluorescentes, de vapor de sódio e mercúrio e de luz mista;

VI – produtos eletroeletrônicos e seus componentes. (Brasil, 2010b)

O art. 33 estende, no parágrafo 1º, como objetos de acordos setoriais, produtos comercializados em "embalagens plásticas, metálicas ou de vidro, e aos demais produtos e embalagens, considerando, prioritariamente, o grau e a extensão do impacto à saúde pública e ao meio ambiente dos resíduos gerados" (Brasil, 2010b).

Os acordos visam assegurar a implantação de sistemas de logística reversa pelos setores industriais, compreendendo: "I – implantar procedimentos de compra de produtos ou embalagens usadas; II – disponibilizar postos de entrega de resíduos reutilizáveis e recicláveis; III – atuar em parceria com cooperativas ou outras formas de associação de catadores de materiais reutilizáveis e recicláveis" (Brasil, 2010b, art. 33, § 3º). É interessante destacar, aqui, o que expressa o parágrafo 4º do art. 33 da lei: "Os consumidores deverão efetuar a devolução após o uso, aos comerciantes ou distribuidores, dos produtos e das embalagens (Brasil, 2010b).

Os acordos setoriais, portanto, consubstanciam o conceito de **responsabilidade compartilhada**, um dos fundamentos da Lei n. 12.305/2010. A implementação deles vem acontecendo ao longo do tempo, não sem dificuldades, mas como resultado de debates e negociações entre as entidades do governo federal e os representantes dos setores industriais. A seguir, apresentamos um balanço da situação atual.

>>> Acordos setoriais no âmbito da PNRS

Componente do sítio do MMA, o Sistema Nacional de Resíduos Sólidos (Sinir)* apresenta a situação do estabelecimento e da assinatura de acordos e da implantação de sistemas de resíduos sólidos, sendo vigentes os seguintes acordos setoriais:

---

* Ver: <http://www.sinir.gov.br/>.

» embalagens plásticas de óleos lubrificantes;
» lâmpadas fluorescentes de vapor de sódio e mercúrio e de luz mista;
» embalagens em geral.

Os acordos setoriais foram objeto de estudo de formulação e negociação com base em cinco grupos de técnicos temáticos constituídos após a promulgação da Lei n. 12.305/2010: já há trabalhos finalizados e outros em andamento, conforme apresenta o Quadro 3.2, a seguir.

» **Quadro 3.2** – Situação dos grupos técnicos temáticos e das negociações

Sistemas de logística reversa em implantação	
Cadeias	Situação atual
Embalagens plásticas de óleos lubrificantes	Acordo setorial assinado em 19/12/2012 e publicado em 07/02/2013.
Lâmpadas fluorescentes de vapor de sódio e mercúrio e de luz mista	Acordo setorial assinado em 27/11/2014. Publicado em 12/03/2015.
Embalagens em geral	Acordo setorial assinado em 25/11/2015. Publicado em 27/11/2015.
Produtos eletroeletrônicos e seus componentes	Dez propostas recebidas até junho de 2013, sendo quatro consideradas válidas. Proposta unificada recebida em janeiro de 2014. Em negociação. Próxima etapa – Consulta Pública.

(continua)

(Quadro 3.2 – conclusão)

Sistemas de logística reversa em implantação	
Cadeias	Situação atual
Medicamentos	Três propostas recebidas até abril de 2014. Em negociação. Próxima etapa – Consulta Pública.

Fonte: Brasil, 2018e.

A seguir, apresentamos resumidamente a descrição dos acordos setoriais já firmados e publicados (vamos analisá-los com mais detalhes no Capítulo 5).

Acordo setorial para implantação do sistema de logística reversa de embalagens plásticas de óleo lubrificante

Este foi o primeiro acordo assinado com o Ministério do Meio Ambiente (MMA), datado 19 de dezembro de 2012, com a finalidade de "garantir a destinação final ambientalmente adequada de embalagens plásticas usadas" de um litro ou menos (Brasil, 2018a).

O acordo compreendeu três etapas de cobertura nacional e teve como signatários: o Sindicato Nacional das Empresas Distribuidoras de Combustíveis e de Lubrificantes (Sindicom); o Sindicato Interestadual das Indústrias Misturadoras e Envasilhadoras de Produtos Derivados de Petróleo (Simepetro); o Sindicato Interestadual do Comércio de Lubrificantes (Sindilub); o Sindicato Nacional do Comércio Transportador-Revendedor-Retalhista de Combustíveis (SINDITRR); a Federação Nacional do Comércio de Combustíveis e Lubrificantes (Fecombustíveis); a Confederação Nacional do Comércio de Bens, Serviços e Turismo (CNC).

O acordo divulga suas atividades no contexto do Programa Jogue Limpo, aprovado pelo Conselho Administrativo de Defesa Econômica (Cade)* em 2014, tendo entrado em operação em 2015 (www.joguelimpo.org.br). Já há termos de compromisso assinados com 12 estados da Federação, a saber: Paraná; São Paulo (acordos com a Secretaria Estadual de Meio Ambiente e com a Companhia Ambiental do Estado de São Paulo – Cetesb); Rio de Janeiro; Minas Gerais; Espírito Santo; Bahia; Alagoas; Pernambuco; Paraíba; Ceará; Rio Grande do Norte; e Distrito Federal.

Acordo setorial de lâmpadas fluorescentes de vapor de sódio e mercúrio e de luz mista

Esse acordo setorial foi assinado em 27 de novembro de 2014, com o objetivo de garantir a destinação final ambientalmente adequada dos resíduos dessas lâmpadas. Atualmente, 24 empresas são signatárias dele e 41 lhe são aderentes. Note-se que, praticamente, não existem fabricantes locais desses tipos de lâmpadas no Brasil, as quais são importadas, e importadores também fazem parte das condições da PNRS (art. 33 da Lei n. 12.305/2010), sendo obrigados a observá-las. Esse acordo

---

* Autarquia vinculada ao Ministério da Justiça, cuja missão é "zelar pela livre concorrência no mercado, sendo a entidade responsável, no âmbito do Poder Executivo, não só por investigar e decidir, em última instância, sobre a matéria concorrencial, como também fomentar e disseminar a cultura da livre concorrência" (Brasil, 2019a).

divulga suas atividades no sítio da Reciclus* (www.reciclus.org. br), no qual se apresentam ações, resultados alcançados e, de forma bem elaborada, instrumentos de educação ambiental.

O processo de implantação do acordo é considerado "complicado", razão pela qual a Reciclus tem se esforçado para estabelecer um modelo de coletor adequado aos estabelecimentos. O utilizado tem capacidade para 200 lâmpadas, e a questão que se apresenta são as condições que os operadores logísticos têm para a movimentação até empresas homologadas para descontaminação do produto. Outro ponto que é comum a todos os acordos é a de mobilizar e conscientizar os consumidores a levar os produtos descartados aos pontos de entrega voluntária (PEVs) (CNC, 2017).

A Reciclus estima que o custo de implantação de sistemas de logística reversa é de R$ 0,40 por lâmpada colocada no mercado, o qual é acrescentado ao preço do produto, uma vez que os resíduos de lâmpadas descartadas não têm valor de mercado. Esse custo tem sido apresentado, a exemplo do que ocorre em outros países, como *ecovalor*, decorrente do fato de que "não é possível obter ganho financeiro com o resíduo do produto" e, assim, o custo da destinação ambiental adequada ao final da vida útil é repassado ao produto (Reciclus, 2019b).

---

* Trata-se de uma "organização sem fins lucrativos, idealizada, formada e sustentada por Empresas Fabricantes, importadores de lâmpadas e equipamentos de iluminação e seus *stakeholders*". Ela gerencia o acordo setorial para implementação do sistema de logística reversa de lâmpadas fluorescentes de vapor de sódio e mercúrio e de luz mista firmado pelo MMA, pela Associação Brasileira da Indústria da Iluminação (Abilux) e pela Associação Brasileira de Importadores de Produtos de Iluminação (Abilumi) (Reciclus, 2019a).

Em países da Europa, como Portugal, essa taxa já é explícita e recolhida na compra de produtos, representando uma taxa visível (*visible fee*) com o objetivo de custear a logística reversa. No Brasil, discute-se a forma de implantação, por exemplo: valor explícito e destacado nas notas de compra; ou incluso no valor da nota, a exemplo de outros impostos, sendo, portanto, não conhecido pelo consumidor. As maiores dificuldades são: necessidade de criação de leis específicas, participação do Ministério da Fazenda e clara definição de quais linhas de produtos a aplicação do ecovalor seria absolutamente necessária (CNC, 2017).

Acordo setorial para implantação do sistema de logística reversa de embalagens em geral

Esse acordo foi firmado em 25 de novembro de 2015 entre o MMA e a denominada *Coalização Embalagens*, formada por 22 entidades do setor – produtores, importadores, usuários e comerciantes, com apoio do Compromisso Empresarial para Reciclagem (Cempre), da Confederação Nacional das Indústrias (CNI) e da Confederação Nacional do Comércio de Bens, Serviços e Turismo (CNC). Essas entidades foram responsáveis por estudos que embasaram a proposta submetida ao governo e a consultas públicas. O acordo, então, foi assinado pelo MMA e por empresas representadas por suas entidades, quais sejam:

» Associação Brasileira de Atacadistas e Distribuidores de Produtos Industrializados (Abad);
» Associação Brasileira do Alumínio (Abal);
» Associação Brasileira das Indústrias da Alimentação (Abia);

- » Associação Brasileira da Indústria de Higiene Pessoal, Perfumaria e Cosméticos (ABIHPEC);
- » Associação Brasileira das Indústrias de Biscoitos, Massas Alimentícias e Pães e Bolos Industrializados (Abimapi);
- » Associação Brasileira de Industria de Águas Minerais (Abinam);
- » Associação Brasileira da Indústria de Produtos para Animais de Estimação (Abinpet);
- » Associação Brasileira das Indústrias de Óleos Vegetais (Abiove);
- » Associação Brasileira da Indústria do PET (Abipet);
- » Associação Brasileira das Indústrias de Produtos de Limpeza e Afins (Abipla);
- » Associação Brasileira da Indústria do Plástico (Abiplast);
- » Associação Brasileira das Indústrias de Refrigerantes e de Bebidas Não Alcoólicas (Abir);
- » Associação Brasileira de Proteína Animal (ABPA);
- » Associação Brasileira de Bebidas (Abrabe);
- » Associação Brasileira dos Fabricantes de Tintas (Abrafati);
- » Associação Brasileira dos Fabricantes de Latas de Alta Reciclabilidade (Abralatas);
- » Associação Brasileira de Supermercados (Abras);
- » Indústria Brasileira de Árvores (IBÁ);
- » Instituto Socioambiental dos Plásticos (Plastivida), empresas ligadas ao Sindicato da Indústria de Resinas Plásticas (Siresp) e à Comissão Setorial de Resinas Termoplásticas (Coplast), representadas pela Plastivida;
- » Sindicato Nacional da Indústria da Cerveja (Sindicerv).

O Acordo teve ainda, como anuentes, as seguintes entidades:

» Compromisso Empresarial para Reciclagem (Cempre);
» Associação Brasileira de Embalagem (Abre);
» Associação Nacional dos Aparistas de Papel (Anap);
» Instituto Nacional das Empresas de Preparação de Sucata Não Ferrosa e de Ferro e Aço (Inesfa);
» Associação Nacional dos Carroceiros e Catadores de Materiais Recicláveis (Ancat);
» Confederação Nacional do Comércio de Bens, Serviços e Turismo (CNC).

Pela diversidade das entidades envolvidas, percebe-se que esse acordo abarca embalagens de papel e papelão, plástico, alumínio, aço, vidro, ou a combinação desses materiais, como é o caso das embalagens cartonadas longa vida, por exemplo. O setor de embalagens é um dos mais bem-sucedidos na coleta e na recuperação de materiais. O Brasil vem se notabilizando pelos índices de recuperação de embalagens pós-consumo. Os carros-chefes da área são o papel e o papelão, as latas de alumínio e as embalagens PET.

O acordo contempla a atuação conjunta com catadores e associações e cooperativas de materiais recicláveis, além de parcerias com o comércio varejista para instalação dos pontos de entrega voluntária (PEVs). Também prevê a celebração de acordos entre os serviços públicos de limpeza urbana e manejo de resíduos sólidos municipais e as entidades signatárias. A Figura 3.2 apresenta o fluxo logístico desse sistema.

» **Figura 3.2** – Fluxo logístico do sistema de embalagens

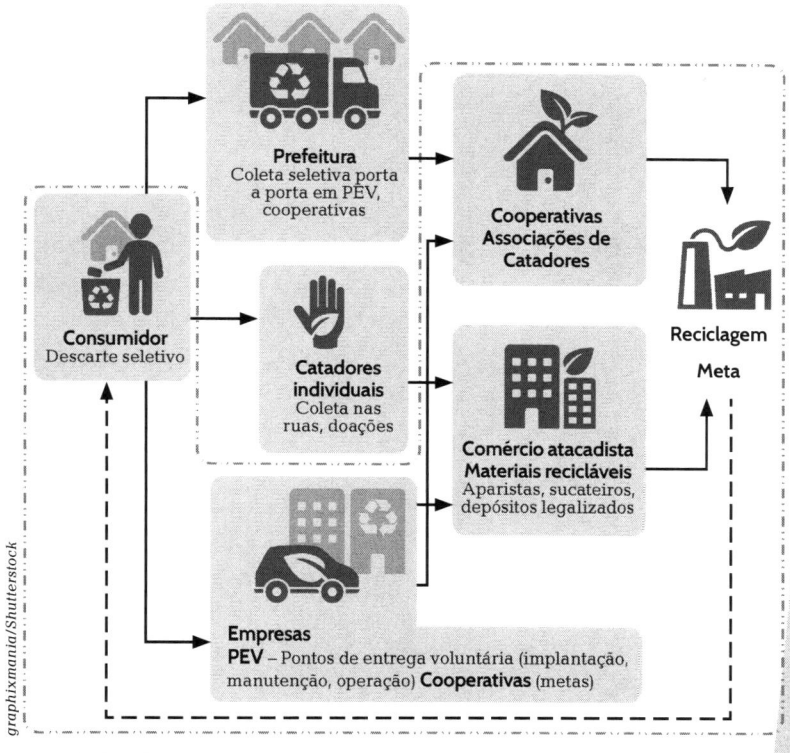

Fonte: Coalizão Embalagens, 2019b.

O fluxo logístico do sistema de embalagens, conforme a Figura 3.2, começa com a iniciativa dos consumidores de dispor adequadamente seus resíduos, por exemplo, pelo engajamento em programas de coleta seletiva. Esse material é levado por transportadores contratados até cooperativas ou comerciantes atacadistas "sucateiros", onde o material é triado, classificado e vendido a fabricantes de embalagens ou grandes recicladores, configurando-se uma *destinação ambientalmente adequada*.

Esse acordo foi primeiramente desenvolvido para as 12 cidades sede da Copa do Mundo da FIFA 2014, com sequência para as regiões metropolitanas e aglomerados urbanos, a saber: Rio de Janeiro (RJ), São Paulo (SP), Curitiba (PR), Cuiabá (MG), Belo Horizonte (MG), Porto Alegre (RS), Manaus (AM), Salvador (BA), Recife (PE), Natal (RN), Brasília (DF) e Fortaleza (CE). No Capítulo 5, analisaremos os resultados da implantação do Acordo pela Coalização Embalagens, além da continuidade e da ampliação dele para outros municípios do país.

As ações e metas previstas nesse acordo setorial referem-se a:

» *campanhas de conscientização para a separação e destinação correta dos resíduos;*

» *aumento da coleta seletiva oferecida pelos municípios;*

» *geração de trabalho e renda por meio do apoio às formalização e capacitação das cooperativas com a meta de triplicar sua capacidade de produção nas 12 capitais da primeira fase;*

> » *instalação de pontos de entrega de resíduos pela população com a meta de triplicar os pontos de entrega voluntária (PEVs)*. (Separe. Não Pare, 2019)

Em agosto de 2017, a Coalização Embalagens, em conjunto com a ONU Meio Ambiente*, lançou o movimento Separe. Não Pare, com intuito de "informar, inspirar e mobilizar a população brasileira a separar e descartar corretamente resíduos domésticos" (ONUBR, 2017). Para tanto, foi criado um portal informativo (www.separenaopare.com.br) que apresenta informações sobre a separação e o descarte correto dos diferentes tipos de embalagens, bem como a respeito da localização dos PEVs e dos detalhes sobre materiais que são recicláveis ou não.

Acordo setorial para indústria de produtos eletrônicos

A assinatura do acordo setorial da indústria de produtos eletrônicos e seus componentes já tem negociações avançadas. O próximo passo, conforme mostra o Quadro 3.2, é o da realização de consulta pública. As negociações contaram com a participação da Associação Brasileira de Reciclagem de Eletrônicos e Eletrodomésticos (Abree), entidade criada em 29 de junho de

---

* "ONU Meio Ambiente, principal autoridade global em meio ambiente, é a agência do Sistema das Nações Unidas (ONU) responsável por promover a conservação do meio ambiente e o uso eficiente de recursos no contexto do desenvolvimento sustentável" (ONUBR, 2017).

2011, com o objetivo de apoiar a gestão da logística reversa de seus associados.

A Abree vem atuando, mesmo sem a formalização do acordo setorial, com a promoção de campanhas de conscientização, a implantação de pontos de descarte e a realização de estudos e pesquisas em apoio às negociações com o MMA. A logística reversa do setor é complexa em razão da diversidade de produtos e da necessidade de um efetivo engajamento de consumidores no descarte adequado de produtos.

A gerente executiva da Abree, Mara Raquel Ballam, apontou, em artigo da revista Ares (2016), a necessidade de estabelecer parcerias com recicladores em regiões diferentes do país, as quais dependem da existência e da capacidade para atender às especificidades dos produtos, além do volume a ser considerado para implantação de PEVs, transporte, armazenagem intermediária na situação de alta capilaridade. Outros pontos a superar são o entendimento de não periculosidade da operação de descarte e o de propriedade e tratamento fiscal dos produtos descartados (Abree, 2016).

Dessa forma, fica realçada, mais uma vez, a diferença entre a logística direta e a logística reversa de produtos descartados pós-uso, qual seja: a primeira tem canais estabelecidos e formas de movimentação com volume e, portanto, economias de escala; a segunda, por sua vez, depende de ações individuais e de uma coleta dispersa, como os setores que envidam esforços para implantação de sistemas, o desenvolvimento de agentes intervenientes e as campanhas de conscientização dos consumidores/usuários finais.

O atendimento da diretriz da PNRS de compartilhamento de responsabilidade tem se materializado por meio de ações efetivas de entidades criadas e voltadas para a logística reversa de produtos descartados abarcando desde programas educacionais e de sensibilização como a implantação de instalações e equipamentos dedicados para esse fim. Nesse sentido, podemos destacar, entre outras, a Abree, a Reciclus e o movimento Separe, não pare.

>>> Sistemas setoriais de logística reversa anteriores à Lei n. 12.305/2010

Anteriormente à Lei n. 12.305/2010, já existiam sistemas de logística reversa implantados com base em tratativas legais, a saber:

» embalagens de agrotóxicos;
» pneus inservíveis;
» óleos lubrificantes usados ou contaminados (Oluc);
» pilhas e baterias;
» embalagens de agrotóxicos.

Vejamos, no Quadro 3.3, a legislação atinente ao setor de embalagens de agrotóxicos e a logística reversa de resíduos gerados.

» **Quadro 3.3** – Legislação aplicada ao setor de embalagens de agrotóxicos

Norma	Data	Referência
Lei n. 7.802	11/07/1989	Dispõe sobre a pesquisa, a experimentação, a produção, a embalagem e rotulagem, o transporte, o armazenamento, a comercialização, a propaganda comercial, a utilização, a importação, a exportação, o destino final dos resíduos e embalagens, o registro, a classificação, o controle, a inspeção e a fiscalização de agrotóxicos, seus componentes e afins, e dá outras providências.
Lei n. 9.974	06/06/2000	Altera a Lei n. 7.802/1989.
Decreto n. 4.074	04/01/2002	Regulamenta a Lei n. 7.802/1989.

Fonte: Brasil, 2018d.

O Decreto n. 4.074, de 4 de janeiro de 2002 (Brasil, 2002a), apresenta as recomendações técnicas para a destinação de embalagens vazias e de sobras de agrotóxicos, as quais devem, inclusive, ser expressas em bula ou folheto complementar apresentado no ato da compra do produto. Referido decreto ainda estipula como obrigação dos usuários a devolução das embalagens vazias e das tampas nos estabelecimentos comerciais.

Essa devolução deve ser precedida de lavagem especial (NBR ABNT 13968:1997) das embalagens, e o armazenamento e a guarda devem seguir alguns cuidados para evitar contaminações (ABNT, 1997). Os estabelecimentos comerciais devem contar com instalações adequadas de recebimento e armazenamento das embalagens vazias até sua coleta "pelas respectivas empresas titulares do registro, produtoras e comercializadoras, responsáveis pela destinação final dessas embalagens" (Brasil, 2002a, art. 54).

O caso do inpEV

No setor, merece destaque a atuação do Instituto Nacional de Processamento de Embalagens Vazias (inpEV), que foi criado em dezembro de 2001 e tem funcionado desde março de 2002, no contexto da Lei n. 9.974/2000, que "definiu os princípios do recolhimento e manejo das embalagens vazias, a partir de responsabilidades compartilhadas entre todos os agentes da produção agrícola – agricultores, canais de distribuição, indústria e poder público" (inpEV, 2019).

O inpEV é considerado referência na logística reversa de embalagens descartadas e gerencia o Sistema Campo Limpo, com a participação de mais de 90 empresas fabricantes de defensivos agrícolas, cerca de 260 associações de distribuidores e cooperativas em todo o Brasil, 9 parceiros recicladores e 5 incineradores. Dados do inpEV (2019) apontam que, em 2012, "94% das embalagens primárias de defensivos agrícolas (aquelas que entram em contato direto com o produto) foram retiradas do campo e enviadas para a destinação ambientalmente correta – um percentual muito acima da média mundial".

A Figura 3.3 apresenta o Sistema Campo Limpo, destacando papéis e responsabilidades compartilhados pelos elos que o formam: agricultor, indústria fabricante, canais de distribuição/cooperativas e Poder Público.

» **Figura 3.3** – Sistema Campo Limpo: elos e responsabilidades compartilhadas

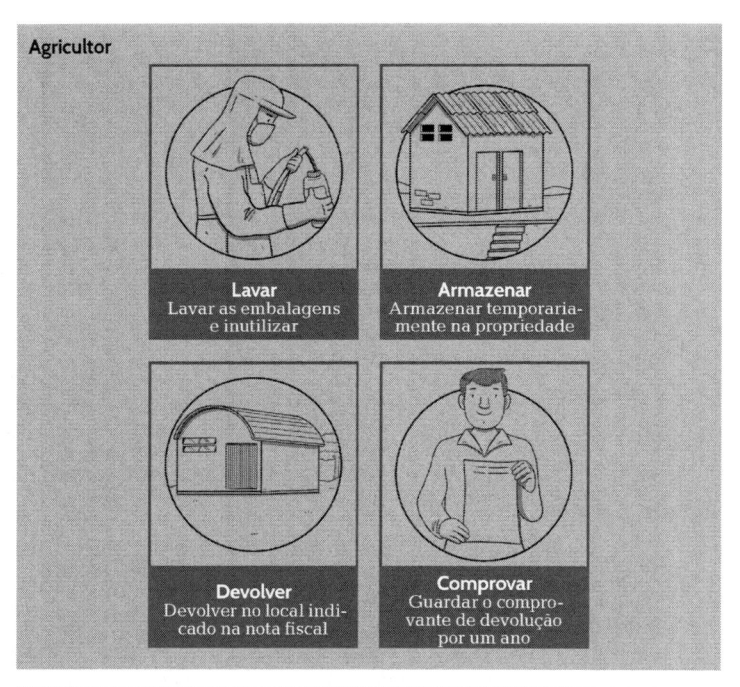

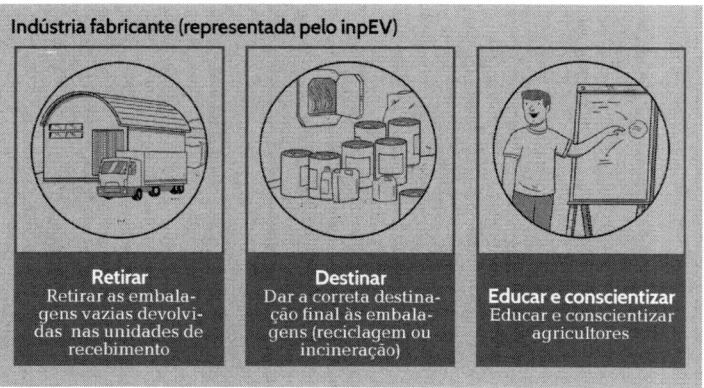

Agricultor

Lavar
Lavar as embalagens e inutilizar

Armazenar
Armazenar temporariamente na propriedade

Devolver
Devolver no local indicado na nota fiscal

Comprovar
Guardar o comprovante de devolução por um ano

Indústria fabricante (representada pelo inpEV)

Retirar
Retirar as embalagens vazias devolvidas nas unidades de recebimento

Destinar
Dar a correta destinação final às embalagens (reciclagem ou incineração)

Educar e conscientizar
Educar e conscientizar agricultores

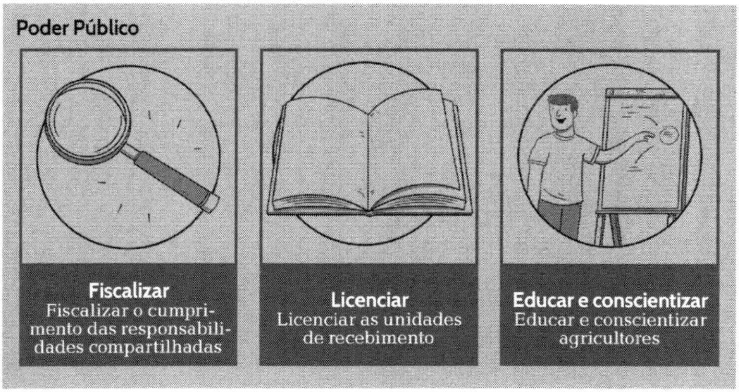

Canais de distribuição/cooperativas

Indicar
Ao vender o produto, indicar o local de devolução na nota fiscal de venda

Receber
Dispor e gerenciar local de recebimento

Comprovar
Emitir comprovante de devolução para agricultores

Educar e conscientizar
Educar e conscientizar agricultores

Poder Público

Fiscalizar
Fiscalizar o cumprimento das responsabilidades compartilhadas

Licenciar
Licenciar as unidades de recebimento

Educar e conscientizar
Educar e conscientizar agricultores

Evandro Marenda

Fonte: inpEV, 2019.

Uma das preocupações do inpEV é assegurar a autossuficiência econômica do ciclo das embalagens de defensivos agrícolas. Para tanto, foi criada, em 2008, uma empresa produtora de resina pós-consumo* para fabricação de embalagens para o setor na configuração de um ciclo fechado. Em 2009, a Campo Limpo lançou uma embalagem reciclada, a Ecoplástica Triex, com ganhos ambientais significativos: cada embalagem de 20 litros produzida evita a emissão de 1,5 kg de CO_2 equivalente (inpEV, 2019).

Mais uma iniciativa importante do inpEV foi o desenvolvimento de Programa de Educação Ambiental do Sistema Campo Limpo, que, desde 2010, apoia instituições de ensino na complementação de conteúdos curriculares referentes ao meio ambiente. Para tanto, são distribuídos *kits* para aplicação do ensino fundamental, com caderno do professor, pôsteres temáticos e outros materiais de apoio em salas de aula. Em 2016, informa o sítio do inpEV, foram distribuídos 7 mil *kits*, atendendo 1.872 escolas de 277 municípios em 23 estados e envolvendo aproximadamente 188 mil alunos. O tema das campanhas é *Resíduos sólidos: responsabilidade compartilhada*.

A premissa de atuação com estudantes e crianças é conscientizá-los de práticas ambientais, na certeza de que atuem como agentes multiplicadores, levando para suas casas e famílias hábitos de separação de resíduos e da respectiva disposição adequada. Como toda campanha de mudança cultural, ela deve ser permanente e renovada para manter a ideia do desenvolvimento sustentável.

---

* Campo Limpo – Reciclagem e Transformação (www.campolimpoplasticos.com.br).

Pneus inservíveis

O sistema de logística reversa de pneus inservíveis tem como referência a Resolução Conama n. 416, de 30 de setembro de 2009 (Brasil, 2009b), que dispõe sobre a prevenção e a degradação ambiental causada por pneus inservíveis e sobre a destinação ambientalmente adequada deles. O art. 3º da resolução prevê que empresas fabricantes ou importadoras de pneus devem dar destinação adequada a pneus inservíveis para cada pneu novo comercializado, sendo responsáveis pela coleta e destinação dos pneus em articulação com distribuidores, revendedores, destinadores, borracheiros, consumidores e Poder Público, implantando pontos de coleta de pneus usados.

A Instrução Normativa Ibama n. 1 (Brasil, 2010c) define o Instituto Brasileiro do Meio Ambiente e dos Recursos Naturais Renováveis (Ibama) como o órgão controlador da coleta e da destinação de pneus inservíveis por parte de empresas importadoras e fabricantes de pneus novos com peso unitário superior a 2 kg.

A indústria fabricante de pneus novos, desde 1999, início do Programa Nacional de Coleta e Destinação de Pneus Inservíveis da Associação Nacional da Indústria de Pneumáticos (Anip), tem atuado com logística reversa de pneus inservíveis. Em março de 2007, instituiu a Reciclanip, congregando Bridgestone, Goodyear, Michelin e Pirelli e, em 2010, a Continental, seguida pela Dunlop em 2014. Hoje, conta com 14 participantes. Essa iniciativa é comparada com os maiores programas de reciclagem do país, especialmente o de latas de alumínio e de embalagens de defensivos agrícolas (Reciclanip, 2019b).

O descarte não adequado de pneus é altamente prejudicial, já que pode provocar entupimentos de redes de esgoto e, consequentemente, enchentes, poluição de rios e ocupação de grande espaço em aterros sanitários. A preocupação com os pneus inservíveis é também uma questão de saúde pública, uma vez que o acúmulo de água em seu interior transforma-se em focos de mosquitos transmissores de doenças ao ser humano, por exemplo, dengue. Além disso, a queima desses pneus de forma errada causa poluição atmosférica e, conforme a Reciclanip (2013), um pneu costuma levar mais de 150 anos para se decompor na natureza.

O programa da Reciclanip atua em parceria com prefeituras, que cedem terrenos observando normas específicas de segurança e higiene, onde os pneus recolhidos são armazenados até atingirem a quantidade adequada para transporte (2.000 pneus de passeio ou 300 de caminhões). O material é conduzido para usinas de trituração por transportadoras conveniadas, sendo reaproveitado de diversas formas; as mais usuais são: combustível alternativo para cimenteiras ou caldeiras, fabricação de asfalto ecológico, solados de sapato, borrachas de vedação, pisos para quadras poliesportivas, pisos industriais e tapetes para automóveis.

A Figura 3.4 mostra a inter-relação entre as estratégias de atuação do Programa Reciclanip nas ações de **estruturação** das cadeias de coleta e destinação de pneus inservíveis para uma **destinação** adequada. Essas ações são apoiadas em estudos e pesquisas referentes ao ciclo de vida dos pneus e no estímulo de novas formas de destinação, por meio do **desenvolvimento** de programas de parceria com Poder Público voltados à conscientização ambiental da população em geral.

» **Figura 3.4** – Estratégias de atuação da Reciclanip

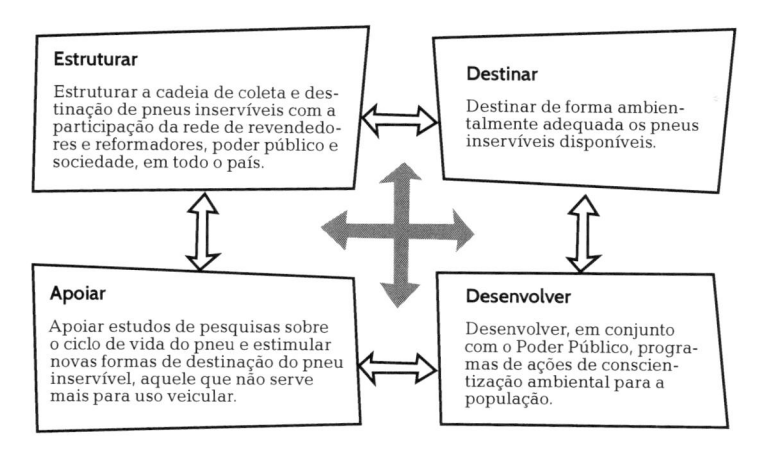

Estruturar	Destinar
Estruturar a cadeia de coleta e destinação de pneus inservíveis com a participação da rede de revendedores e reformadores, poder público e sociedade, em todo o país.	Destinar de forma ambientalmente adequada os pneus inservíveis disponíveis.

Apoiar	Desenvolver
Apoiar estudos de pesquisas sobre o ciclo de vida do pneu e estimular novas formas de destinação do pneu inservível, aquele que não serve mais para uso veicular.	Desenvolver, em conjunto com o Poder Público, programas de ações de conscientização ambiental para a população.

Fonte: Reciclanip, 2019c.

O tempo de implantação e a constituição de um mercado consumidor de pneus inservíveis contribuíram para o sucesso do programa, o qual, a exemplo de outros, viabiliza-se na possibilidade do desenvolvimento de negócios e na atração de agentes intervenientes. No Capítulo 6, abordaremos os resultados apresentados pelo Reciclanip.

Óleo lubrificante usado ou contaminado (Oluc)

O recolhimento, a coleta e a destinação final do óleo lubrificante usado ou contaminado são regulamentados pela Resolução Conama n. 362, de 23 de junho de 2005, que, em seu art. 1°, expressa o seguinte: "Todo óleo lubrificante usado ou contaminado deverá ser recolhido, coletado e ter destinação final, de modo que não afete negativamente o meio ambiente e propicie a máxima recuperação dos constituintes nele contidos" (Brasil, 2005b).

Essa resolução recomenda como prática tecnicamente adequada o envio do óleo lubrificante para reciclagem e recuperação por meio do processo industrial conhecido como *rerrefino*. Empresas dedicadas a essa atividade são representadas pelo Sindicato Nacional da Indústria do Rerrefino de Óleos Minerais (Sindirrefino), que atua em diversos grupos de trabalho relativos ao setor, inclusive no Grupo de Monitoramento Permanente (GMP), responsável pela implantação das diretrizes de coleta, estocagem, manuseio, transporte e rerrefino de óleos usados ou contaminados.

Das reuniões do GMP, coordenado pelo MMA, participam representantes do Órgão Regulador da Indústria do Petróleo (ANP), dos produtores e importadores de óleos lubrificantes, dos revendedores, dos coletores, dos rerrefinadores, das entidades representativas dos órgãos ambientais estaduais (Associação Brasileira de Entidades Estaduais de Meio Ambiente – Abema) e municipais (Associação Nacional dos Órgãos Municipais de Meio Ambiente – Anamma) e de organizações não governamentais (ONGs) ambientalistas.

Uma das preocupações do setor é a coleta não autorizada de óleos lubrificantes, que pode resultar em disposição inadequada destes e, muitas vezes, em poluição. Essa preocupação é comum a outros setores e tem exigido do setor e das autoridades competentes atuação firme. No entanto, em um país como o Brasil, com profundas desigualdades de renda e regionais, o problema é extensivo e de difícil solução.

Pilhas e baterias

O sistema de logística reversa para pilhas e baterias usadas tem como referência a Resolução Conama n. 401, de 4 de novembro de 2008 (Brasil, 2008b), que estabelece os níveis máximos de chumbo, cádmio e mercúrio para pilhas e baterias comercializadas no território nacional, assim como critérios e padrões para seu gerenciamento ambientalmente adequado.

A essa resolução se junta a Instrução Normativa Ibama n. 8, de 3 de setembro de 2012 (Brasil, 2012b), que institui procedimentos de controle do recebimento e destinação final de pilhas e baterias ou de produtos que as incorporem a serem atendidos por fabricantes nacionais e importadores. Esses dispositivos contemplam, ainda, a obrigação de registro dos produtos no Cadastro Técnico Federal de Atividades Potencialmente Poluidoras ou Utilizadoras dos Recursos Ambientais (CTF) do Ibama, bem como o dever de prestação anual de laudo físico-químico da composição dos produtos e submissão ao órgão ambiental do plano da gestão da logística reversa das pilhas e baterias. Os produtores ainda devem informar aos consumidores procedimentos para o descarte adequado do material.

A Associação Brasileira da Indústria Elétrica e Eletrônica (Abinee) desenvolveu um sistema de logística reversa, o Programa Recebe Pilhas, criado em 2010. Ele, atualmente, conta com a participação de 18 empresas fabricantes e de importadores que objetivam incentivar os consumidores a descartar os produtos nos pontos de venda (obrigatório) e nos de coleta cadastrados no sistema. A logística reversa, conforme cartilha do Programa Recebe Pilhas, tem a seguinte configuração:

» Parceiros cadastrados como pontos de coleta do programa solicitam a retirada do material coletado (mínimo de 30 kg e máximo de 250 kg) de pilhas e baterias devidamente armazenadas. Quantidades acima de 100 kg devem estar em bombonas homologadas e com alça.

» Outros particulares, ao utilizar o programa, devem arcar com os custos do frete até o centro de consolidação, a partir do qual o programa será responsável pelas despesas de triagem, transporte secundário e reciclagem das pilhas.

» As coletas serão gratuitas desde que o solicitante seja instituição pública de ensino, associação parceira do programa, ou ONGs (cuja atividade não seja gerenciar resíduos). O ponto deve ser localizado em capital brasileira ou cidades situadas a uma distância de até 50 km da capital; mínimo 30 de kg e máximo de 250 kg, de pilhas e baterias devidamente armazenadas.

» Empresas privadas e grandes geradores podem utilizar o programa desde que encaminhem pilhas e baterias até um ponto cadastrado no sítio do programa (em caso de quantidades menores que 10 kg) ou responsabilizem-se pelo transporte até o centro de consolidação, localizado em São José dos Campos (SP). Esse transporte pode ser realizado por transportador contratado pela própria empresa, por operador logístico do Programa ou por serviço de entrega dos Correios (Abinee, 2019).

A cartilha Informativa *Recebe Pilhas* do Programa Abinee afirma que é possível a reciclagem de quase todos materiais que compõem pilhas e baterias. Esse processo inicia-se com a trituração dos produtos para tratamento químico e térmico de seus componentes interiores. No processo químico, recuperam-se sais e óxidos metálicos que podem ser destinados a aproveitamentos industriais como pigmentos e corantes. No processo térmico, em fornos industriais de temperatura elevada, recupera-se o óxido de zinco, que volta à indústria como matéria-prima (Abinee, 2019).

O programa, no término do processo de reciclagem, emite para as empresas participantes e financiadoras um Certificado de Destinação Final, que comprova o manuseio e o processo adequados das pilhas comercializadas.

〉〉 Regulamentação estadual da gestão de resíduos sólidos no Brasil

Agora, vamos detalhar como a regulamentação da área trata da gestão de resíduos no âmbito estadual. Vejamos o que a Lei n. 12.305/2010 estabelece em seu art. 16:

> *Art. 16. A elaboração de plano estadual de resíduos sólidos, nos termos previstos por esta lei, é condição para os estados terem acesso a recursos da União, ou por ela controlados, destinados a empreendimentos e serviços relacionados à gestão de resíduos sólidos, ou para serem beneficiados por incentivos ou financiamentos de entidades federais de crédito ou fomento para tal finalidade.* (Brasil, 2010b)

Com base nisso, o Decreto n. 7.619, de 21 de novembro de 2011 (Brasil, 2011a) regulamentou o financiamento de ações relativas à PNRS com a concessão de crédito presumido do Imposto sobre Produtos Industrializados (IPI) (benefício sobre a Taxa de Incidência do Imposto sobre Produtos Industrializados – Tipi) na aquisição de resíduos sólidos.

Outro instrumento importante é o Sistema Nacional de Meio Ambiente (Sisnama), que tem como objetivo a gestão descentralizada, democrática e eficiente das questões do meio ambiente, sendo formado pelos órgãos e pelas entidades da União, dos estados, do Distrito Federal e dos municípios responsáveis pela proteção, melhoria e recuperação da qualidade ambiental no Brasil. Para tanto, tem como estratégia desenvolver ações para fortalecer e qualificar a implantação da Política Nacional de Meio Ambiente, assim como as demais políticas setoriais que integram a agenda nacional na direção de atendimento do objetivo de desenvolvimento sustentável (Brasil, 2016c).

Alguns estados já contam com legislação própria para a gestão de resíduos sólidos, inclusive com dispositivos anteriores à Lei n. 12.305/2010. O Quadro 3.4 apresenta os estados que contam com leis estaduais sobre o tema e a definição de cada política de resíduos sólidos.

» **Quadro 3.4** – Estados brasileiros com legislação própria de política de resíduos sólidos

Estado	Norma	Data	Discriminação	Sítio
Rio Grande do Sul (RS)	Lei n. 14.528	16/04/2014	Institui a Política Estadual de Resíduos Sólidos do RS, dispondo sobre os princípios, objetivos, instrumentos e as diretrizes relativas à gestão integrada e ao gerenciamento de resíduos sólidos, incluídos os perigosos, as responsabilidades dos geradores e do poder público e aos instrumentos econômicos aplicáveis (PERS-RS, 2014).	http://www.al.rs.gov.br/filerepository/replegis/arquivos/lei%2014.528.pdf
Santa Catarina (SC)	Lei n. 13.557	13/11/2005	Dispõe sobre a política estadual de resíduos sólidos e adota outras providências.	http://leis.alesc.sc.gov.br/html/2005/13557_2005_Lei.html

(continua)

(Quadro 3.4 – continuação)

Estado	Norma	Data	Discriminação	Sítio
Paraná (PR)	Lei n. 2.493	22/01/1999	Estabelece princípios, procedimentos, normas e critérios referentes a geração, acondicionamento, armazenamento, coleta, transporte, tratamento e destinação final dos resíduos sólidos no Estado do Paraná, visando controle da poluição, da contaminação e a minimização de seus impactos ambientais e adota outras providências.	http://www.leisestaduais.com.br/pr/lei-ordinaria-n-12601-1999-parana-define-as-obrigacoes-de-pequeno-valor-a-que-alude-o-3o-do-art-100-da-constituicao-federal-com-a-redacao-dada-pela-emenda-constitucional-no-20-de-15-12-98-da-prazo-a-pagamento-das-ja-inscritas-em-precatorios-e-adota-outras-providencias
São Paulo (SP)	Lei n. 12.300	16/03/2006	Institui a Política Estadual de Resíduos Sólidos e define princípios e diretrizes. O Plano Estadual de Resíduos Sólidos do estado de São Paulo foi lançado em março de 2014.	https://www.al.sp.gov.br/repositorio/legislacao/lei/2006/lei-12300-16.03.2006.html

(Quadro 3.4 – continuação)

Estado	Norma	Data	Discriminação	Sítio
Rio de Janeiro (RJ)	Lei n. 4.191	30/09/2003	Estabelece a Política Estadual de Resíduos Sólidos: princípios, procedimentos, normas e critérios referentes à geração, acondicionamento, armazenamento, coleta, transporte, tratamento e destinação final dos resíduos sólidos no estado do Rio de Janeiro, visando controle da poluição, da contaminação e a minimização de seus impactos ambientais.	http://alerjln1.alerj.rj.gov.br/CONTLEI.NSF/b24a2da5a077847c032564f4005d4bf2/cf0ea9e43f8af64e83256db300647e83?OpenDocument
Minas Gerais (MG)	Lei n. 18.031	12/01/2009	Dispõe sobre a Política Estadual de Resíduos Sólidos.	https://www.almg.gov.br/consulte/legislacao/completa/completa.html?tipo=LEI&num=18031&ano=2009

(Quadro 3.4 – continuação)

Estado	Norma	Data	Discriminação	Sítio
Mato Grosso do Sul (MS)	Lei n. 2.080	13/01/2000	Estabelece princípios, procedimentos, normas e critérios referentes a geração, acondicionamento, armazenamento, coleta, transporte, tratamento e destinação final dos resíduos sólidos no MS, visando o controle da poluição, da contaminação e a minimização de seus impactos ambientais, e dá outras providências.	http://www.ciflorestas.com.br/arquivos/lei_lei_2.0802000_13375.pdf
Mato Grosso (MT)	Lei n. 7.862	19/12/2002	Dispõe sobre a Política Estadual de Resíduos Sólidos e dá outras providências.	http://www.cuiaba.mt.gov.br/upload/arquivo/lei%20 7.862_19%20DE_dezembro_%202002_sema.pdf
Espírito Santo (ES)	Lei n. 9.264	15/07/2009	Institui a Política Estadual de Resíduos Sólidos e dá outras providências correlatas.	https://www.legisweb.com.br/legislacao/?id=126748
Bahia (BA)	Lei n. 12.932	07/01/2014	Institui a Política Estadual de Resíduos Sólidos, e dá outras providências.	https://www.legisweb.com.br/legislacao/?id=264190

(Quadro 3.4 – continuação)

Estado	Norma	Data	Discriminação	Sítio
Goiás (GO)	Lei n. 14.248	29/07/2002	Dispõe sobre a Política Estadual de Resíduos Sólidos e dá outras providências.	http://www.gabinete civil.goias.gov.br/ leis_ordinarias/2002/ lei_14248.htm
Alagoas (AL)	Lei n. 7.749	13/10/2015	Dispõe sobre a Política de Resíduos Sólidos e Inclusão Produtiva, e dá outras providências.	https://www. legisweb.com.br/ legislacao/?id=304742
Pernambuco (PE)	Lei n. 14.236	13/12/2010	Dispõe sobre a Política Estadual de Resíduos Sólidos, e dá outras providências.	http://www.cprh. pe.gov.br/ARQUIVOS_ ANEXO/Lei%20 14236;141010;20101229. pdf
Ceará (CE)	Lei n. 16.032	20/06/2016	Institui a Política Estadual de Resíduos Sólidos no âmbito do CE.	http://www.mpce. mp.br/wp-content/ uploads/2015/12/ Lei-Estadual-n%C2% BA16.032-2016-Institue- a-Pol%C3%ADtica- Estadual-de-Res%C3% ADduos-S%C3%B3lidos- no-Estado-do-Cear% C3%A1.pdf
Amazonas (AM)	Lei n. 4.457	12/04/2017	Institui a Política Estadual de Resíduos Sólidos do AM–PERS/ AM, e dá outras providências.	https://www. legisweb.com.br/ legislacao/?id=342337

(Quadro 3.4 – conclusão)

Estado	Norma	Data	Discriminação	Sítio
Roraima (RO)	Lei n. 416	14/01/2004	Dispõe sobre a Política Estadual de Gestão Integrada de Resíduos Sólidos e dá outras providências.	http://www.ciflorestas.com.br/arquivos/lei_lei_4162004_15686.pdf

Muitos estados contam também com seus planos estaduais de gestão de resíduos sólidos em diversos estágios, alguns publicados, outros em andamento, os quais são classificados pelo Observatório da Política Nacional de Resíduos Sólidos (OPNRS)* como:

» Região Norte: Acre (disponível); Amazonas, Rondônia e Tocantins (em andamento); Amapá e Pará (não encontrados).
» Região Nordeste: Maranhão, Rio Grande do Norte e Pernambuco (disponíveis); Alagoas e Sergipe (em andamento); Bahia, Ceará e Piauí (não encontrados).
» Região Sudeste: Rio de Janeiro e São Paulo (disponíveis); Minas Gerais e Espírito Santo (não encontrados).
» Região Centro-Oeste: Mato Grosso, Mato Grosso do Sul e Goiás (não encontrados).
» Região Sul: Santa Catarina e Rio Grande do Sul (disponíveis); Paraná (em andamento). (Observatório da PNRS, 2019b).

---

* Organização criada em 31 de julho de 2014 e composta por 26 instituições da sociedade civil com o objetivo de "monitorar a implantação da PNRS, provendo transparência aos resultados obtidos e também assegurando que os princípios e objetivos da lei sejam cumpridos" (Observatório da PNRS, 2019a).

As regulamentações estaduais podem não contar com lei específica sobre a política de resíduos, mas seguramente são amplas e, de certa forma, espelham-se na legislação federal e, por extensão, o mesmo acontece com os dispositivos dos níveis municipais. A motivação é expressa na Lei n. 12.305/2010, justificando a constatação de que o Brasil tem uma das legislações mais avançadas e completas sobre meio ambiente e, por consequência, sobre a gestão de resíduos sólidos.

Um exemplo é o do Estado do Maranhão, cujo Plano Estadual de Gestão dos Resíduos Sólidos do Maranhão (PEGRS-MA), publicado em março de 2012, observa a legislação estadual pertinente e, a exemplo de outros estados, é anterior à Lei n. 12.305/2010, conforme mostramos no Quadro 3.5.

» **Quadro 3.5** – Legislação sobre gestão de resíduos sólidos do Estado do Maranhão

Norma	Data	Discriminação
Lei n. 5.252	29/10/1991	Dispõe sobre a conduta quanto ao lixo hospitalar.
Decreto n. 13.789	30/03/1994	Cria o projeto de reciclagem de papel no âmbito da administração pública estadual direta e indireta, regulamenta o seu funcionamento e dá outras providências.
Lei n. 8.521	30/11/2006	Dispõe sobre a produção, o transporte, o armazenamento, a comercialização, a utilização, o destino final dos resíduos e embalagens vazias, o controle, a inspeção e a fiscalização de agrotóxicos, seus componentes afins, no MA, e dá outras providências.

(continua)

(Quadro 3.5 – conclusão)

Norma	Data	Discriminação
Decreto n. 23.118	29/05/2007	Regulamenta a Lei n. 8.521/2006.
Portaria n. 111	29/12/2008	Dispõe sobre todas as instalações de produção de ferro gusa, em operação, ficam obrigadas à promoção de melhorias de processo, à instalação de equipamentos de controle, à disposição adequada de resíduos, ao monitoramento e às demais medidas necessárias ao cumprimento integral da legislação ambiental.

Fonte: Observatório da PNRS, 2019b.

E por que a gestão de resíduos sólidos no país não tem total sucesso no Brasil?

Não é por falta de legislação que essa gestão em nosso país não é mais exitosa, mas sim em razão da seguinte ordem de fatores:

» Falta de recursos por parte de órgãos controladores da gestão de resíduos sólidos.
» As prefeituras, ao se engajarem em programas de coleta seletiva, reclamam o ressarcimento de despesas por parte dos governos estadual e federal. Essa questão, como apontamos, tramita e é negociada no Congresso Nacional.
» No setor privado, a constatação é de que sistemas de logística reversa viabilizam-se quando, para os resíduos coletados, há mercado (preço), o qual deve ser maior que o custo de coleta e transformação. Exemplos notórios são as latas de alumínio, as embalagens PET e o papel e papelão.
» Necessidade de maior conscientização para a disposição adequada de resíduos sólidos pela população. Para tanto,

a educação ambiental deve ser permanente e, necessariamente, engajar as crianças (ações na escola) e os adultos.

Uma vez que muito tem sido feito e muito há de se fazer, as normas privadas, ou seja, a busca para obtenção de certificações e selos, aparecem nas organizações como diferencial para sua imagem e, muitas vezes, como requisito para concorrência. Os principais selos e certificações existentes destacaremos a seguir.

» Regulamentação privada: certificações e selos em gestão ambiental

É praticamente impossível separar a certificação ou a rotulagem relativas à gestão de resíduos sólidos e logística reversa das aplicações e avaliações dos sistemas de gestão ambiental (SGA) das organizações.

No mercado, existem vários tipos de certificação ambiental; e os profissionais que se dispõem a atuar nesse mercado devem obter conhecimento específico sobre procedimentos para certificação, ou seja, entender normas e regulamentações vigentes e a respectiva aplicação nos diversos tipos de organizações.

A certificação mais referenciada é a ISO 14001, norma reconhecida globalmente, publicada pela International Organization of Standardization (ISO)*, que apresenta estrutura testada e

---

* "Organização Internacional de Normalização, com sede em Genebra, na Suíça, criada em 1946 e conta como associados organismos de normalização de cerca de 160 países. A ISO tem como objetivo criar normas que facilitem o comércio e promovam boas práticas de gestão e o avanço tecnológico, além de disseminar conhecimentos. Suas normas mais conhecidas são a ISO 9000, para gestão da qualidade e a ISO 14000, para gestão do meio ambiente." (Brasil, 2019b)

comprovada para garantir a conformidade com a regulamentação e objetiva a padronização de sistemas de gestão ambiental nas organizações. A série ISO 14000 é constituída por um conjunto de 28 normas distribuídas em seis áreas: 1) sistema de gestão ambiental; 2) auditorias ambientais; 3) avaliação de desempenho ambiental; 4) rotulagem ambiental; 5) aspectos ambientais nas normas de produtos; 6) análise do ciclo de vida dos produtos, que podem ser desenvolvidas de modo independente ou em um ciclo de melhoria contínua (ABNT, 2015).

A certificação ISO é voluntária e, muitas vezes, é adotada por pressão do mercado comprador, sendo, inclusive, obrigatória para exportação de produtos. O processo de certificação compreende a aplicação de questionários, visitas de campo e testes e, em geral, é conduzido por uma empresa privada especializada.

No Brasil, o sistema ISO é especificado em normas da ABNT. As certificações, portanto, são emitidas por empresas acreditadas[*] pelo Inmetro para Certificação de Sistema de Gestão Ambiental em atendimento à NBR ISO 14001. Existem inúmeras empresas de consultoria reconhecidas no mercado que auxiliam outras empresas no cumprimento dessas obrigações.

A NBR ISO 14001 discrimina as exigências de um sistema de gestão ambiental (SGA), orientando as organizações na implantação de estruturas de proteção ao meio ambiente e atuação diante de mudanças em seu ambiente de atuação. Barbieri (2007, p. 152) define *sistema de gestão ambiental* como um "conjunto de atividades administrativas e operacionais inter-relacionadas que aborde problemas ambientais atuais e evite seu surgimento".

---

[*] São denominadas de *organismos de certificação de sistema de gestão ambiental* (OCA).

A NBR ISO 14001, em uma abordagem sistêmica, focaliza a gestão ambiental em horizontes de curto, médio e longo prazo e práticas efetivas de:

> *proteção do meio ambiente pela prevenção ou mitigação dos impactos ambientais adversos;*
>
> *mitigação de potenciais efeitos adversos das condições ambientais da organização;*
>
> *[...]*
>
> *aumento do desempenho ambiental;*
>
> *[utilização] de perspectiva de ciclo de vida que pode prevenir o deslocamento involuntário dos impactos ambientais dentro do ciclo de vida.* (ABNT, 2015, p. viii)

Os procedimentos para obtenção da certificação variam quanto ao porte da organização, às características de seus processos e à capacitação de seu pessoal na gestão ambiental. A certificação contempla elaboração de documentos com a explicitação das políticas, objetivos e metas; informações sobre aspectos ambientais e dos processos; estruturas organizacionais, normas internas; planos de ação em caso de emergências e outros.

O processo é complexo e longo, podendo ser desenvolvido com auxílio de empresas de consultoria especializadas. De todo modo, a certificação é feita por organizações independentes. Por exemplo, a SGS* e a Bureau Veritas Brasil são empresas internacionais que atuam no Brasil. Destacamos que a certificação, na maior parte das vezes, é uma exigência do mercado comprador, e empresas que atuam no comércio exterior devem ter certificações de reconhecimento internacional.

Lopes et al. (2015) apontam que a exigência da certificação ISO 14001 advém também da impossibilidade de os compradores verificarem e comprovarem o desempenho ambiental de seus fornecedores, muitas vezes localizados em diferentes países. O setor automobilístico é um caso típico, destacando-se pela implantação das chamadas *cadeias de suprimentos verdes* (*green supply chains*). Colares et al. (2015) apresentam como justificativas para que organizações busquem a certificação ISO 14001 os seguintes fatores:

» **Melhora da reputação e da imagem da organização:** possibilidade de maior participação e atuação mais efetiva no mercado, inclusive em preços.
» **Exigências de clientes:** regras de homologação como fornecedores e participação em certames para venda de produtos e serviços.
» **Relacionamento com partes intervenientes:** facilitação de condições de negociação com entidades ambientais, clientes, empregados e ONGs.

---

* Para mais detalhes, acesse: <http://www.sgsgroup.com.br> e <http://www.bureauveritas.com.br/>.

» **Inovação de processos**: estímulo na busca de inovações para redução de emissões e poluição e aumento da eficiência na utilização de recursos e diminuição de custos.

Berthelot et al. (2003, citados por Lopes et al., 2015) identificaram, por meio de pesquisa em empresas canadenses com certificação ISO 14001, as seguintes dificuldades para sua implantação: envolvimento da alta administração e prática dos responsáveis pela gestão; envolvimento dos funcionários e necessidade de treinamento destes; custos de processos ambientalmente mais amigáveis; necessidade de desenvolvimento de especialistas no tema; burocracia e documentação exigida; custo de compilação das informações necessárias.

Como vimos, as certificações são voluntárias e aplicam-se à logística reversa, principalmente ao contemplarem a gestão do ciclo de vida dos produtos. A adoção delas exige uma adaptação da organização e a incorporação da preocupação com o meio ambiente no dia a dia empresarial. Vale destacar a iniciativa de adesão por parte das organizações aos procedimentos e às práticas do Relatório de Global Reporting Initiative (GRI).

A GRI é uma organização internacional fundada em Boston, nos Estados Unidos, em 1997, a qual, atualmente, tem sede em Amsterdã, na Holanda. Atua junto a empresas, governos e outras instituições na compreensão e na comunicação do impacto dos negócios em questões de desenvolvimento sustentável. Por exemplo, mudanças climáticas, direitos humanos e problemas de corrupção são algumas dessas questões (CEBDS, 2017).

As diretrizes da GRI, chamadas de *G4*, indicam como elaborar relatórios que identifiquem consequências das operações da organização sobre o meio ambiente, economia e sociedade civil.

O objetivo é apresentar "informações confiáveis, relevantes e padronizadas", pelas quais a organização identifique oportunidades e riscos na tomada de decisões relativas às questões do meio ambiente (CEBDS, 2017).

As diretrizes G4 podem ser aplicadas a organizações de qualquer tamanho, tipo e setor de mercado e servem de base para o desenvolvimento de relatórios de sustentabilidade, ou seja, fornecem modelos de compilação, análise e comunicação das informações sobre impactos ambientais. Assim, o relatório GRI é uma forma reconhecida mundialmente de exposição (*disclosure*) de eventos com impacto ambiental.

Atualmente, o GRI está presente em 90 países, e, em 2016, foram divulgados mundialmente mais de 5.700 relatórios, dos quais 231 foram cadastrados no Brasil. Note-se que os relatórios devem atender às Diretrizes GRI, e as informações são disponibilizadas pelas empresas dessa forma. No entanto, as informações são referências e os relatórios não passam por auditorias específicas.

O Quadro 3.6 e a Figura 3.6 apresentam as componentes e diretrizes básicas de elaboração dos Relatórios GRI.

Assim, temos, com relação ao **conteúdo**, materialidade (indicadores que expressem a situação e ações da organização); inclusão dos públicos relevantes (*stakeholders*); contexto da sustentabilidade (desempenho da organização); e abrangência (temas indicadores e localização dos eventos reportados).

Quanto à **qualidade**, temos equilíbrio (aspectos positivos e negativos); comparabilidade (padronização de indicadores ao longo do tempo); exatidão (informações precisas e detalhadas); periodicidade (publicação regular, normalmente, anual); clareza (informação compreensível); e confiabilidade (coleta, tratamento e divulgação de informações com qualidade e materialidade).

» **Quadro 3.6** – Princípios do GRI

CONTEÚDO	QUALIDADE
Materialidade » Temas e indicadores devem ser escolhidos para reportar os impactos econômicos, ambientais e sociais significativos da organização. **Inclusão de *stakeholders*** » Identificação dos *stakeholders* e explicação sobre as medidas que forem tomadas em resposta a seus interesses e expectativas procedentes. **Contexto de sustentabilidade** » Desempenho da organização no contexto dos limites e das demandas relativos aos recursos ambientais ou sociais em âmbito setorial, local, regional ou global. **Abrangência** » Cobertura dos temas e indicadores relevantes que reflitam os impactos econômicos, ambientais e sociais significativos e permitam que os *stakeholders* avaliem o desempenho da organização no período analisado.	**Equilíbrio** » Aspectos positivos e negativos do desempenho da organização são ressaltados a fim de permitir uma avaliação equilibrada. **Comparabilidade** » Questões e informações deverão ser selecionadas, compiladas e relatadas de forma consistente, permitindo comparações ao longo do tempo e com outras corporações. **Exatidão** » Informações precisas e detalhadas para que seja possível a avaliação do desempenho pelos *stakeholders*. **Periodicidade** » Publicação regular e informações disponibilizadas a tempo. **Clareza** » Informação compreensível e acessível aos *stakeholders*. **Confiabilidade** » Coleta, registro, compilação, análise e divulgação das informações devem permitir sua revisão e a avaliação de suas qualidade e materialidade.

Fonte: Elaborado com base em GRI, 2012; Noviental, 2011.

A Figura 3.6 apresenta o fluxograma de diretrizes e atividades de elaboração dos relatórios GRI. Nesse caso, temos os princípios de *conteúdo* e *qualidade*; a explicitação dos limites do relatório, ou seja, entidades sob controle e influência da organização; a listagem e a quantificação de indicadores ambientais; as informações sobre as formas e os procedimentos da gestão relativos à questão ambiental; e o conteúdo do relatório propriamente dito.

No Brasil, muitas grandes empresas adotaram o Relatório GRI como padrão para seus relatórios de sustentabilidade. Podemos destacar, entre elas, o Banco do Brasil; a Caixa Econômica Federal; o Banco Bradesco; o Itaú Unibanco; a Itaipu Binacional; a Eletrobras; a Petrobras e a Vale S.A.

» **Figura 3.6** – Fluxograma de diretrizes e atividades para elaborar relatórios GRI

Princípios de conteúdo:
» Materialidade
» Inclusão de *stakeholders*
» Contexto da sustentabilidade
» Abrangência

Princípios de qualidade:
» Equilíbrio
» Comparabilidade
» Exatidão
» Periodicidade
» Clareza
» Confiabilidade

Conteúdos do relatório:
» Estratégia e análise
» Perfil organizacional
» Parâmetros para reporte (periodicidade, escopo, sumário de conteúdo e verificação)
» Governança, compromissos e engajamento

Estabelecimento do limite do relatório:
» Entidades sobre cujas políticas financeiras e operacionais a organização tem controle
» Entidades sobre cujas decisões a organização tem influência significativa

Indicadores ambientais:
» Materiais
» Energia
» Água
» Biodiversidade
» Emissões, efluentes e resíduos
» Produtos e serviços
» Conformidade
» Transporte
» Geral

Informações sobre a forma de gestão ambiental:
» Objetivos e desempenho
» Política
» Responsabilidade organizacional
» Treinamento e conscientização
» Monitoramento e acompanhamento

Fonte: Elaborado com base em GRI, 2012; Noviental, 2011.

Como já exposto, a preocupação e as ações para o desenvolvimento sustentável e a logística reversa passam, necessariamente, pela mudança cultural de conscientização com o meio ambiente e por transformações reais de comportamento. Essa condição desejável, sem dúvida, é resultado de processos educacionais fortes e permanentes para o atendimento da legislação e disseminação dessa mentalidade em favorecimento do planeta. A seguir, destacamos algumas ações governamentais na linha da educação ambiental.

» Estratégia nacional de educação ambiental e comunicação social para gestão de resíduos sólidos: Educares e manuais de orientação do MMA

A Educares trata-se de ação do governo federal, de responsabilidade do Departamento de Educação Ambiental (DEA), da Secretaria de Articulação Institucional e Cidadania Ambiental (Saic) e do MMA. Como instrumento estratégico da PNRS, é composto, além da plataforma eletrônica, de duas matrizes de transversalização* da educação ambiental e comunicação social: um plano integrado de avaliação e a disponibilização de materiais pedagógicos (Brasil, 2017c; 2018c).

A proposta da Educares é de realizar um processo contínuo de aprendizado social para enfrentar o desafio de transformação social em direção ao respeito ao meio ambiente e a práticas

---

* Matriz de tranversalização: matriz pedagógico-metodológica de educação ambiental que considera a interdependência das partes do processo de educação ambiental, entendendo que *resíduos sólidos* são um dos seus pontos estruturantes na premissa de que "a diversidade de vozes, entendimentos e formas de viver sejam escutadas e consideradas" (Brasil, 2013a, p. 21).

de gestão de resíduos sólidos. Para tanto, são disponibilizadas várias ferramentas de planejamento e controle em apoio à formulação de planos de gestão de resíduos sólidos em estados e municípios (Brasil, 2017c). Somente em 2017, mais de 40 programas foram homologados e estão disponibilizados na plataforma, abrangendo iniciativas do Poder Público e do setor privado*.

Destacamos, ainda, a disponibilização, pelo Sistema Nacional de Informações sobre Gestão dos Resíduos Sólidos (Sinir-MMA), de manuais de orientação para formulação de planos e programas de gestão de resíduos sólidos, a saber:

» **Planos de gestão de resíduos sólidos**: manual de orientação. Apoia a implementação da Política Nacional de Resíduos Sólidos do nacional ao local (Brasil, 2012a).

» **Projeto internacional de cooperação técnica para a melhoria da gestão ambiental urbana no Brasil:**

   » *Manual para Elaboração do Plano de Gestão Integrada de Resíduos Sólidos dos Consórcios Públicos. 74 pgs.*

   » *Manual para Implantação de Sistema de Apropriação e Recuperação de Custos dos Consórcios Prioritários de Resíduos Sólidos. 124 pgs.*

---

* Para conhecermos em detalhes iniciativas homologadas para referência e eventual réplica em outras localidades e instituições do país, recomendamos visitar o sítio: <http://educares.mma.gov.br/index.php/reports#>.

» *Manual para Implantação de Compostagem e de Coleta Seletiva no Âmbito de Consórcios Públicos. 75 pgs.*

» *Manual para Implantação de Sistema de Gestão de Resíduos de Construção Civil em Consórcios Públicos. 63 pgs.*

» *Manual para Implantação de Sistema de Informação de Gestão de Resíduos Sólidos em Consórcios Públicos. 130 pgs.* (Brasil, 2019g)

Neste capítulo, procuramos demonstrar a importância que a legislação e a regulamentação pública e privada têm na gestão ambiental e, por decorrência, na gestão de resíduos sólidos e na logística reversa. Evidenciamos a gestão ambiental como uma diretriz de sobrevivência e perpetuação da humanidade, desde que erros passados sejam mitigados e corrigidos, e sua incidência seja eliminada ou minimizada.

>>> Perguntas e respostas

1) Qual é o papel da legislação que regulamenta os processos de recuperação? A responsabilidade ambiental da sociedade e das empresas já não seria suficiente?

A evolução da logística reversa, a sofisticação das relações econômicas e a conscientização da questão ambiental levaram à implantação de regras para um adequado funcionamento das cadeias reversas com os processos de devolução mostrando-se estratégicos para a imagem e a reputação das organizações, o que tem influenciado práticas de comercialização estimuladas pela promulgação de regulamentações oficiais de controle. Os acordos setoriais com base na PNRS (Lei n. 12.305/2010) são exemplos típicos disso e estabelecem responsabilidades acordadas para a instauração de sistemas reversos para os mais variados itens, desde embalagens comuns até as passíveis de contaminação com produtos perniciosos à saúde humana (e produtos tecnologicamente sofisticados que, até pouco tempo, não faziam parte do nosso cotidiano, os eletreletrônicos). A legislação é necessária para regulamentar e controlar ações para o desenvolvimento sustentável. Infelizmente, a simples expressão de princípios de responsabilidade ambiental não tem se mostrado suficiente em nosso país e no mundo.

2) O que significa a expressão "disposição ambientalmente adequada" de resíduos?

Um dos termos mais utilizados no ensino da Administração é *adequado*. Criticamente, consideramos que diz muito, mas não quer dizer nada. No caso, a PNRS estabeleceu, em seu art. 6º, 11 condições ou princípios que expressam o conceito de "ambientalmente adequado", quais sejam:

I – a prevenção e a precaução;

II – o poluidor-pagador e o protetor-recebedor;

III – a visão sistêmica;

IV – o desenvolvimento sustentável;

V – a ecoeficiência;

VI – a cooperação entre dois diferentes segmentos envolvidos;

VII – a responsabilidade compartilhada pelo ciclo de vida dos produtos;

VIII – o reconhecimento do resíduo sólido reutilizável e reciclável como um bem econômico e de valor social, gerador de trabalho e renda e promotor de cidadania;

IX – o respeito às diversidades locais e regionais;

X – o direito da sociedade à informação e ao controle social;

> XI – a razoabilidade e a proporcionalidade. (Brasil, 2010b)

Logicamente, a *disposição ambientalmente adequada* depende das especificidades dos materiais presentes em cada produto, que exigem tratamentos e destinações diferentes. O setor empresarial tem a responsabilidade de elaborar e planejar canais reversos para recuperação e reaproveitamento sem comprometimento ambiental, os quais, portanto, sejam adequados aos produtos em questão.

3) Como as certificações ambientais incorporam-se à logística reversa?

As certificações ambientais são usadas pelas organizações para evidenciar à sociedade e a interessados (*stakeholders*), ou seja, fornecedores e compradores, a prática de ações voltadas para a questão ambiental em seus processos produtivos, inclusive com a finalidade de subsidiar consumidores em suas tomadas de decisão de compra. A certificação é feita por organizações independentes à organização e assegura que esta disponha de sistemas de gestão e preservação ambiental, inclusive relativos à recuperação e ao reaproveitamento de materiais em sistemas de logística reversa. As certificações são voluntárias, apesar de exigidas (condição de qualificação) em determinadas transações comerciais em empresas (B2B – *business to business*).

⟫ Estudo de caso

Rotulagem e certificações ambientais como opção mercadológica
Rotulagem ambiental (*eco-labelling*) e *certificação ambiental* são terminologias empregadas para orientar consumidores

ou outros atores (governo, seguradoras, clientes, ONGs e acionistas) quanto a produtos com menor impacto ambiental e empresas que voluntariamente desenvolvem seu processo produtivo com o menor impacto ambiental possível e o melhor uso dos recursos naturais.

O conceito de *desempenho ambiental* está associado à identificação de eventuais efeitos ambientais decorrentes da produção e do consumo de um produto ou serviço (durante todo o ciclo de vida destes). Para tanto, foi implantado um conjunto de normas da série ISO 14000, em especial o grupo 14020, que dispõe sobre rotulagens ambientais, e o grupo 14040, que normatiza a avaliação do ciclo de vida do produto ou serviço (Brasil, 2016a). No aspecto da verificação e confiabilidade, no Brasil, o Programa de Proteção e Defesa do Consumidor (Procon), o Código de Defesa do Consumidor e o Conselho Nacional de Autorregulamentação Publicitária (Conar) exercem papel regulador sobre informações enganosas (Moura, 2013). Os rótulos ambientais podem receber diferentes designações: selo verde ou ecológico; declaração ambiental; rótulo ecológico; ecorrótulo, ecosselo; e etiqueta ecológica, sempre mostrados nas embalagens dos produtos para auxiliar na decisão de compra e alterar padrões de produção e consumo na direção da sustentabilidade.

Há programas de certificação que emitem selos ou rótulos atestando que os produtos utilizam matérias-primas certificadas, com informação ou rótulo para o consumidor e para sua área de negócio. Podemos dizer que o rótulo/selo ambiental, além de instrumento de comunicação, é uma ferramenta econômica que comprova processos produtivos de maior preservação ambiental. Nos produtos classificados como perigosos ou tóxicos, a rotulagem não é voluntária, e sim estabelecida por legislação específica, orientando quanto a uso, descarte, meios de transporte e segurança na estocagem e movimentação. Um exemplo é o Sistema de Avaliação de Segurança, Saúde, Meio Ambiente e Qualidade (SASSMAQ) da Abiquim, em vigor no Brasil desde 2001, que certifica a movimentação de produtos químicos.

Outro possível aspecto econômico da rotulagem é a atuação em nichos de mercado de produtos "verdes" ou ambientalmente amigáveis, demonstrando diferenciais competitivos em segmentos de mercado. Ao contrário do pressuposto de que processos menos poluentes apresentam custos maiores de investimento e de operação, Porter (1999) relata que organizações que revisaram seus processos para atender à legislação norte-americana (Resource Conservation and Recovery Act – RCRA) transformaram resíduos industriais em fonte de receita ou reduziram custos de processo. Mihelcic e Zimmermann (2012) criticam a engenharia que não busca a minimização de resíduos.

Os programas de rotulagem ambiental permitem identificar produtos com menor impacto ao meio ambiente e atendem aos princípios de desenvolvimento sustentável, *triple bottom line* e economia circular. Gueron (2003) aponta para a barreira no comércio internacional para produtos sem rótulos ambientais. Essa autora orienta que os países em desenvolvimento devem contar com sistemas (certificações ambientais) para evitar possíveis restrições comerciais. Moura (2013) aponta que a restrição no comércio internacional tem sido o maior motivador do setor produtivo brasileiro na busca por rótulos e certificações ambientais. Produtos como papel e celulose, os têxteis, couro e sapatos, todos necessitam de rotulagem ambiental para fechamento de negócios, forçando empresas brasileiras a adequar seus processos a padrões e exigências internacionais. A rotulagem ambiental implica análise do ciclo de vida dos produtos, redução de desperdícios, estímulo a vendas, maior competitividade e restrições comerciais. No mercado brasileiro, Moura (2013) indica que essa conscientização é restrita pela pouca divulgação ou pelos poucos esclarecimentos sobre processos e produtos ambientalmente amigáveis. Além do aspecto de preços relativos, essa questão é cultural e deve ser desenvolvida gradualmente.

⟫ Questões sobre o estudo de caso

1) Rotulagem e *certificação ambiental* são sinônimos?
2) Quais são as vantagens de obter um rótulo ambiental?
3) No texto, o que mais motiva a busca por rótulos ambientais por produtores brasileiros? Quanto ao mercado interno, o que é possível comentar?

⟫ Síntese

Neste capítulo, constatamos que a logística reversa apresenta-se, atualmente, como instrumento do desenvolvimento sustentável, razão pela qual as organizações têm feito uso desses processos em razão de três fatores motivadores: 1) atender a regulamentações governamentais ou privadas; 2) preservar a imagem institucional; e 3) evidenciar respeito ao socioambiental.

Também abordamos as legislações pertinentes ao meio ambiente, assim como os processos de certificação ambiental. Aprofundamos a análise sobre a legislação brasileira e a PNRS (Lei n. 12.305/2010), destacando os reflexos delas no cotidiano das organizações e os acordos setoriais com os representantes de setores produtivos para aplicação de processos logísticos reversos.

No entanto, a situação atual exige esforço e perseverança, tanto na vertente da educação ambiental e da comunicação social quanto no controle e na eventual punição de desvios comportamentais relativos à disposição de resíduos. Os planos de resíduos sólidos têm de ser elaborados, instrumentalizados e seguidos, e, no mesmo caminho, a efetivação dos acordos setoriais depende da discussão ampla e do consenso na consciência ambiental.

» Questões para revisão

1) Além do fator ambiental, o desenvolvimento de sistemas de logística reversa traz outros benefícios para as organizações. Sobre isso, analise os itens a seguir.
   I. Atendimento a regulamentações governamentais e privadas (certificações), permitindo manter ou abrir portas para negócios.
   II. Contribuição para uma imagem ambientalmente responsável diante do mercado e da sociedade.
   III. Redução contínua do custo operacional da organização.
   IV. Crescentes e contínuos custos adicionais, sem que haja a redução deles.
   V. Evidência de práticas de responsabilidade social.

   Agora, assinale a alternativa que apresenta somente os itens que beneficiam as empresas quando da adoção da logística reversa:
   a. I e II.
   b. II, III e IV.
   c. I, II e IV.
   d. I, II e V.
   e. II, III e IV.

2) Uma das bases da Lei n. 12.305/2010 é o desenvolvimento sustentável. Porém, outros princípios também se incorporam à PNRS. Na listagem seguinte, indique V para os itens que são contemplados na PNRS e F para os itens que não são contemplados nessa lei.
( ) Princípios da prevenção e da precaução.
( ) Princípios poluidor-pagador e protetor-recebedor.
( ) Ação conjunta do Poder Público e empresas, exceto da sociedade.
( ) Responsabilidade compartilhada pelo ciclo de vida dos produtos.
( ) Princípio da conservação da energia.

Agora, assinale a alternativa que apresenta a sequência correta:
a. V, V, F, F.
b. V, V, F, V.
c. V, F, F, V.
d. F, V, F, V.
e. F, F, F, V.

3) A PNRS definiu vários procedimentos a serem seguidos pelos atores envolvidos na gestão e na disposição dos resíduos sólidos. Sobre o tema, analise as afirmativas a seguir.
I. A gestão de resíduos deve incorporar todas as instâncias de governo, organizações e a sociedade civil organizada.
II. Nos processos de gestão de resíduos não são necessárias diferenciações regionais.
III. Os processos de gestão e seus dispositivos legais estabelecem apenas metas de longo prazo, em razão das dimensões continentais do país e das diferenças regionais.

IV. Um dos elementos básicos dos processos de gestão de resíduos é a participação das cooperativas de catadores.

V. Na PNRS, cabe ao setor empresarial operacionalizar processos de gestão de modo reduzir descartes e reaproveitar materiais por meio de sistemas de logística reversa.

Agora, assinale a alternativa que apresenta somente itens corretos:
a. I, II e III.
b. II, IV e V.
c. I, IV e V.
d. I, II e V.
e. II, III e IV.

4) Cite exemplos de produtos de seu cotidiano com rótulos ambientais, identificando qual organização faz uso deles, qual rótulo é apresentado e o foco de sustentabilidade do selo.

5) Como impactos ambientais podem influir nas legislações ambientais e por que diferentes países ou regiões econômicas utilizam instrumentos legais?

>>> **Para saber mais**

Na União Europeia, a Comissão Europeia (CE), ou European Commission (EC), propõe aos países-membros regulamentações e legislação de proteção ambiental, inclusive a gestão de resíduos de embalagem, tais como: a Waste Directive (de 1994), a Landfill Directive (de 1999) e, mais recentemente, a Waste Framework Directive (de 2008). Esta última diretiva incorporou o princípio poluidor-pagador e o princípio da responsabilidade compartilhada (*extended producer responsibility* – EPR). Para verificar o atendimento das metas propostas e dos instrumentos utilizados, acesse o sítio da EC:

EC – European Commission. Disponível em: <http://ec.europa.eu/environment/waste/framework/>. Acesso em:25 abr. 2019.

Quanto às certificações privadas, recomendamos a leitura da dissertação de mestrado de Ana Luisa Guéron, na qual a autora analisou as iniciativas ambientais mundiais de rotulagem de produtos e a certificação ambiental:

GUÉRON, A. L. **Rotulagem e certificação ambiental**: uma base para subsidiar a análise da certificação florestal no Brasil. Dissertação (Mestrado em Ciências) – Universidade Federal do Rio de Janeiro, Rio de Janeiro, 2003. Disponível em: <http://antigo.ppe.ufrj.br/ppe/production/tesis/algueron.pdf>. Acesso em: 24 abr. 2019.

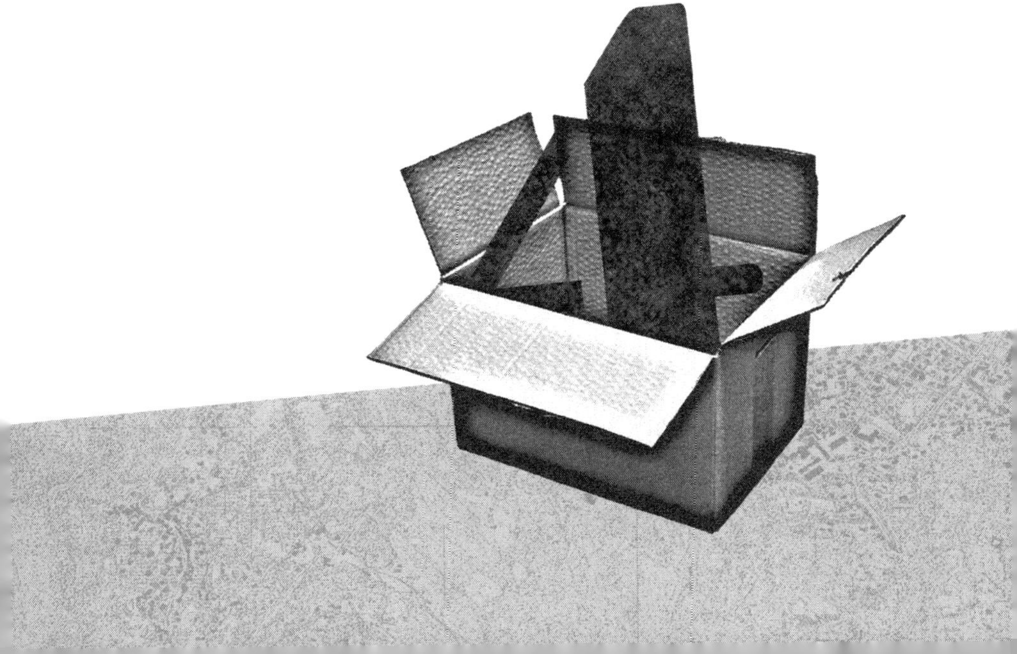

PLANE- JAMENTO DA LO- GÍSTICA REVERSA

»» Conteúdos do capítulo:

- » Vantagens da logística reversa para as organizações.
- » Práticas de planejamento empresarial e seu rebatimento nos canais reversos.
- » Reflexos dessas práticas no atendimento dos agentes e nos mercados de materiais recuperados ou reciclados.
- » Efeito das características dos materiais em movimentação nos canais reversos.
- » Técnicas de gestão avançadas nos canais reversos.

»» Após o estudo deste capítulo, você será capaz de:

1) entender o papel e a evolução das inovações tecnológicas dos produtos e das tendências de consumo no ciclo de vida dos produtos e nas formas de relacionamento nas áreas de vendas quando da implantação de procedimentos eletrônicos;
2) demonstrar a complexidade dos canais reversos pela diversidade de materiais, volumes, fluxos, origens e destinos;
3) aplicar práticas organizacionais de planejamento aos processos de gestão da logística reversa e contribuir para o sucesso desses negócios na relação conjunta à atividade-fim das organizações;
4) identificar os papéis dos atores e as práticas de gestão dos canais reversos de recuperação de materiais na caracterização por tipo de reciclagem, de oferta, de demanda e de mão de obra diferenciada;
5) compreender as bases para elaboração de estudos de viabilidades econômica, ambiental e social dos processos de reciclagem com base no diagnóstico de suas cadeias logísticas.

O desenvolvimento de novas tecnologias e tendências de consumo e o encurtamento da vida útil dos produtos têm impactado os negócios nas mais diversas áreas. Para os consumidores, surgem novas opções de compra e modos de relacionamento com os locais de venda, os quais se mostram cada vez menos físicos.

Nesse sentido, a logística reversa – considerada sua tipologia básica de pós-consumo e de pós-venda – objetiva a destinação ambientalmente adequada dos materiais descartados com movimentações reversas para o reúso, a remodelação ou a reciclagem, a fim de que eles retornem aos mercados com base nos princípios de sustentabilidade econômica, ambiental e social. Levando em conta a diversidade dos materiais e os inúmeros pontos de origem destes, muitas vezes, milhares de consumidores fazem com que a complexidade da logística reversa exija processos sofisticados e abrangentes de planejamento e gestão.

» Contexto e vantagens da logística reversa

Os serviços logísticos, ou seja, referentes à movimentação de materiais com gestão de fluxos físicos e de informações entre os elos das cadeias de suprimentos, vêm passando por mudanças significativas em razão dos impactos da globalização das economias, do avanço e do barateamento das tecnologias de informação, do incremento de legislações regulamentadoras e formas de controle e da fiscalização, em atendimento a uma maior conscientização ambiental da sociedade (Robles, 2016).

Nesse cenário complexo, a logística reversa trabalha a gestão de fluxos inversos de materiais que, antes considerados não aproveitáveis, agora passam a ser recursos a recuperar e valorar (Dyckhoff; Lackes; Reese, 2004).

Harrington (2006) apontou que, neste século XXI, cada vez mais as empresas reconhecem como essenciais na logística reversa as etapas de coleta, de estocagem e de redestinação de itens descartados. Essa complexidade é tão ampla quanto a diversidade de materiais, contexto em razão do qual observamos formatação especializada de canais reversos segundo o tipo de material presente.

Ilgin e Gupta (2013) esclarecem que a logística reversa também se justifica pela necessidade de recuperação de produtos ao final de sua vida útil para eventuais reparos ou ao final de um período de aluguel e permissão de uso. Em uma visão mais abrangente, esses autores indicam como fatores intervenientes e justificativos o esgotamento dos aterros sanitários e de matérias-primas naturais, bem como os impactos sobre o meio ambiente, como o aquecimento global. Além disso, a regulamentação tem feito com que produtores se responsabilizem pelos produtos ao final da respectiva vida útil. Outro ponto importante é a intensificação do comércio eletrônico e das políticas de devolução para atrair clientes.

Por outro lado, tem havido a valorização de materiais descartados e a constituição de mercados reais para o aproveitamento daqueles, conforme também mostramos no Capítulo 2, o que faz com que a logística reversa passe de "apenas" uma obrigação legal e ambiental para um **alicerce de negócios efetivos**, com inúmeros agentes envolvidos e alta sofisticação na disposição adequada de materiais descartados.

O projeto e o funcionamento das cadeias reversas devem considerar o tipo de material a ser reciclado, o transporte e a seleção de tipos de produtos usados, a avaliação e escolha de prestadores de serviço, a separação de componentes, as possibilidades de remanufatura e a revenda, mensurando-se o desempenho e optando por processos de reciclagem de menor impacto ambiental. Essa configuração parte do pressuposto de sustentabilidade econômica, tanto para a venda dos materiais transformados quanto para a redução de custos de sua disposição.

Robinson (2015) aponta que, no mercado de peças automotivas remanufaturadas dos Estados Unidos, em 2011, conforme o Remanufacturing Industrial Council International, 70% a 90% dos itens de segunda mão comercializados são remanufaturadas, contexto no qual peças retiradas de serviço por algum defeito são coletadas e enviadas aos fabricantes ou centros de remanufatura para reparo e recomercialização em processos de gestão ágeis.

Robinson (2015), além disso, dá o exemplo de um fabricante de motores diesel que incentiva financeiramente seus 31 distribuidores regionais a prestar assistência técnica relativa a seus produtos, bem como a coletar e retornar produtos com defeitos. Após a recuperação das peças, o mercado de segunda mão é comunicado eletronicamente em um ciclo logístico segundo o qual peças novas e recuperadas são entregues, e as defeituosas são coletadas por um prestador de serviços logísticos terceirizado, buscando redução de custos pelo melhor aproveitamento dos meios de transporte e de áreas de armazenagem.

Destacamos ainda, os canais logísticos reversos criados em consequência do volume grande de retornos e custos no comércio eletrônico (*e-commerce*). Robinson (2014b) registra que a quantidade desses retornos costuma ser maior que o imaginado, com estimativas, nos Estados Unidos, que variam de 3% a 50% e, dependendo da área de negócio, com custos que representam de 3% a 5% da receita total.

Leite (2003) indica que, com a expansão desse tipo de comércio em âmbito global, os retornos por não conformidades às expectativas do consumidor podem chegar de 25% a 30% das vendas. Diferentemente do processo logístico tradicional com embalagens unitizadas e movimentadas em paletes, com clientela e demanda mais estável e previsível, o *e-commerce*, como canal de venda direta, utiliza embalagens individuais, uma demanda pouco estável e de difícil previsão, exigindo processos logísticos dedicados (Leite, 2003).

Robles (2016) destaca que a expansão do *e-commerce*, além de alterar a forma pela qual as pessoas compram produtos, agilizou os processamentos decorrentes e, em razão do rastreamento eletrônico, tem exigido dos varejistas maior atenção às movimentações dos produtos. Além disso, nesse contexto, é preciso manejar maior quantidade de informações em tempo real na prestação de serviços aos clientes e no controle do retorno de produtos.

Icenhour (2014) afirma que a integração da logística reversa à gestão de cadeias de suprimento possibilita às organizações atenderem a objetivos de desenvolvimento sustentável, ao mesmo tempo que viabiliza ganhos de custos e de geração de receitas, materializando vantagens competitivas para a atuação nos mercados. Essa vantagem será resultante de uma abordagem ambiental responsável, do atendimento proativo da legislação, da manutenção da reputação e da resposta positiva às expectativas dos consumidores.

Dessa forma, uma das vantagens oferecidas pela logística reversa é a **melhoria das condições ambientais**, pois materiais antes desperdiçados e dispostos de forma inadequada na natureza passam a ser reaproveitados por meio da reciclagem e da adoção de processos produtivos menos impactantes, reduzindo a demanda de recursos naturais. Dowlatshahi (2005) ressalta que os processos da logística reversa passam a remover do meio ambiente substâncias que podem comprometer a camada de ozônio e, também, aquelas que se mostram tóxicas à saúde humana.

Outra vantagem é o **fator econômico**, uma vez que utilizam-se matérias-primas recicladas em processos produtivos de menor custo e propiciam-se novos postos de trabalho. Porter (1999) alertou que a não consideração da questão ambiental poderia levar à ineficiência e ao desperdício de recursos e, necessariamente, a custos que devem ser repassados para os consumidores. No caso de um concorrente operar com custos menores, a organização ineficiente perderá mercado. Em resumo, práticas de logística reversa devem ser aderentes a critérios econômicos e ambientais, trazendo benefício para organizações, consumidores e meio ambiente.

Robinson (2014a) destaca três vantagens básicas dos programas de gestão de logística reversa:

» **Aumento da satisfação do cliente**: os serviços logísticos buscam a satisfação dos clientes antes, durante e após a entrega. Um cliente satisfeito, com expectativas atendidas ou superadas, permanece leal ao seu fornecedor, mantendo novos pedidos. Por outro lado, o cliente insatisfeito repercute seu descontentamento a muitos outros, principalmente com o uso disseminado de recursos da tecnologia da informação, bastante populares em redes de relacionamento (Robinson, 2014a). A substituição ou a coleta de produtos rejeitados em tempo hábil são fatores de satisfação e retenção de clientes.

» **Redução do custo total:** a logística reversa, em alguns setores tem maior impacto que em outros, principalmente naqueles em que os produtos retornados podem ser reciclados ou remanufaturados, como para as peças automotivas (Robinson, 2015).
» **Aumento do retorno de ativos:** melhorias nos ganhos advindos de reposições podem resultar em lucros. Essas melhorias, em geral, estão relacionadas com o valor da mercadoria retornada, que, comercializada por diferentes meios, representa ganho na revenda, qualquer que seja sua condição, se comparado com o valor de descarte, que pode representar custo e, certamente, não produz nenhum ganho. Mercadorias devolvidas implicam necessidade de transporte, utilização de áreas para armazenamento e sistemas de manutenção e controle, ou seja, custos que podem ser reduzidos e eliminados com a logística reversa (Robinson, 2014a).

Além da redução de custos

Os benefícios da gestão da logística reversa não se restringem à redução dos custos. Há também ganhos na disposição de materiais e no bom funcionamento destes, na fidelização de clientes e na proteção da marca. Independentemente do setor e do tamanho da organização, Robinson (2014b) considera também os seguintes os benefícios:

» redução de custos administrativos, de transporte e de apoio pós-venda;
» aumento da velocidade de despacho;
» aumento da participação de mercado;

» maior atendimento a objetivos ambientais;
» melhor prestação de serviços aos clientes e maior fidelização destes;
» recuperação do capital investido em ativos.

O que considerar no preparo das cadeias reversas?

Dowlatshahi (2005) propõe que sejam considerados no projeto e na operacionalização de cadeias reversas os seguintes fatores:

» **Custos de desenvolvimento e da infraestrutura de funcionamento**: aqui, vale reiterar que produtos retornados no pós-venda e no pós-consumo apresentam enfoques diferentes. Os de pós-venda precisam ser tratados de modo que não sejam danificados e, assim, depreciados, na medida em que podem voltar aos canais de vendas primários ou secundários (mercados de segunda mão), reduzindo perdas. No caso dos materiais de pós-consumo, na fase inicial dos canais reversos, são coletados, tratados e movimentados como sucata, para posterior transformação em processos tradicionais (siderurgia, fundição) ou de elevada tecnologia ou custo. Essa transformação deve levar em conta os volumes de produtos, os eventuais impactos ambientais e a toxidez à saúde humana, caso dos resíduos eletroeletrônicos (REEE). Os processos de movimentação e de recuperação são diferentes para cada tipo de mercadoria da cadeia reversa. A análise de cada situação, segundo Dowlatshahi (2005), é fundamental para o funcionamento cadeia reversa. Robinson (2014b) exemplifica: uso de contentores plásticos retornáveis* por empresa norte-americana do setor de autopeças remanufaturadas com intuito de reduzir custos. Os contentores funcionam em ciclos contínuos de utilização dos centros de coleta ao centro de recuperação, no qual são separados e aproveitados, e também nas movimentações internas e no transporte aos centros de venda. Trata-se do princípio comum da utilização de embalagens retornáveis: redução de custos e praticidade pela eliminação de ações de descarga e carga de embalagens.

» **Igual qualidade entre os materiais reciclados/recuperados e as matérias-primas:** a qualidade dos materiais recuperados é importante para a cadeia reversa, razão pela qual se busca a similaridade com matérias-primas virgens, a fim de que não ocorra comprometimento do processo produtivo e de seus itens (Dowlatshahi, 2005).

» **Igual atendimento a consumidores/clientes dos itens reprocessados e aos participantes da cadeia de distribuição direta:** o nível de atendimento aos interessados nos materiais reciclados/recuperados deve ser o mesmo dado à qualidade, uma vez que o sistema logístico reverso deve atender aos critérios da logística direta, quais sejam, tempo, lugar, preço, quantidade, serviço e qualidade corretos. Desse modo, no planejamento da logística reversa deve considerar-se a satisfação e o atendimento das necessidades do cliente com expedições ágeis e confiáveis, buscando-se os diferenciais competitivos do sistema logístico reverso (Dowlatshahi, 2005).

» **Fatores ambientais e legais:** o fator ambiental é intrínseco à logística reversa e deve atender às legislações que

---

* No setor automotivo, é comum o uso de contentores plásticos (*racks*), ou seja, engradados ou caixas para movimentação de peças e componentes e disposição nas linhas de montagem.

regulamentam o assunto (ver Capítulo 3). Diversos autores citados ao longo desta obra (Giuntinu; Andel, 1995; Rogers; Tibben-Lembke, 1999; Leite, 2003; Brito; Dekker, 2004; Blumberg, 2005) são unânimes quanto à ênfase do atendimento e à influência da legislação sobre o desenvolvimento dos canais reversos.

Como planejar a operação de logística reversa

O planejamento da logística reversa deve considerar as características de seu segmento industrial (Hawks, 2006). O Quadro 4.1 apresenta uma comparação entre as etapas dos processos de logística reversa nos setores de latas de alumínio, de garrafas PET e de REEE. As latas de alumínio e as garrafas PET passam por um processo relativamente simples, haja vista sua relativa homogeneidade, ou seja: coleta, consolidação, transformação por prensagem mecânica, remoção de contaminantes e fundição para recuperação e destinação dos materiais a setores produtivos consumidores.

Por outro lado, os REEE, que apresentam multiplicidade de componentes metálicos em quantidades pequenas, exigem, então, processos de separação prévia de outros componentes (plásticos, vidro etc.) para posterior recuperação dos materiais metálicos, muitas vezes, raros e de alto custo.[*]

---

[*] Ver estudo da United Nations Environmental Programme (Unep), intitulado *Sustainable innovation and technology transfer industrial sector studies – recycling from e-waste to resources* (Unep, 2009).

» **Quadro 4.1** – Etapas dos processos de logística reversa de latas de alumínio, garrafas PET e REEE

Rede reversa de latas de alumínio	Rede reversa de garrafas PET	Rede reversa de REEE
» Coleta (coleta seletiva, cooperativas de catadores ou indivíduos) » Prensagem na forma de fardos (adensamento) e comercialização » Nova comercialização com centros concentradores » Transporte dos fardos para centros de reciclagem » Limpeza da sucata (remoção de verniz, tinta e óleo) e fundição em lingotes » Laminação dos lingotes em placas e bobinas » Produção de novas latas » Transporte para as fábricas de bebidas (envase) » Distribuição para as centrais de venda e retalhistas, em ciclo infindável	» Desmonte dos fardos (esteiras) » Alimentação em peneira rotativa e lavagem da sucata » Remoção de outras resinas [PVC (rótulos/tampa), Polietileno (selagem)] » Separação de outros plásticos presentes em esteira » Moagem e remoção da água » Lavagem em tanques, com uso de auxiliares químicos » Moagem (ajuste de granulometria) » Lavagem final » Secagem e armazenamento » Embalagem (*big bags*) » Venda e transporte para as indústrias de transformação	» Coleta » Separação » Desmanche » Pré-processamento (*): separação de materiais, desmonte e prensagem » Processamento final: específico aos materiais presentes, exigindo tecnologias diferenciadas devido a impactos ambientais

Fonte: Elaborado com base em Abal, 2019b; Abipet, 2012a; e Unep, 2009.

Mercados, ou seja, práticas e agentes de oferta e demanda de produtos reciclados, são primariamente organizados com base na viabilidade econômica e na remuneração dos envolvidos. Nesse sentido, Hawks (2006) considera que setores com custos de funcionamento impactados pelos de utilização de materiais de retorno dedicam-se a aprimorar a gestão de logística reversa* para otimizar a lucratividade.

Um setor característico de práticas de logística reversa é o da indústria editorial, conforme indicam Rogers e Tibben-Lembke (1999); Leite (2003); Blumberg (2005); Hawks (2006). Nesse setor é fundamental o controle de retornos, que se mostram constantes e cujo volume é significativo. No segmento de jornais e revistas, a atividade representa custo, e algumas editoras estenderam sua atuação de distribuição e coleta para formação de empresas de prestação de serviços logísticos a outras empresas**. A indústria de computadores, segundo Hawks (2006), é outro exemplo de setor com retornos significativos e de ciclo de vida dos produtos reduzido, o que faz com que a gestão de logística reversa seja crítica.

Outro fator a considerar no planejamento da logística reversa, conforme indica Kottala (2015), é a infraestrutura, com a consequente alocação dos recursos, em razão da incerteza de disponibilidade e da variedade dos materiais da cadeia reversa. Essas incertezas foram classificadas por Jun e Kim (2006) como:

» tempo de retorno do produto;
» qualidade do produto devolvido e consequente viabilidade de comercialização;
» componentes presentes no produto devolvido;
» localização dos produtos em devolução;
» volume (quantidade) recuperado.

---

* No Brasil, o exemplo mais claro é o das latas de alumínio, cuja recuperação do produto é quase total e cujo sistema reverso desenvolvido é bem-sucedido. Uma das motivações é a redução dos custos de materiais e de consumo de energia elétrica com a utilização das latas recuperadas e transformadas.
** Um exemplo é a Total Express, empresa de logística ligada ao grupo da Editora Abril. Visite o sítio da empresa em: <http://www.totalexpress.com.br/>.

Bai e Sarkis (2013) recomendam, para lidar com essas incertezas, cadeias logísticas flexíveis, considerando para os produtos projetos organizacionais com essa condição. Os sistemas de coleta seletiva vão nessa direção quando separam produtos orgânicos dos recicláveis: estes podem ser encaminhados a cooperativas para passar por separação básica e ser encaminhados aos canais de reciclagem e reaproveitamento.

Iliev (2017) sustenta que a disseminação e o barateamento da tecnologia têm impactado as organizações e que, na logística reversa, a tecnologia da informação (TI) é fundamental, uma vez que se deve lidar com movimentações de retornos ou sobras de produtos, cuja execução acontece pela disponibilização de aplicativos que permitam estabelecer o melhor destino para um item (remodelação, reencaminhamento, liquidação, sucateamento), em comparação com seu retorno para estocagem ou até destinação a um aterro sanitário. Outros aplicativos permitem gerenciar retornos *on-line*, facilitando as devoluções pelos consumidores, e optar pela melhor forma de movimentação reversa.

Observamos que as cadeias da logística reversa tornam-se a cada dia mais complexas. Empresas que atuam na área logística passaram a dar importância aos canais reversos, e outras foram criadas para atuar exclusivamente nesse setor (Blumberg, 2005). Sua complexidade tem se refletido no aprimoramento de seus processos de gestão (Dowlatshahi, 2005; Rupnow, 2008; Gupta, 2013; Robinson, 2014a; Robinson, 2014b; Iliev, 2017).

Xavier e Corrêa (2013) comparam a situação brasileira na área de logística reversa com a da logística direta e enfatizam que, diferentemente de vários casos de logística direta, na logística reversa, clientes e fornecedores ainda não se encontram estabelecidos ou atuando de forma colaborativa. Assim, a identificação, a contratação e a capacitação de possíveis parceiros na estruturação de cadeias reversas é uma etapa preliminar do processo de planejamento. Da mesma forma, é preciso definir para produtos (setores) específicos:

» a frequência e a estimativa de descartes e os volumes por tipo de produto;
» os volumes mínimos a serem coletados e sua frequência;
» as rotas e os modais de transporte na coleta dos produtos ou itens pós-consumo;
» as etapas de pré-processamento, como triagem ou desmontagem (total/parcial);
» as necessidades de pontos de transbordo;
» as parcerias para redução dos custos ou dos tempos de processamento;
» os procedimentos de destino dos materiais recuperados.

Devemos ter claro qual é o produto (setor) de atuação e quais são suas características principais. Os passos propostos por Xavier e Corrêa (2013) têm similaridade com os apontados por Blumberg (2005) (ver Quadro 2.7) e servem de base para a estimativa da viabilidade econômica dos canais reversos. Nesse sentido, a coleta é básica no processo reverso, sendo responsável pelos maiores custos, além de influir nas despesas posteriores de processamento para reaproveitamento do material (pela qualidade do material disponibilizado).

Na etapa da coleta, conforme apontam Xavier e Corrêa (2013), ainda que as entregas voluntárias tenham custos menores, é preciso considerar as formas de incentivo para essas entregas, a localização dos pontos de coleta e as respectivas áreas de abrangência que podem resultar em custos maiores.

Com relação ao mercado brasileiro, Xavier e Corrêa (2013), em consonância ao já exposto no Capítulo 2, destacam quatro canais:

1) **Pós-consumo com origem no consumidor:** o material vem em bolsas com os resíduos, muitas vezes com materiais misturados, que necessitam ser selecionados e separados com custos decorrentes. Outra consideração é a relação entre volumes (embalagens) de movimentação e custos de transporte.
2) **Pós-consumo com origem no fabricante:** utilizado por empresas que praticam aluguel e comodato de seus produtos e os revendem após manutenção. Essa logística faz parte do negócio, e os clientes exigem pronta retirada e eventual substituição de produtos (equipamentos).
3) **Pós-venda:** bens devolvidos aos fabricantes (os motivos já foram apresentados no Capítulo 2). Os fabricantes executam triagem, destinação e, possivelmente, revenda com ou sem a desmontagem do produto.
4) **Assistência técnica:** fabricantes credenciam uma rede assistência técnica para a revenda de seus produtos, que passam por remanufatura e são entregues com garantias.

Hawks (2006) enfatizou que a logística reversa é um processo que exige melhorias constantes e necessidade permanente de:

» **Agilizar os procedimentos para retorno dos materiais:** quanto mais rápido o material recuperado for movimentado na cadeia reversa, mais rapidamente ele será recomercializado, com menor desvalorização, contribuindo para os resultados da organização, como citado por Robinson (2014a; 2014b).

» **Movimentar os materiais em recuperação, antecipando a próxima etapa:** incorporar às etapas atividades que facilitem o processo posterior. Por exemplo, separação, seleção, enfardamento, moagem etc.

» **Integrar os canais de distribuição direto e reverso:** é fundamental no comércio eletrônico (*e-commerce*), tendo em vista o significativo volume dos retornos e as características da clientela e da demanda (Leite, 2003; Robinson, 2014a; Robinson, 2014b; Robles, 2016).

» **Fazer uso de *softwares* de apoio a melhorias:** Hawks (2006) aponta, como exemplos, investimentos em pontos de venda com o uso de código de barras, monitoramento remoto de retornos e movimentações de estoque, por meio do intercâmbio eletrônico de dados (EDI) e de tecnologias de rádio frequência (RF). Robles (2016) registra essa tendência para o encurtamento do tempo (*lead time*) entre o pedido de compra e a entrega do produto.

» **Conciliar incentivos financeiros com melhorias no processo:** também apontado por Robinson (2014a).

Nessas condições, como deve acontecer o planejamento da logística reversa, tanto a de pós-consumo quanto a de pós-venda? A resposta imediata é a adaptação à logística reversa das ferramentas existentes de planejamento estratégico, conforme evidenciaremos a seguir.

» O papel do planejamento empresarial e seu rebatimento na logística reversa

O planejamento empresarial, ou estratégico, já há muito tempo tem se apresentado nas organizações como ferramenta essencial para lidar com a intensidade das mudanças do ambiente empresarial. Fischmann e Almeida (1990) assim definiram *planejamento estratégico*:

> *Técnica administrativa que, por meio da análise do ambiente de uma organização, cria consciência das suas oportunidades e ameaças, dos seus pontos fortes e fracos para o cumprimento da sua missão e, por esta consciência, estabelece o propósito de direção que a organização deverá seguir para aproveitar as oportunidades e evitar riscos.*

Novas tecnologias, novas concorrências, grandes mudanças nos custos e outras transformações irreversíveis, como a globalização e a preocupação com o meio ambiente, têm exigido das organizações um tipo diferente de planejamento estratégico, que envolve a formulação da visão do negócio e do ambiente competitivo no futuro e a decisão sobre providências a serem tomadas no curto prazo. O foco desviou-se do longo prazo para a implementação de planos de ação para resultados de curto prazo como base para o aprimoramento do plano estratégico (Ponce; Robles, 1998).

As organizações têm estabelecido objetivos, planos, políticas, procedimentos, estratégias e táticas para organizar, gerenciar e controlar suas atividades, motivando colaboradores e comunicando-se interna e externamente. Planejar é básico, e a capacitação para fazê-lo é requisito fundamental aos gerentes de qualquer organização. *Planejar* é assegurar a futuridade das ações presentes e voltar a organização para fora e para o futuro, tendo sua expressão em um plano de negócios (Robles, 2016).

Kotler (1995) define um plano do negócio pelo atendimento a três propósitos. Primeiro, desenvolve e comunica uma estratégia de ação para todos os níveis da administração. Segundo, serve de base e justifica a elaboração do orçamento (plano de curto prazo). Terceiro, fornece um instrumento para acompanhar o andamento das atividades e o atendimento a objetivos e metas com eventuais correções de cursos de ação.

Os planos empresariais apresentam uma **hierarquia** – desde o plano global da organização até os planos anuais de ações –, entre os quais se destaca, no campo financeiro, o orçamento anual. Horizontes de tempo dos planos empresariais dependem do tipo de organização, mas, em geral, planos "estratégicos", "corporativos" ou "empresariais" são para médio e longo prazos, estabelecendo diretrizes mais permanentes aos negócios. Os planos de curto prazo são, geralmente, definidos para tempos reduzidos e contemplam operações correntes do dia a dia.

Devemos considerar sempre as duas faces da ação organizacional: o **planejamento** e o **controle**, que devem ser trabalhadas em conjunto. Planejar e não controlar é um desperdício de energia e confronta a essência permanente do planejamento. Controlar sem planejar, por sua vez, é uma atividade inócua para as organizações e irritante para os envolvidos.

Planejar, como dissemos, é fazer com que a empresa se volte para fora (mercado, concorrência, governo etc.) e para o futuro (tendências e perspectivas identificadas), estabelecendo planos, objetivos e metas, partindo das reais possibilidades e da potencialidade de concretização. Para tanto, uma das técnicas mais utilizadas é a da Análise PFOA (potencialidades, fraquezas, oportunidades e ameaças) ou, em inglês, SWOT Analysis *(strengths, weaknesses, opportunities and threats)*, utilizada para analisar e diagnosticar os ambientes interno e externo das organizações, conforme ilustra a Figura 4.1, a seguir.

» **Figura 4.1** – Análise PFOA – Configuração básica

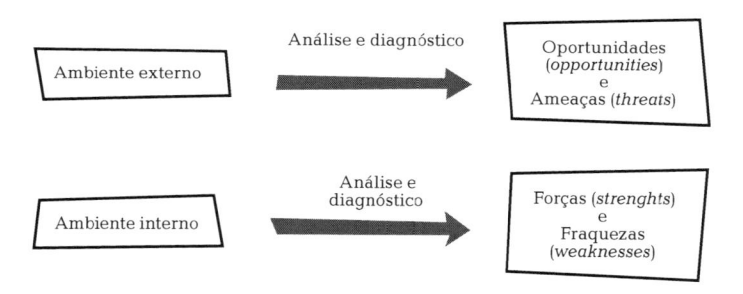

Ambiente externo	Análise e diagnóstico →	Oportunidades (*opportunities*) e Ameaças (*threats*)
Ambiente interno	Análise e diagnóstico →	Forças (*strenghts*) e Fraquezas (*weaknesses*)

Fonte: Elaborado com base em Campomar, 1983.

Hill e Westbrook (1997) declaram que a Análise PFOA tem origem associada a estudos da Harvard Business School nos anos 1960, especialmente os do Prof. Kenneth Andrews, os quais apontavam que uma estratégia, para ser bem-sucedida, deveria adequar-se às situações que a organização enfrenta externamente (oportunidades e ameaças), considerando suas características e qualidades internas (forças e fraquezas).

O processo de planejamento deve envolver toda a organização, e, em geral, a elaboração do documento final do plano é de responsabilidade de determinada área. Devemos lembrar a máxima: "Planeja quem executa", e a participação dos envolvidos contribui para o envolvimento e a motivação em direção ao atendimento dos objetivos e das metas fixados.

››› Um modelo de desenvolvimento de planos empresariais

Campomar (1983) desenvolveu uma metodologia de desenvolvimento de planos de *marketing* com base nos passos básicos da Análise PFOA, resumindo a elaboração de planos nas seguintes partes:

I. Análise da situação
I.1 Análise interna
I.2 Análise externa
I.3 Diagnóstico dos ambientes
I.4 Ameaças e oportunidades
II. Objetivos
III. Programas de ação
IV. Controle

I. Análise de situação

A análise de situação objetiva diagnosticar o que está acontecendo nos ambientes empresariais e propor ações relativas a situações previstas. Ela utiliza informações internas e externas, as mais completas possíveis, e deve contemplar os seguintes itens:

I.1 Análise interna
a. Características da organização e suas políticas gerais:
   » Estrutura da organização
   » Tamanho
   » Definições estratégicas da organização e seus objetivos
   » Missão (ou ideais) da organização
   » Cultura e clima organizacional
b. Produto ou serviço:
   » Descrição (composição, *design*, marca)
   » Finalidades (uso)
   » Qualidade, vantagens oferecidas
   » Embalagens
   » Atributos e benefícios mais importantes
   » Apoio complementar (assistência técnica, atendimento ao consumidor etc.)
c. Planos existentes em andamento:
   » Descrição dos objetivos vigentes e estratégias para alcançá-los
   » Políticas vigentes (programas de ação)
   » Resultados alcançados
d. Fatores referentes a custo e lucro e indicadores de desempenho:
   » Evolução dos últimos anos da conta de lucros e perdas
   » Análise do ponto de equilíbrio
   » Indicadores de relação entre recursos empregados e retorno

I.2 Análise externa

a. Cliente e usuários:
   » Quem são (características dos consumidores/cliente: quanto compra, quando compra)
   » Onde estão localizados
   » Comportamentos de compra (o que e como compra; quem toma a decisão de compra; quem influencia; quem compra; quem usa)
   » Comportamento (atitudes, necessidades, desejos)
   » Opiniões (o que esperam dos produtos/serviços; por que razões não compram; como usam e graus de satisfação)
   » Locais de compra

b. Levantamento dos setores adequados de mercado:
   » Identificação dos segmentos em relação às classificações dos produtos (geográficos, demográficos, psicográficos e comportamentais) etc.
   » Tamanho dos segmentos em unidades ou valores
   » Participação dos concorrentes
   » Características dos concorrentes
   » Evolução dos mercados (últimos 12 meses, no mínimo)
   » Evolução das participações dos componentes desse mercado

c. Condições ambientais:
   » Situação econômica do mercado e possíveis mudanças
   » Situação social e possíveis mudança
   » Tecnologia e possíveis tendências
   » Tendências demográficas
   » Oportunidades para os produtos da organização em outros países
   » Legislação e suas variações
   » Aspectos culturais e possíveis mudanças

d. Estratégias e atividades dos concorrentes:
» Características básicas (porte, participação no mercado: áreas, segmentos, evolução dos mercados)
» Identificação das principais estratégias dos concorrentes
» Identificação dos enfoques com relação ao mercado
» Identificação das imagens dos concorrentes
» Características dos programas de ação dos concorrentes
» Identificação dos resultados obtidos

I.3 Diagnóstico dos ambientes

A análise das informações coletadas servirá de base para os diagnósticos ambientais, que devem ser discutidos e apresentados pelo grupo responsável pela coleta de informações, sendo resultado de consenso entre os participantes do processo de planejamento.

Situações **favoráveis** são as que, potencialmente, beneficiam a organização, desde que aproveitadas, logicamente. As situações **desfavoráveis** devem ser enunciadas corretamente e especificadas com o maior detalhe possível, distinguindo-se causas de sintomas. Campomar (1983) propõe que cada uma delas seja testada com base na pergunta: "O que na análise da situação prova que esta é realmente desfavorável à organização?".

Os pontos fortes e fracos da organização são identificados na análise de seus elementos internos e demonstram, absoluta e relativamente, qual é a situação da organização, de acordo com suas características e qualidades, em relação à competição no ambiente de mercado.

I.4 Oportunidades e ameaças

O modelo de Campomar (1983) propõe que as oportunidades sejam resultado da junção de uma situação favorável com um ponto forte da organização e que a identificação e o aproveitamento delas aconteça por meio do desenvolvimento de ações gerenciais efetivas. Uma situação desfavorável e um ponto fraco representam uma ameaça, ou seja, um problema que a organização deve resolver, o qual, se bem definido, tem maior chance de ser solucionado. Outras combinações possíveis entre "situações favoráveis *versus* pontos fracos" e "situações desfavoráveis *versus* pontos fortes" devem também ser analisadas para identificar possibilidades de aproveitamento de oportunidades e de redução das ameaças (problemas) identificadas.

II. Objetivos

O diagnóstico das oportunidades e ameaças à organização no presente e no futuro identifica seus limites e, assim, estabelece objetivos (quantificados e/ou cronogramados) e metas. Os objetivos devem ser específicos, mensuráveis, realísticos, desafiadores, harmoniosos e fixados com o acordo e o conhecimento dos responsáveis pelo seu atendimento. As metas são expressas em indicadores, os quais, além de comunicados, devem ter sua forma de cálculo e fontes de dados primários estabelecidas. Da mesma forma, elas devem estar contempladas no sistema de informações gerenciais (SIG) da organização.

III. Programas de ação

Os programas de ação explicitam a materialização das ações para atendimento de objetivos e metas, especificando providências, prioridades e responsáveis. Programas de ação devem incorporar-se à matriz 5W2H, definindo: "O que (**W**hat) será feito?"; "Por que (**W**hy) será implantado?"; "Quem (**W**ho) é o responsável pela ação?"; "Onde (**W**here) será executado?";

"Quando (**W**hen) será implantado (prazos)?"; "Como (**H**ow) será conduzido?"; "Quanto (**H**ow much) vai custar a implantação?" (Nakagawa, 2019).

IV. Controle

O plano deve conter as formas e os procedimentos de controle, que se fundamenta nas metas quantificadas em indicadores e na comparação com a efetiva realização, ou seja, planejado *versus* realizado. Dessa forma, com base nas informações geradas no SIG da organização, as variações entre *previsto* e *realizado* devem ser explicadas tanto quando abaixo do estimado quanto quando acima, as causas devem ser determinadas e as ações devem ser especificadas para eventuais correções ou aproveitamento de fatos positivos. Nesse sentido, o controle deve especificar:

a. quais informações de *feedback* devem ser prestadas periodicamente a cada responsável na comparação entre resultados reais alcançados e previstos;
b. com que frequência essa prestação ocorrerá, para quem (níveis hierárquicos), quando (datas e períodos de referência), como (locais, meios de comunicação, quem).

O planejamento estratégico ou empresarial vai além de um processo formal ou de uma ferramenta de apoio à decisão, uma vez que é um instrumento gerencial imprescindível às atividades das organizações. Como pontuou o filósofo latino Sêneca:

"Se um homem não sabe a que porto se dirige, nenhum vento lhe será favorável". Frase atribuída ao filósofo Lucius Annaeus Sêneca – 4 a.C.-65 d.C.)

O mesmo acontece nas organizações, principalmente em setores mais recentes e complexos como o de logística reversa. Aqui, abordamos o planejamento na logística reversa sob dois pontos de vista: 1) a logística reversa como uma atividade operacional exercida em função de exigências legais e de mercado; e 2) o da logística reversa como negócio principal, ou seja, cuja fonte de receitas e despesas é a gestão de fluxos reversos de materiais.

» O planejamento estratégico na logística reversa e a influência dos acordos setoriais

O planejamento, como vimos, parte da análise dos ambientes de atuação da organização. O diagnóstico do planejamento, vale dizer, serve de base para a fixação de objetivos e metas, especificando planos de ação para atendê-los e implantando formas e procedimentos de controle dos resultados reais em comparação com o que foi previsto. A atividade, comum a todas as empresas, é básica para organizações envolvidas com a logística reversa, como mostraremos a seguir.

Já discorremos sobre as motivações para utilização da logística reversa – a questão legal, as exigências de mercado e a filosofia com relação ao meio ambiente.

Como as organizações têm reagido a essas pressões?

Para responder à questão, vamos retomar as bases do Capítulo 3 e do caso brasileiro com o advento da Lei n. 12.305, de 2 de agosto de 2010 (Brasil, 2010b): o estabelecimento dos acordos setoriais por área de atividade, assinados entre o Ministério do Meio Ambiente (MMA) e entidades representativas.

Já mencionamos a situação dos acordos setoriais (ver Quadro 3.2) e apresentamos os sistemas de logística reversa anteriores à Lei n. 12.305/2010. Com base no exposto, o que os setores, os sistemas de logística reversa e os acordos setoriais têm em comum? Os setores são representados por entidades associativas, as quais passam a ser responsáveis pelas ações de logística reversa, uma vez que os acordos estabelecem metas de desempenho e de recuperação de materiais.

Os acordos setoriais iniciam-se após publicação do edital de "Chamamento para a Elaboração de Acordo Setorial para a Implementação de Sistema de Logística Reversa" proposto pelo MMA. Um exemplo de acordo setorial é o do setor de produtos eletroeletrônicos e seus componentes, publicado em 2013, e em fase de audiência pública (Brasil, 2013b).

Os editais são bastante elaborados e, praticamente, configuram-se como um termo de referência* para elaboração do plano estratégico da logística reversa do setor, atendendo aos passos que já apresentamos neste capítulo.

O Quadro 4.2, a seguir, apresenta o item 6 do Edital n. 1/2013 do MMA, referente a produtos eletrônicos, resumindo os requisitos mínimos da proposta de Acordo Setorial, semelhantes aos componentes de planejamento estratégico que comentamos.

---

* Documento orientador da elaboração de proposta ou estudo a ser desenvolvido ou licitado, o qual apresenta as bases para a realização de análises, explicitando relações e sequenciamento de atividades, custos e prazos de determinado empreendimento ou projeto. É muito utilizado nas licitações públicas e nas concorrências para realização de estudos financiados por entidades financeiras de desenvolvimento (Rubel, 2007).

» **Quadro 4.2** – O planejamento da logística reversa e o planejamento empresarial

Requisitos mínimos para proposta de Acordo Setorial – Item 6 do Edital n. 1/2013 MMA	Componentes e etapas de planos empresariais de logística reversa
6.1 Indicação dos produtos objeto do acordo setorial	» Determinação do setor e dos tipos de material a ser tratados. Essa etapa corresponde à definição do escopo do negócio.
6.2 Discriminação das várias etapas do sistema de logística reversa, de sua operacionalização, e do conjunto de atribuições individualizadas e encadeadas dos participantes do sistema no processo de recolhimento, armazenamento, transporte e destinação final ambientalmente adequada dos produtos objetos do acordo setorial, podendo incluir: a) recomendações técnicas a serem observadas em cada etapa da logística reversa, desde o descarte até a destinação final adequada, atendendo a requisitos de proteção ao meio ambiente, saúde e segurança do trabalho, observadas as normas e observados os regulamentos técnicos, quando houver, e também requisitos de rastreabilidade, balanço de massa	Essa etapa apresenta o negócio de forma mais detalhada e serve de base para a definição de planos operacionais. » Definição das condições operacionais e relações estabelecidas nas cadeias reversas. » Identificação dos componentes do processo logístico reverso. » Especificação de técnicas e equipamentos utilizados no processo de logística reversa. » Agentes e entidades responsáveis pelas ações nas etapas de processo – quem são, onde estão localizados – e suas funções. » Estabelecimento de parcerias e formas de relacionamento.

(continua)

(Quadro 4.2 – continuação)

Requisitos mínimos para proposta de Acordo Setorial – Item 6 do Edital n. 1/2013 MMA	Componentes e etapas de planos empresariais de logística reversa
e proteção da marca, quando aplicáveis; b) formas de recebimento, coleta ou de entrega adotadas, identificando os responsáveis, as respectivas responsabilidades bem como a cobertura geográfica pretendida pelas atividades de recebimento, coleta e reciclagem; c) ações necessárias e critérios para a implantação, operação e atribuição de responsabilidades pelos pontos de recebimento e coleta; d) operações de transporte entre os empreendimentos ou atividades participantes, identificando as responsabilidades; e) procedimentos e responsáveis pelas ações de reutilização, de reciclagem e de tratamento, inclusive triagem, dos resíduos, bem como pela disposição final ambientalmente adequada dos rejeitos; f) especificidades considerando as diferentes regiões territoriais; g) demanda de incentivos governamentais; h) avaliação dos benefícios ambientais da logística reversa a ser implantada; e i) antecipação da solução de conflitos inerentes às esferas do executivo federal, estadual, distrital e municipal.	» Especificação técnica dos estabelecimentos e locais de recepção, armazenamento e tratamento dos materiais coletados. » Identificação das necessidades de transporte e de serviços de apoio, designando a política de terceirização, as formas de contratação e o pagamento de operadores terceirizados. » Especificação dos processos de tratamento dos materiais coletados, separação e seleção para disposição adequada. » Área ou áreas de atuação: locais e existência de mercado de fornecedores e dos concorrentes na prestação desses serviços. » Formas de viabilização do empreendimento, inclusive a obtenção de recursos públicos: quais são as fontes, quais são os procedimentos e quais são as exigências para essa obtenção. » Definição de benefícios decorrentes da atividade: econômicos, financeiros, ambientais e sociais. » Levantamento, análise e diagnóstico da atuação de *stakeholders* (públicos relevantes e intervenientes externos, entre outros).

(Quadro 4.2 – continuação)

Requisitos mínimos para proposta de Acordo Setorial – Item 6 do Edital n. 1/2013 MMA	Componentes e etapas de planos empresariais de logística reversa
6.3 Possibilidade de contratação de entidades juridicamente constituídas para execução das ações propostas no sistema a ser implantado, incluindo a possibilidade de participação de cooperativas ou outras formas de empreendimentos sociais. 6.4 Descrição pormenorizada da forma de operacionalização do plano de logística reversa e as etapas do ciclo de vida em que o sistema se insere.	Etapa que define a forma de operação e política de terceirização e de formação de parcerias. » Identificação de entidades existentes (cooperativas) ou da necessidade de estimular sua criação, tendo em vista as particularidades dos produtos e suas exigências de coleta. » Estabelecimento de formas de relacionamento e trabalho conjunto com órgãos públicos. Um exemplo é a participação em programas de coleta seletiva ou mesmo a constituição de empresa para a prestação desse tipo de serviço.
6.5 Possibilidade de participação do titular do serviço público de limpeza urbana e de manejo de resíduos sólidos, quando este se encarregar de alguma etapa da logística a ser implantada, com menção à remuneração devida, na forma previamente acordada pelas partes.	Essa etapa compreende o detalhamento dos planos operacionais e sua relação com os ciclos de vida dos produtos.
6.6 Formas de participação do consumidor de modo a maximizar a entrega e eliminar o descarte inadequado. 6.7 Mecanismos para a divulgação de informações relativas aos métodos existentes de recebimento e coleta para reciclar e eliminar os resíduos sólidos associados a seus respectivos produtos.	Essa etapa corresponde ao estabelecimento e à aplicação permanente de programas de educação ambiental e de engajamento de organizações sociais. Ação importante para produtos pós-consumo em que o usuário é o separador e agente inicial. É essencial a programas de coleta seletiva e tem se mostrado eficiente com a participação de escolas de primeiro grau.

(Quadro 4.2 – continuação)

Requisitos mínimos para proposta de Acordo Setorial – Item 6 do Edital n. 1/2013 MMA	Componentes e etapas de planos empresariais de logística reversa
6.8 Plano de comunicação com intuito de informar os consumidores sobre o funcionamento do sistema de logística reversa, abordando necessariamente os tópicos a seguir a respeito dos resíduos objetos deste acordo: a) obrigatoriedade da destinação final ambientalmente adequada, reforçando que não devem ser dispostos junto aos resíduos sólidos urbanos; b) cuidados necessários em sua devolução e manuseio; c) aspectos ambientais próprios de seu ciclo de vida; d) informações sobre a localização dos pontos de recebimento e coleta; e) custos associados ao processo de destinação final. 6.8.1. plano de mídia para veiculação da informação aos consumidores, que deverá incluir: a) estimativa de investimentos em comunicação social; b) periodicidade e início da campanha; c) estimativa de público a ser atingido; e d) veículos de comunicação e horários onde a campanha será veiculada; 6.8.2. plano de educação ambiental não formal, visando qualificar formadores de opinião, lideranças de entidades, associações e gestores municipais para apoiar a implantação do sistema; e 6.8.3. cronograma de acompanhamento que deverá prever as revisões do plano de comunicação.	O edital apresenta um termo de referência para o estabelecimento de planos de comunicação. Para seu atendimento, as entidades (associações setoriais) têm desenvolvido sítios eletrônicos detalhados em que essas atividades são contempladas (ver Capítulo 3). Note-se como esse requisito (6.8) atende à ferramenta explicitada 5W2H e prevê um cronograma para avaliação e eventual revisão do plano de comunicação.

(Quadro 4.2 – continuação)

Requisitos mínimos para proposta de Acordo Setorial – Item 6 do Edital n. 1/2013 MMA	Componentes e etapas de planos empresariais de logística reversa
6.9 Metas de implantação progressiva do sistema de logística reversa para um prazo de 5 (cinco) anos a contar da assinatura do acordo, com abrangência nacional, seguindo os seguintes requisitos específicos e obrigatórios: 6.9.1. atingir diretamente, até o quinto ano após a assinatura do acordo setorial, 100% (cem por cento) dos municípios com população superior a 80.000 (oitenta mil) habitantes, nos quais a destinação final ambientalmente adequada deverá abranger 100% (cem por cento) dos resíduos recebidos; 6.9.2. número e localização dos pontos de recebimento a serem estrategicamente implantados, criando uma cobertura geográfica baseada na densidade populacional e na cobertura das áreas urbanas, considerando que haja, em cada cidade atendida pela logística reversa em caráter permanente, ao menos um ponto de recolhimento para cada 25.000 (vinte e cinco mil) habitantes.	Essa etapa corresponde à quantificação do plano empresarial fixando metas e padrões de interesse do MMA. Os requisitos são bastante detalhados e constituem-se como indicação para levantar informações quanto ao ambiente externo de atuação da entidade e, assim, subsidiar a elaboração de seus planos de ação. A entidade deve fazer sua avaliação para determinar a viabilidade e as condições de atendimento desses requisitos. Os valores finais são negociados em rodadas entre técnicos do MMA e representantes das entidades envolvidas.

(Quadro 4.2 – continuação)

Requisitos mínimos para proposta de Acordo Setorial – Item 6 do Edital n. 1/2013 MMA	Componentes e etapas de planos empresariais de logística reversa
6.10 Metas quantitativas de recebimento, recolhimento e destinação final ambientalmente adequada obedecendo aos seguintes parâmetros mínimos: a) atingir até o quinto ano após a assinatura do acordo setorial o recolhimento e a destinação final ambientalmente adequada de 17% (dezessete por cento), em peso, dos produtos eletroeletrônicos objetos deste Edital que foram colocados no mercado nacional no ano anterior ao da assinatura do acordo setorial; b) apresentar metodologia para conversão de unidades em peso para os produtos objeto deste edital com vistas a possibilitar a averiguação da meta definida na alínea a.	Todo plano empresarial tem de ser quantificado, e os resultados previstos devem ser expressos em metas quantitativas. Os conceitos, as fórmulas de cálculo e as fontes de informação sobre os resultados reais devem ser claros e conhecidos por todos na organização. Da mesma forma, procedimentos de controle e avaliação devem ser estabelecidos com antecedência, assim como devem ser determinados os responsáveis pela coleta, tratamento e apresentação dos dados. Prazos e periodicidade dos controles e avaliações são outros quesitos fundamentais no planejamento.
6.11 Cronograma para sua implantação, com previsão fundamentada da evolução das etapas até o cumprimento da meta final estabelecida; 6.12 metas progressivas a serem alcançadas no âmbito do sistema de logística reversa com abrangência nacional definidas por linha de produto e por região com critérios quantitativos e qualitativos;	Informações comuns aos planos empresariais. Note-se que o edital recomenda o estabelecimento de metas (marcos) intermediários até o final do prazo de implantação. Essa prática é comum e recomendável para o controle de planos de ação, pois eventuais desvios podem indicar a necessidade de revisão.

(Quadro 4.2 – continuação)

Requisitos mínimos para proposta de Acordo Setorial – Item 6 do Edital n. 1/2013 MMA	Componentes e etapas de planos empresariais de logística reversa
6.13 Informações sobre a possibilidade ou a viabilidade de aproveitamento dos resíduos gerados, alertando para os riscos decorrentes do seu manuseio; 6.14 Avaliação dos impactos sociais e econômicos da implantação da logística reversa; 6.15 Penalidades aplicáveis no caso de descumprimento das obrigações previstas no acordo setorial;	Esses requisitos são específicos e remetem a cláusulas de obrigações assumidas nos acordos setoriais.
6.16 Formas pelas quais as partes fornecerão informações e comprovarão o cumprimento das obrigações previstas no acordo setorial, considerando especialmente o disposto no art. 71, caput e parágrafo único do Decreto 7.404/2010; 6.17 Identificação dos parâmetros financeiros considerados no modelo de logística reversa que garantam a sustentabilidade financeira para a implementação das medidas relacionadas às obrigações da Política Nacional de Resíduos Sólidos;	Essa avaliação e essa especificação de metas financeiras são partes inerentes aos planos empresariais e servem para a tomada de decisão sobre a implantação deles. Da mesma forma, subsidiam a apresentação de solicitações de financiamento junto a bancos especializados.

(Quadro 4.2 – conclusão)

Requisitos mínimos para proposta de Acordo Setorial – Item 6 do Edital n. 1/2013 MMA	Componentes e etapas de planos empresariais de logística reversa
6.18 Formas para evitar o tratamento discriminatório de participantes do mercado; 6.19 Proposta de estrutura de grupo de acompanhamento, composto pelos proponentes do acordo setorial, com o objetivo de promover e acompanhar a efetividade da implementação do sistema de logística reversa definido pelo acordo setorial.	O requisito 6.19 nas organizações, dependendo do porte destas, corresponde à efetivação de área que tem como responsabilidade a formulação, a apresentação, a aprovação e o controle do plano empresarial.

Fonte: Elaborado com base em Brasil, 2013b.

Os acordos setoriais são formulados com base nesses editais, e as entidades privadas responsáveis, muitas vezes, recorrem a empresas especializadas de consultoria para realização de estudos e propostas de acordos. Da mesma forma, são formadas associações de empresas do setor interessadas em participar do acordo, apoiando as negociações com o MMA. Essas propostas são analisadas por um comitê orientador, com o apoio de grupos técnicos de assessoramento (GTAs). Cada proposta de acordo setorial, por sua vez, é analisada pelos grupos de trabalho temáticos (GTTs) (Brasil, 2018e).

Os estudos de viabilidade técnica e econômica (EVTEs)* disponibilizados no sítio do Sistema Nacional de Informações sobre a Gestão dos Resíduos Sólidos (Sinir)** são exemplos da aplicação da metodologia de planejamento estratégico. Notamos que estes estudos têm como escopo o setor (produtos) de aplicação de logística reversa, mas podem servir de base para elaboração dos planos empresariais das organizações que encarem a logística reversa como seu negócio principal.

Vamos fazer um exercício nesse sentido, tendo como base o sumário do EVTE para implantação da logística reversa por cadeia produtiva – Componente: Produtos e embalagens pós-consumo, elaborado no âmbito do MMA em março de 2012 (Brasil, 2012a). O Quadro 4.3 apresenta a comparação de passos e componentes.

---

* O EVTE demonstra, pela previsão e pela comparação de custos e benefícios de um empreendimento, a possibilidade técnica e econômica (lucratividade) de implantação deste. É instrumento consagrado na aplicação a processos de licitação, de concessões e de arrendamento de bens na prestação de serviços públicos.
** Ver Brasil (2012c).

» **Quadro 4.3** – O planejamento setorial da logística reversa e seu rebatimento em empresa dedicada

EVTE: produtos e embalagens pós-consumo	Modelo de plano empresarial
I – Aspectos legais e institucionais dos resíduos sólidos: 1. A gestão de resíduos sólidos na Constituição da República Federativa do Brasil de 1988: 1.1. Repartição constitucional de competência; 1.2. Aparente conflito federativo de competência constitucional. 2. Diagnóstico legal federal da gestão de resíduos sólidos: 2.1. Intersetorialidade; 2.2. "Tríade legal do saneamento": LCP; LDNSB; PNRS*. 3. Aspectos institucionais do sistema de logística reversa: 3.1. Relação trilateral: poder público, setor empresarial e coletividade; 3.2. Ambiente regulatório: breves considerações;	**I. Análise da situação** **Análise externa:** essa fase levanta e analisa os aspectos do ambiente externo. Na logística reversa, as questões legais e institucionais são determinantes
4. Modelagem do regime jurídico do sistema de logística reversa: 4.1. inter-relação entre os sistemas de coleta seletiva e de logística reversa: breves considerações; 4.2. natureza jurídica do sistema de logística reversa (SLR): análise sintética; 4.3. gestão e gerenciamento do sistema de logística reversa; 4.4. entidade gestora; 4.5. proposta de financiamento.	**I. Análise da situação** **Análise interna:** essa fase define as características organizacionais da entidade que atua na logística reversa, especificando sistemas de gestão e formas de financiamento das atividades.

(continua)

(Quadro 4.3 – continuação)

EVTE: produtos e embalagens pós-consumo	Modelo de plano empresarial
II – Modelagem do sistema de logística reversa de produtos e embalagens pós-consumo: 1. Gestão regionalizada dos resíduos sólidos. 2. Visão territorial da LR. 3. Bases para a constituição do SLR: 3.1. multimodalidade no SLR. 4. Resíduos sólidos sujeitos ao sistema de coleta seletiva (SCS): 4.1. fluxo dos resíduos sujeitos ao SCS. 5. Resíduos sólidos sujeitos ao SLR: 5.1. Impacto das embalagens na saúde pública e no meio ambiente. 6. Fluxo de materiais sujeitos ao SLR. 7. Sistema de logística reversa: 7.1. natureza do sistema de logística reversa; 7.2. subsistemas do sistema de logística reversa. 8. Etapas dos sistemas: 8.1. sistema de coleta seletiva; 8.2. sistema de logística reversa. 9. Conexão dos sistemas de coleta seletiva e de logística reversa. 10. O complexo infraestrutural do SLR. 11. Infraestrutura necessária para compor o SLR: 11.1. âmbito municipal; 11.2 âmbito intermunicipal ou regional; 11.3. âmbito regional ou estadual; 11.4. processo de retorno e restituição de materiais no SLR.	**I. Análise da situação** **Análises interna e externa:** essa fase determina as condições do negócio na relação com fornecedores e na especificação das operações no sistema de logística reversa implantado e a implantar. No caso de embalagens pós-consumo, é importante estabelecer as formas de interação com sistemas de coleta seletiva existentes na área de atuação da organização e com associações de catadores. Essa interação pode ser institucional, negocial e operacional.

(Quadro 4.3 – continuação)

EVTE: produtos e embalagens pós-consumo	Modelo de plano empresarial
12. Cadeia de valor do SLR. 13. Inserção das organizações de catadores de materiais reutilizáveis e recicláveis na cadeia produtiva: 13.1. benefícios ambientais impulsionados pelas organizações de catadores de materiais reutilizáveis e recicláveis. 14. Responsabilidades pelas etapas do SLR. 15. Sistema de informação e comunicação estratégica. 16. Bases para o estabelecimento dos limites de materiais colocados no mercado: 16.1 Categorização dos participantes no SLR. 17. Financiamento do sistema: composição, diretrizes e variáveis: 17.1 cotas de participação. 18. Principais obstáculos e recomendações para implantação do sistema de LR.	**I. Análise da situação** **Análises interna e externa e diagnóstico de situações favoráveis e desfavoráveis e pontos fortes e fracos. Ameaças e oportunidades:** essa fase embasa-se nas avaliações ambientais, e seus diagnósticos definem os objetivos relativos a parceiros e a designação de responsabilidades com a especificação dos materiais e critérios de repartição de resultados. O item 18 é a explicitação desse tipo de diagnóstico.

(Quadro 4.3 – continuação)

EVTE: produtos e embalagens pós-consumo

III – Avaliação da viabilidade econômica da implantação e operação do sistema de logística reversa de produtos e embalagens pós-consumo:

1. Premissas adotadas para avaliação econômica: 1.1. gestão do sistema de logística reversa; 1.2. modulagem e modalidade operacional; 1.3. mão de obra. 2. Especificações básicas: 2.1. scondicionamento; 2.2. coleta e transporte; 2.3. galpão de triagem e beneficiamento primário (GTB); 2.4. central de conferência e escala (CCE); 2.5. eficiência do sistema; 2.6. segregação e acondicionamento dos resíduos recicláveis secos; 2.7. coleta e transporte; 2.8. galpão de triagem e beneficiamento primário (GTB); 2.9. sensibilização e educação ambiental; 2.10. central de conferência e escala (CCE); 2.11. polo de estocagem. 3. custo de implantação do sistema de logística reversa: 3.1. custo de Implantação de GTB e CCE; 3.2. Custo de implantação dos locais de entrega voluntária; 3.3. estimativa nacional e regional dos investimentos para implantação do SLR; 3.4. proposta para rateio das despesas com a implantação do SLR pelos setores produtivos. 4. Custo de operação do sistema de logística reversa: 4.1. custo operacional para os módulos do SLR; 4.2. custo de operação para SLR com locais de entrega voluntária; 4.3. estimativa nacional e regional do custo operacional mensal do sistema de logística reversa; 4.4. proposta para rateio das despesas com a operação do sistema de logística reversa pelos setores produtivos. 5. Receitas estimadas com o sistema de logística reversa: 5.1. receitas estimadas com a venda de materiais recicláveis. 6. Geração de renda para catadores no sistema de logística reversa: 6.1. remuneração mensal per-capita estimada para os catadores. 7. Impactos econômicos diretos e indiretos em outros serviços: 7.1. impactos diretos; 7.2. impactos indiretos. 8. Comparação econômica do sistema de logística reversa com outras alternativas tecnológicas

Modelo de plano empresarial

II. Objetivos;
III. Programas de Ação;
IV. Controle.

Essa etapa corresponde à explicitação dos planos de ação para atendimento dos objetivos e apresenta uma listagem detalhada dos aspectos a considerar na avaliação do plano empresarial. Assim, tem-se a especificação de investimentos em instalações, equipamentos e sistemas operacionais; a estimativa dos respectivos custos e sua alocação entre os setores e agentes envolvidos. A estimativa de receitas para os intervenientes, que no cotejo com custos subsidiará a avaliação econômica do empreendimento. Note-se que, para o caso de embalagens de produtos pós-consumo, o papel dos catadores e de suas cooperativas é relevante e estimulado pela regulamentação. Da mesma forma, outros impactos econômicos têm de ser determinados e avaliados. Em uma organização dedicada, essa avaliação apoiará eventuais propostas de obtenção de empréstimos e financiamentos.

(Quadro 4.3 – conclusão)

EVTE: produtos e embalagens pós-consumo	Modelo de plano empresarial
IV – Avaliação dos benefícios socioeconômicos da implantação do sistema de logística reversa de produtos e embalagens pós-consumo: 1. Projeção de emprego e renda gerados no sistema de logística reversa. 2. Projeção do volume de negócios gerados pelo SLR. 3. Valoração das etapas do sistema de logística reversa. 4. Incremento da eficiência do trabalho das organizações de catadores com desenvolvimento de novas tecnologias (capacitação política, técnica, gerencial). 5. Ordenação do mercado de recicláveis de embalagens (regulação técnico-econômica, qualificação, organização, potencialização	**II. Objetivos;** **III. Programas de Ação;** **IV. Controle.** Essa fase detalha os impactos e resultados não necessariamente monetários do empreendimento, porém importantes para o negócio e, no caso dos acordos setoriais, fatores determinantes para sua negociação.

*LCP – Lei de Consórcios Públicos; LDNSB – Lei de Diretrizes Nacionais de Saneamento Básico; PNRS – Política Nacional de Resíduos Sólidos.

Fonte: Elaborado com base em Brasil, 2012c.

O planejamento da logística reversa é tão complexo como a própria atividade em si, mas segue as práticas vigentes nas organizações e é imprescindível para a tomada de decisões como ferramenta gerencial. Sua contraparte, o controle, que também tem essas características, deve ter como base os planos e a quantificação dos resultados esperados, denominados *indicadores-chave de desempenho*, ou, em inglês, *key performance indicators* (KPIs), a serem abordados a seguir.

» Indicadores-chave de desempenho (KPIs) na logística reversa

Estabelecida a necessidade de planejamento, as metas devem ser acompanhadas para avaliar a evolução do negócio e saber se há necessidade de correções de curso. Para esse acompanhamento, usualmente empregam-se os indicadores-chave de desempenho (Robinson, 2014a).

Moreira (2002, p. 15) define *indicador* como "resultado de uma medida ou de mais medidas que tornam possível a compreensão da evolução do que se pretende avaliar a partir dos limites (referências ou metas) estabelecidos". Com base nisso, o autor liga-o ao estabelecimento de metas de desempenho.

Rupnow (2008) aponta que os indicadores são formas de comunicação para que todos os seus membros, independentemente de sua posição hierárquica, conheçam as metas e atuem de modo a alcançá-las.

Harrington (1993, p. 98), autor renomado de livros de qualidade e processos, tem a principal citação: "Se não puder medir o processo, não poderá controlá-lo, se não puder controlá-lo não poderá gerenciá-lo; e, se não puder gerenciá-lo, não poderá aperfeiçoá-lo"*

Especificar e acompanhar indicadores-chave de desempenho é importante para o sucesso dos empreendimentos. Esses indicadores podem referir-se a diferentes áreas – financeiro, satisfação dos clientes, entrega de produtos – e a importância relativa deles varia de organização para organização. No caso da logística reversa, é possível avaliar, por exemplo:

» o tempo de duração do processo (*lead time*) desde a coleta do item a ser reciclado/recuperado até sua relocação no processo produtivo ou revenda;
» o volume de estoque de itens recuperados ou o número de vezes que determinado item chega a zero (*stock out*) ou tempo de giro do estoque;
» a produtividade homem/hora na reciclagem ou recuperação dos materiais no canal reverso;
» a taxa de rejeição (*bounce rate*) de produtos por condições de qualidade inapropriadas;
» o número de usuários/fornecedores cadastrados.

Da análise dos acessos aos sítios eletrônicos, é viável quantificar comentários adicionados por visitantes, número de visualização de vídeos, *downloads* de procedimentos e aplicativos, compartilhamento de conteúdo nas redes sociais.

---

* Essa frase é parecida com outra, muitas vezes atribuída a Deming, W. E, outro "guru" da gestão da qualidade: "Não se gerencia o que não se mede, não se mede o que não se define, não se define o que não se entende, não há sucesso no que não se gerencia". Na verdade, a frase de Deming é: "É errado se supor que o que não se pode medir, não se pode gerenciar – um mito que representa custos". Ou seja, a mensuração, além de custosa, não é a única exigência da prática gerencial. Seu uso deve ser criterioso, e outras habilidades devem ser desenvolvidas pelos gerentes (Berenson, 2016, tradução nossa).

Os indicadores de desempenho e seu controle são derivados dos planos empresariais, devendo ser relevantes, conhecidos e consensuais. A CA Technologies (2015), por exemplo, propõe as seguintes bases para os indicadores:

» **Consistência**: os prestadores de serviços devem coletar, de forma constante, informações sobre desempenho em bases temporais consistentes (diária, semanal, mensal, trimestral). Somente assim poderão identificar tendências e a evolução real dos negócios.

» **Comunicação**: a comunicação deve ser orientada para os responsáveis pelos resultados controlados. Tanto para clientes quanto para os funcionários da empresa, os indicadores-chave de desempenho devem ser úteis, relevantes, consistentes e comunicados no tempo certo.

» **Valor prático**: os indicadores-chave de desempenho devem apoiar a identificação de problemas e dos pontos fortes da organização, apontando ações para melhoria do desempenho.

Rogers (2013) indica que, na logística reversa, os indicadores assumem papel importante na gestão e no controle organizacional de planos. Nesse sentido, o autor propõe os seguintes indicadores:

» **Ciclo de tempo**: medida importante dos tempos de duração dos processos, cuja avaliação depende de quanto mais curto se apresenta.

» **Porcentagem de produtos recuperados e revendidos**: valor que deve ser comparado com metas e que pode envolver também a porcentagem de valores recuperados.

» **Porcentagem de reciclagem dos materiais**: relação entre os volumes de materiais recuperados e os reciclados de forma adequada.

» **Perdas**: relação entre os volumes de materiais que são recuperados e que são destinados a aterros sanitários, incinerados ou dispostos como lixo. O objetivo deve ser minimizar essa relação.

» **Porcentagem dos custos recuperados**: resultado dos esforços da empresa na venda de materiais retornados ou devolvidos, inclusive a revenda.

» **Custo por item manipulado**: relação entre os custos totais mensais e a quantidade de itens manipulados. Pode ser útil na comparação entre diferentes instalações.

» **Distância de transporte dos itens**: distância média percorrida pelos itens; deve ser minimizada e pode indicar a necessidade de instalação de locais de concentração de materiais.

» **Energia utilizada no manuseio de produtos retornados**: a logística reversa deve ser ambientalmente sustentável e poupadora de energia. Para tanto, consumos têm de ser mensurados e deve-se buscar alternativas poupadoras de energia.

» **Custo total de propriedade**[*]: estimativa do custo total de propriedade na aquisição, na revenda, no retorno, na devolução e na destinação de determinado produto a um mercado secundário ou para sua disposição em um aterro sanitário.

Rupnow (2008) ressalta a importância da utilização de indicadores na logística reversa e os classifica em cinco categorias:

---

[*] Do inglês *total cost of ownership*, é definido por Schmidt et al. (2013) como os custos totais de aquisição de um bem ou serviço, que apura o custo de realização de uma compra considerando, além do preço, outros custos relevantes para obtenção, posse e uso de materiais e serviços.

1) finanças; 2) armazenagem; 3) manufatura; 4) transporte e 5) satisfação do cliente, como apresentamos na Figura 4.2.

» **Figura 4.2** – Classificação de indicadores-chave para logística reversa

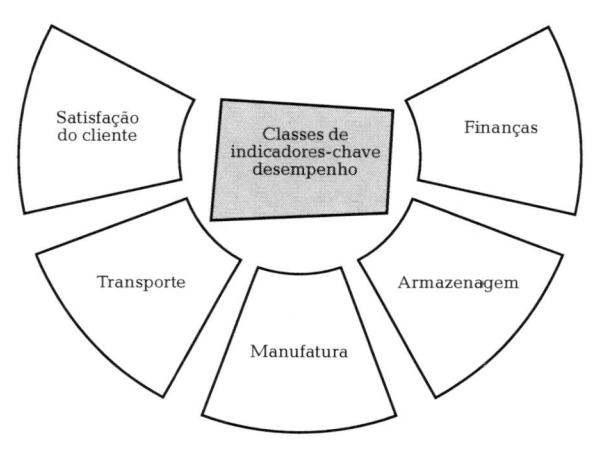

Diagrama com as classes de indicadores-chave desempenho ao centro, cercado por: Satisfação do cliente, Finanças, Transporte, Armazenagem e Manufatura.

Fonte: Elaborado com base em Rupnow, 2008.

Os indicadores têm a função de acompanhar como estão as metas estabelecidas e realizar comparações *(benchmarking)** com resultados de outros agentes da área de negócio. Da mesma forma, outra fonte de informações pode ser a área de atendimento aos clientes (Rupnow, 2008). Com base nessa categorização, Rupnow (2008) propõe diferentes indicadores-chave de desempenho, elencados no Quadro 4.4, a seguir.

---

* É apresentado por Zago et al. (2008, p. 14) como "um processo de pesquisa que permite realizar comparações de processos e práticas 'companhia-a-companhia' para identificar o melhor do melhor e alcançar um nível de superioridade ou vantagem competitiva".

» **Quadro 4.4** – Indicadores chave de desempenho propostos para a Logística Reversa

Finanças	» Taxa de recuperação itens devolvidos » Processamento por retorno – custo » Custo do reparo por retorno » Créditos emitidos por retornos » Taxa de garantia: pagamento de garantias » Custo anual das garantias » Alterações/custos das garantias
Armazenagem	» Rotatividade do inventário (bens não processados e remodelados) » Reposição mensal do inventário
Manufatura	» Tempo de remanufatura » Taxa de defeitos » Taxa de sucateamento » Taxa de retornos sem defeitos
Transporte	» Custo de internos e externos com transportes » Coletas no prazo » Entregas no prazo
Satisfação do cliente	» Taxa de retorno (com/sem defeito) » Preenchimento dos pedidos » Tempo de movimentação » Pedido dos clientes » Atraso no atendimento a pedidos » Cumprimento dos prazos de entregas » Provisão créditos » Atendimento às garantias (tempo)

Fonte: Rupnow, 2008, tradução nossa.

Kottala (2015) enfatiza a necessidade de controle do período de tempo entre o retorno do produto do consumidor até o redirecionamento ao mercado para evitar depreciações e indica, ainda, o acompanhamento da utilização da capacidade disponível dos equipamentos.

Dessa forma, reiteramos que o controle por meio de indicadores é necessário e se faz em consonância com o tipo de organização e com base em seu plano empresarial. Uma da formas mais comuns e relevantes de controle e gestão diz respeito à evolução de custos, os quais apresentamos, a seguir, em análise referenciada à logística reversa.

» Analisando os custos na logística reversa

A determinação e a análise de custos são ferramentas básicas da gestão empresarial e da logística reversa. Os custos apoiam a determinação das estratégias e das ações. Tal como no planejamento, as análises de custos devem ser conduzidas com objetivo de organizar atividades de logística reversa, considerando o reflexo disso nos setores e nas cadeias reversas.

Xavier e Corrêa (2013) afirmam que os custos mais importantes da logística reversa são decorrentes da falta de articulação entre os agentes componentes de uma cadeia reversa. Portanto, a integração entre os fluxos de materiais, os de informação e os financeiros é determinante no sucesso das cadeias reversas. Os acordos setoriais efetivados no MMA caminham nesse sentido, envolvendo os principais participantes da logística reversa do setor.

Robinson (2014a) aponta como componentes das cadeias reversas e direcionadores de seus custos: a estrutura funcional delas; a maneira como o material em devolução é movimentado; o processamento desses materiais e sua disposição final.

Os principais custos são referentes a: processamento; atividades da logística; custos/créditos de reposição; e depreciação. Vejamos as respectivas descrições:

» **Custos de processamento**: são decorrentes do processamento e do manuseio do item retornado, incluindo o apoio administrativo ao processo de retorno, o controle de recebimento do material para armazenagem posterior e sua reparação ou modernização.

» **Custos logísticos**: são relacionados à movimentação e ao manuseio do item retornado, sendo compostos pelos fretes da coleta e pelo encaminhamento e movimentações nos armazéns (e outros não computados no item anterior).

» **Créditos/custo de reposições**: a maioria dos itens que retornam implica emissão de créditos aos clientes ou a troca por igual produto ou similar.

» **Depreciação ou perda de valor**: a maioria dos produtos devolvidos tem algum valor, uma vez que todos podem ser revendidos, remodelados ou comercializados como sucata. Destacamos que a esse custo devem ser acrescentados os referentes à manutenção dos produtos na empresa. Vale lembrar: quanto maior for a rapidez de devolução do produto ao mercado, menor será esse custo.

O'Byrne (2016) ainda indica alguns custos relacionados à logística reversa de pós-venda que, muitas vezes, não são associados a essa atividade pelas organizações, quais sejam:

» Custos com mão de obra relativos à atividade de relacionamento com os clientes (se existe devolução, existe cliente insatisfeito que deve ser atendido).
» Custos com mão de obra decorrentes da prestação de serviços aos clientes (identificação do direito a garantias e quantificação de valores de crédito ou, ainda, procedimentos de substituição do produto).
» Custos de embarque, transporte e entrega dos produtos.
» Custos de manutenção de depósitos e de armazenagem.

Devemos considerar, aqui, a afirmação de Wright et al. (2011), que associam a atratividade econômica da logística reversa ao fato de que os custos operacionais nela envolvidos sejam menores que os valores passíveis de recuperação no mercado, efetivando negócios. Essa condição, como afirmamos ao longo desta obra, deve caminhar ao lado do atendimento das regulamentações legais, das exigências de mercado e das consciências ambiental e social.

》》》 Perguntas e respostas

1) A logística reversa implica custos. Apesar disso, ela pode ser vantajosa para as organizações?

Não há ação relativa às questões ambientais que não implique custos. A discussão diz respeito àquele sobre quem eles recaem. O não fazer nada ou não considerar eventuais impactos ambientais pode representar custos empresariais ou individuais menores, mas certamente implicam custos ambientais e sociais maiores e até irrecuperáveis. No entanto, as organizações podem lucrar com o desenvolvimento de sistemas reversos para movimentação e reaproveitamento de materiais. Entre as vantagens podemos citar maior satisfação do cliente pelo pronto atendimento em um canal reverso, solucionando o problema ocorrido em produtos adquiridos. Outro aspecto é o maior conhecimento que a organização tem do desempenho de seus produtos, permitindo correções rápidas do processo de manufatura e redução de custos de reparos resultantes de garantias assumidas. No caso da logística de pós-consumo, negócios são viabilizados na recuperação de materiais descartados; e o interessante é que exatamente a criação de mercados dedicados justifica economicamente esse sistema e remunera seus agentes.

2) É fato que, em alguns segmentos econômicos, a logística reversa é fundamental?

Sim, pois certos segmentos de negócio têm seus custos influenciados significativamente por retornos que lhes são típicos, caso do setor editorial, no qual essa situação é inerente, permanente e volumosa, afetando os custos totais. Outro segmento que exige sistemas de logística reversa é o de computadores: o desempenho operacional moderno dos equipamentos tem encurtado os ciclos de vida desses produtos, e a presença de componentes de valor elevado em razão de sua disponibilidade rara na natureza estimula o uso de materiais reciclados. Nos canais reversos de pós-venda, a devolução do produto em perfeito funcionamento por parte do consumidor é comum, e a consideração é seu retorno a possíveis canais de revenda em mercados secundários.

3) Quais são as principais diferenças entre negócios relativos à logística reversa feitos em países desenvolvidos e os realizados no Brasil?

A primeira consideração relaciona-se às condições institucionais, legais e econômicas vigentes nos países desenvolvidos, as quais podem ou não estar presentes no Brasil. Isso não quer dizer que existam similaridades e coincidências, mas sempre se recomenda uma análise aprofundada das características de gestão de negócios. Aspectos básicos são: o tamanho (volume) dos materiais a ser recuperados, que condiciona o porte de negócios; a existência de regulamentação e o controle das atividades da logística reversa; a existência de mercados constituídos de materiais reciclados e sua variedade; o estabelecimento e o estágio de desenvolvimento de agentes atuando nesses mercados; e questões operacionais, como rotas e modais utilizados em movimentações, processos de recuperação desenvolvidos e formas de destinação final dos materiais. Um exemplo típico é o da logística reversa de produtos eletroeletrônicos, contexto no qual a raridade dos componentes envolvidos e os consequentes custos suscitam a recuperação. No Brasil, só poderá efetivar-se de fato pela existência de processos de separação e adensamento, pois nosso país ainda não conta com volumes de materiais que viabilizem a etapa final de destinação como matéria-prima reciclada e reinserção em processos produtivos.

4) Qual é a inter-relação entre o planejamento empresarial e os negócios de logística reversa?

Independentemente do segmento e do processo produtivo, e qualquer que seja o negócio, este tem de ser planejado. Talvez em razão de sua ligação com as questões ambientais e da regulamentação detalhada, é possível que pensem que os negócios de logística reversa fluam naturalmente ou sejam mais fáceis de realizar. Engano! Os segmentos de negócios da logística reversa têm crescido em variedade, tamanho e sofisticação.

A tecnologia da informação, cada vez mais presente nas organizações, tem exercido papel importante no funcionamento e na otimização dos canais reversos. Aplicativos dedicados apontam os destinos mais adequados para as coletas de itens em recuperação e, após análise prévia, direcionam tais itens para remodelação, reencaminhamento, liquidação ou até sucateamento. O conhecimento do que se movimenta permite o planejamento de ações que resultem em menores custos de transporte e estocagem e em rapidez na tomada de decisão.

⟫ Estudo de caso

O planejamento da logística reversa de produtos eletroeletrônicos (REEE)

Novas tecnologias na área de eletroeletrônicos têm provocado mudanças significativas no modo de viver da sociedade de todo o planeta. Estudo da United Nations Environment Programme – Unep (2009) conclui que esses produtos estão hoje presentes nos mais diversos segmentos: saúde e medicina; comunicação; transporte, educação; alimentação; agricultura; brinquedos; em que há equipamentos e serviços até há pouco nem sequer imaginados. Esses produtos, ao término da vida útil ou após a troca por novas gerações tecnológicas, passam a ser considerados resíduos, os chamados *resíduos eletroeletrônicos* (REEE), que exigem uma disposição adequada, pois seu descarte indiscriminado pode impactar seriamente o meio ambiente e a saúde humana, além, é claro, do desperdício de recursos naturais valiosos.

O estudo da ONU, de responsabilidade de sua área ambiental, a Unep, pesquisou 11 países – os da **África** foram: África do Sul, Marrocos, Quênia, Senegal, Uganda; os da **América Latina** foram: Brasil, Colômbia, México, Peru; e os da **Ásia** foram: China e Índia. Na pesquisa, levantou-se a situação da disposição de REEE e avaliou-se a aplicação de novas técnicas de recuperação.

A variedade de equipamentos e de recursos tecnológicos atualmente em uso nas residências (refrigeradores, máquinas de lavar e secar, telefones móveis, computadores, televisões e brinquedos), nos prestadores de serviços e nas indústrias, com ciclos de vida curtos, seja pelo aparecimento de substitutos, seja por obsolescências dirigidas, conduz a considerarmos os valiosos e escassos materiais por aí presentes e as formas viáveis de sua recuperação.

O estudo da Unep (2009) registrou que os atuais equipamentos eletroeletrônicos podem conter mais de 60 elementos diferentes, alguns dos quais com valor comercial elevado, e que essa utilização demanda preciosos recursos naturais. Exemplos: 80% da demanda mundial do elemento químico índio refere-se a camadas condutivas, presentes nas telas de cristal líquido (LCD); os discos rígidos dos computadores (HD) utilizam mais de 80% da produção de rutênio, situação semelhante à que ocorre nos equipamentos da área de energias renováveis, a exemplo das placas fotovoltaicas finas, utilizadas para a energia solar, que contêm metais como selênio, telúrio, platina e índio.

Em 2007, as vendas globais de telefones móveis (celulares) e computadores pessoais (PC) ampliaram a necessidade de ouro e prata em mais 3%; de platina em 13%; e de cobalto em 15% (Unep, 2009). A Tabela A, a seguir, apresenta os principais elementos metálicos presentes nos eletroeletrônicos, a produção primária de cada um deles, a respectiva demanda e sua aplicação principal.

Tabela A – Principais metais de uso em eletroeletrônicos

Metal	Produção primária t/ano	Subproduto da extração de	Demanda de Equipamentos eletroeletrônicos (EEE)* t/ano	Aplicação principal
Prata	20.000	Chumbo e zinco	6.000 (30%)	Contatos, soldas, comutadores
Ouro	2.500	Cobre	300 (12%)	Ligação de fios, contatos, circuitos impressos
Paládio	230	–	33 (14%)	Capacitores, conectores
Platina	210	–	13 (6%)	HD, termopares, células de energia
Rutênio	32	–	27 (84%)	HD, monitores de plasma
Cobre	15.000.000	–	4.500.000 (30%)	Cabos, fios, conectores
Estanho	275.000	–	90.000 (33%)	Soldas
Antimônio	130.000	–	65.000 (50%)	Retardantes de chamas, vidro de TVs a tubo
Cobalto	58.000	Níquel e cobre	11.000 (19%)	Baterias recarregáveis
Bismuto	5.600	Chumbo, zircônio tungstênio,	900 (16%)	Soldas, capacitores, dispersores de calor
Selênio	1.400	Cobre	240 (17%)	Copiadoras óticas, células solares
Índio	480	Chumbo e zinco	380 (79%)	LCD, soldas, semicondutores

* Estimativa com base na demanda de 2006.
Fonte: Unep, 2009, tradução nossa.

O estudo da Unep (2009) indicou que, além de vários metais, os eletroeletrônicos incorporam materiais plásticos, cerâmicas e vidro. A pesquisa constatou, ainda, que, no produto final, os metais participam em média de 23% do peso, dificultando a recuperação, uma vez que é necessária a separação e, também, em razão da quantidade. O estudo apontou a exigência de toneladas para tornar a extração de metais viável técnica e economicamente. Por exemplo, as baterias de lítio (*li*-íon) contêm em média 3,5 gramas de cobalto, com valor de US$ 62/kg (em 2006), e outros metais que se apresentam em miligramas. No entanto, a expressiva comercialização (1,2 bilhão em 2007) delas faz com que a logística reversa de REEE seja importante.

Demajorovic, Augusto e Souza (2016) citam dois projetos-piloto de recuperação com assistência da ONU, um na China e outro na Índia. O empreendimento chinês com modelo integrado da coleta até a recuperação dos metais não foi bem-sucedido, pois não se conseguiu suprir a demanda diária do sistema. O projeto indiano, por sua vez, foi mais exitoso ao conseguir segregar e acumular lotes metálicos e enviá-los para uma usina de recuperação na Europa, atendendo à quantidade exigida pela usina de europeia e dispondo de área para estocar o material até o momento de expedição.

A variedade de componentes presentes nos eletroeletrônicos, após coleta, obriga a realização de separações intermediárias, para as quais se utilizam processos específicos e diferenciados, por equipes ou indústrias especializadas. Da mesma forma, há gestão integrada das partes, com otimização e qualidade de cada segmento para que se obtenham resultados eficientes. Entretanto, é crítico o volume de material recuperado nos resíduos, o qual, nas etapas posteriores, permitirá uma operação com perdas ou ineficiências menores.

A Figura A, a seguir, mostra o fluxo de recuperação dos REEE, em que a coleta é determinante, pois fixa a quantidade de material a ser processado e gera parâmetro de controle para as demais etapas e para a eficiência do processo.

» **Figura A** – Fluxo do processo de recuperação de REEE

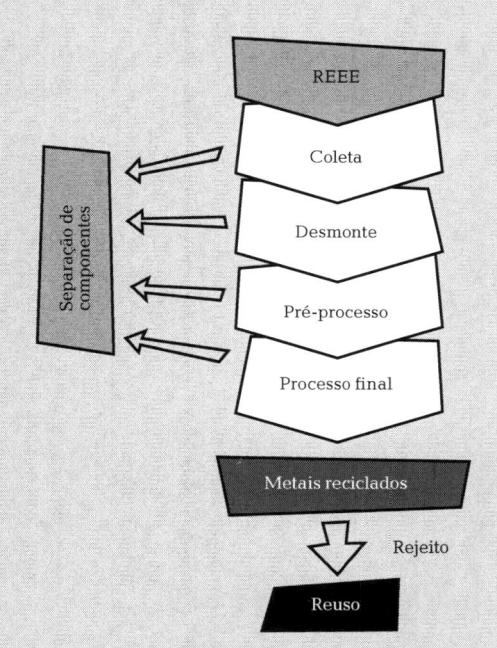

```
                    REEE
                     ↓
     ⇐            Coleta
     ⇐           Desmonte
Separação de
componentes  ⇐   Pré-processo
     ⇐         Processo final
                     ↓
              Metais reciclados
                     ↓
                         Rejeito      Nota: pré-processo e
                  Reuso               final diferenciados
                                      conforme o equipa-
                                      mento ou os materiais
                                      presentes.
```

Fonte: Unep, 2009, tradução nossa.

O estudo da Unep (2009) indicou que, em países em desenvolvimento, a fase de coleta decorre mais da condição social de sua poluição do que do método de coleta. Na recuperação, podem ocorrer três formas de emissões que impactam o meio ambiente e a saúde das pessoas. Têm origem em substâncias presentes nos REEE ou liberadas pelo uso de materiais inadequados no processo recuperativo. O estudo classificou essas substâncias de acordo com classificou três tipos de emissões:

1) **Primárias**: mercúrio, chumbo, arsênico, bifenilas policloradas (PCBs) e fluidos refrigerantes fluorados.
2) **Secundárias**: originadas em processos inadequados de tratamento dos REEE. Exemplo: dioxinas e furanos formados e liberados na fusão ou incineração dos materiais plásticos e retardantes de chama halogenados. Esses materiais devem ser separados previamente.
3) **Terciárias**: substâncias perigosas usadas na reciclagem, em processos inadequados ou manuseadas sem o devido controle. Exemplo: cianetos e mercúrio usados na formação de amálgama para extração de ouro.

Esses metais são recursos naturais finitos, o que justifica programas de recuperação e reciclagem, com base na premissa do desenvolvimento sustentável e com intuito de reinseri-los em cadeias produtivas. No Brasil, conforme mencionamos, estão em andamento as negociações para o acordo setorial da logística reversa de produtos eletroeletrônicos. Os proponentes são: Abinee, Eletros, CNC, ABRAS, Instituto para Desenvolvimento do Varejo (IDV), Associação Brasileira da Distribuição de Tecnologia da Informação (Abradisti) e SindiTelebrasil, representantes das áreas de fabricação, comércio, distribuição e das operadoras de comunicação por telemóveis. A proposta em discussão apresenta algumas questões para a negociação e o funcionamento do sistema, a saber:

- » criação de entidades gestoras legais, com sistema de governança;
- » reconhecimento de que a periculosidade dos REEE ocorre após a desmontagem;
- » documento único de movimentação dos REEE que informe a natureza e a origem do material;
- » documento que reconheça a perda de propriedade do REEE, na sua disposição em sistema de logística reversa específico;
- » isonomia de comportamento para todos os envolvidos na cadeia dos eletroeletrônicos, não signatários do acordo setorial;
- » participação dos consumidores no custeio da cadeia reversa, com valor destacado nas notas de compra dos produtos, atualmente isentas de tributos, com inserção de taxa visível (*visible fee*), já em uso em alguns países europeus (Yura, 2014).

A Abinee instituiu a GREEN Eletron, já legalmente aprovada pelo Cade. O estatuto da GREEN Eletron permite a participação ilimitada de outras pessoas jurídicas, sediadas no Brasil e envolvidas na produção ou comercialização de produtos eletroeletrônicos. À semelhança de outras organizações criadas pelos acordos setoriais, a GREEN Eletron disponibiliza informações por meio do seu sítio: <www.greeneletron.org.br>.

A questão tributária, que abordaremos no Capítulo 5, é complexa, uma vez que envolve outras esferas de governo, e, no caso particular, a proposição de taxa visível, semelhante à de *ecovalor*, não é simples, embora semelhante ao proposto pelas cadeias de óleo lubrificante usado (Oluc), lâmpadas e embalagens em geral.

O acordo dos REEE e os demais que analisamos têm como determinante para o sucesso a mobilização e a conscientização dos consumidores para levar produtos descartados a locais determinados. Essa é uma das tarefas críticas da educação ambiental.

Outra questão relativa aos REEE é a participação dos catadores e de suas associações e a capacitação por que devem passar para lidar com esse tipo de material de maior valor, o que exige o domínio de técnicas e a utilização de instrumentos e equipamentos sofisticados. Vejamos o exemplo da recuperação de monitores das televisões com tubo: de forma imediata, um catador interessa-se pela parte metálica presente na parte posterior do tubo. Esse catador pode quebrar a parte de vidro do tubo para remover o metal, procedimento inadequado para o REEE em questão, pois, nessa quebra, o catador poderá inalar material particulado contendo chumbo do revestimento interno do tubo, expondo-se, por isso, a riscos à saúde. Em um processo correto, o revestimento metálico deve ser previamente removido (Unep, 2009).

O Brasil é um dos maiores geradores de REEE entre os países em desenvolvimento, com acúmulo de 96,8 mil t/ano de REEE, sendo superado apenas pela China, com 300 mil t/ano (Schuler et al., 2009, citado por Demajorovic; Augusto; Souza, 2016). No entanto, está longe dos países da União Europeia, que geram em torno de 8,3 a 9,1 milhões de t/ano de REEE (Unep, 2009).

A questão de volume é determinante da viabilidade do negócio da logística reversa nesse caso específico, um setor que apresenta ainda uma complexa variedade de linhas de produtos de coleta difícil (relações volume e peso) e sofisticados processos de recuperação de materiais. Contudo, o acordo a ser implementado deverá atender à necessidade de disposição adequada e contemplar a valorização dos catadores e de suas cooperativas, capacitando-os para o manuseio de materiais de maior valor comercial.

》》 Questões sobre o estudo de caso:

1) O que são os REEE e qual é a importância de recuperá-los?
2) O processo de recuperação de REEE segue padrões comuns?
3) Os catadores e as cooperativas estão capacitados para a recuperação dos REEE?

》 Síntese

Neste capítulo, analisamos o contexto da logística reversa para as organizações no que diz respeito à inovação tecnológica dos produtos, que se reflete nas tendências de consumo e influencia não só a redução do ciclo de vida útil de produtos, mas também os relacionamentos fornecedor/comprador, cada vez menos físicos. Os processos de planejamento e gestão dos canais reversos têm se mostrado complexos em razão da diversidade de materiais, os quais têm inúmeras origens e volumes dispersos.

Também destacamos como as práticas organizacionais de planejamento podem ser empregadas nos negócios relativos à logística reversa, tanto como atividade obrigatória e complementar quanto como negócio principal em uma organização. Ainda, abordamos as práticas dos atores presentes e envolvidos nas cadeias reversas dos materiais recuperados ou reciclados. O sucesso dessa atividade depende de uma definição concreta do material a ser manipulado, do conhecimento dos mercados (oferta, demanda e agentes) desses produtos e da avaliação da viabilidade econômica do empreendimento, apoiada na consideração ambiental e social do negócio de logística reversa.

» Questões para revisão

1) Qual é a razão para a existência de operadores especializados em logística reversa?

2) Quais são os principais fatores a serem considerados no projeto e na operacionalização de cadeias de distribuição reversas?

3) O funcionamento de canais de logística reversa apresenta vantagens para as organizações e para a sociedade. Analise as afirmações a seguir e indique V para as verdadeiras e F para as falsas.
   ( ) Os processos produtivos são revisados para gerar menos poluição e melhor aproveitamento dos recursos naturais.
   ( ) Processos produtivos com efeitos danosos à camada de ozônio ou à saúde humana são descontinuados.
   ( ) Matérias-primas obtidas de produtos reciclados apresentam, em geral, custos menores do que as originadas pela utilização de recursos naturais.
   ( ) Organizações dedicadas à logística reversa, em geral, apresentam-se economicamente viáveis, ambientalmente adequadas e socialmente úteis.

Agora, assinale a alternativa que apresenta a sequência correta:
a. V, V, V, V.
b. V, V, V, F.
c. V, V, F, F.
d. V, F, F, F.
e. F, F, F, F.

4) Custo é um dos itens a serem observados e analisados em qualquer atividade econômica – e, no caso da logística reversa, as vertentes de pós-venda e pós-consumo são diferentes. Sobre isso, analise as afirmativas a seguir.

I. Retornos de pós-venda ou pós-consumo são iguais em sua natureza e podem ter tratamento semelhante.

II. Retornos de pós-venda não devem ser danificados, a fim de que esses produtos mantenham sua valorização e a condição de reencaminhamento a canais de vendas secundários ou de segunda mão.

III. Retornos do pós-consumo são processados, tratados e movimentados como sucata nas fases iniciais de seus processos de recuperação, exigindo cuidados relativos a impactos ao meio ambiente ou à saúde humana, como é o caso dos REEE.

IV. Equipamentos de uso comum na logística direta e na logística reversa reduzem custos de manuseio e transporte, como os contentores plásticos retornáveis.

V. Os processos de movimentação e recuperação são iguais para quaisquer tipos de material das cadeias reversas. Essa homogeneidade contribui para o funcionamento dessas cadeias.

Agora, assinale a alternativa que apresenta apenas itens verdadeiros:
a. I, II e V.
b. II, III e IV.
c. II, IV e V.
d. I, II e IV.
e. III, IV e V.

5) Xavier e Corrêa (2013) apresentam questões de planejamento relativas a cadeias reversas em operação no Brasil. Analise as afirmativas a seguir e indique V para as verdadeiras e F para as falsas.

( ) Nas cadeias reversas do Brasil, clientes e fornecedores precisam incrementar processos colaborativos.

( ) As cadeias reversas, no Brasil, dependem da regulamentação legal e das iniciativas de setores industriais.

( ) O número de locais, os responsáveis pelos descartes e os volumes correspondentes devem ser conhecidos para os produtos/materiais das cadeias reversas.

( ) É importante haver gerenciamento das rotas e opções de transporte para coleta dos itens pós-consumo.

( ) O planejamento das cadeias reversas abarca também o estudo de alternativas de destinação dos materiais recuperados.

a. F, V, F, V, F.
b. F, V, V, V, F.
c. V, V, F, V, V.
d. V, V, V, V, V.
e. F, F, F, F, F.

>>> Para saber mais

A etapa final da entrega de produtos a partir de um centro de distribuição para o consumidor é conhecida, em inglês, como *last mile logistics*, sendo determinante para o comércio eletrônico (*e-commerce*). Seu custo é importante na logística direta e, mais ainda, na logística reversa, em razão da multiplicidade de pontos de coleta e variedade de produtos. No caso, poderíamos propor o neologismo *first mile logistics*, pois, como mostramos, o sentido é inverso para iniciar o canal reverso de recuperação do produto ou de seus componentes. Analise essa questão com base no texto e uma operadora logística norte-americana, a seguir indicado:

ROBINSON, A. The Ultimate Guide to Last Mile & Glove Logistics. Disponível em: <http://cerasis.com/2017/10/05/e-book-last-mile-and-white-glove-logistics/>. Acesso em: 24 abr. 2019.

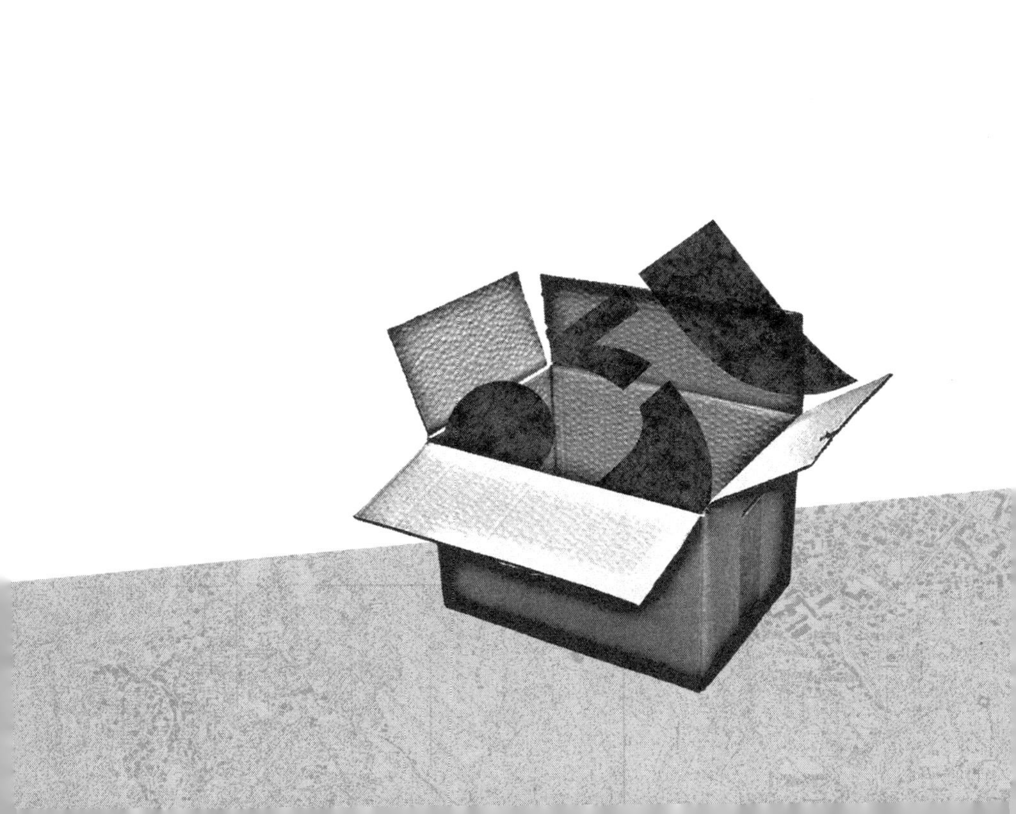

TENDÊNCIAS DA LOGÍSTICA REVERSA

›› Conteúdos do capítulo:

» Aspectos da legislação e das ações de logística reserva em outros países.
» Princípios da responsabilidade estendida e do pagamento pelo resíduo gerado.
» Tendências de abordagem da logística reversa no desenvolvimento sustentável: logística verde, pegada ecológica, economia circular e projeto para a sustentabilidade.
» Impactos da carga tributária fiscal nos negócios de reciclagem pós-consumo no Brasil e as possibilidades oriundas de impostos do tipo "verde".

›› Após o estudo deste capítulo, você será capaz de:

1) reconhecer as tendências e práticas de operadores da logística reversa em países que as adotam há mais tempo que o Brasil;
2) diferenciar as práticas de logística reversa adotadas por negócios no Brasil das de outros países;
3) identificar legislações internacionais que tratam do desenvolvimento sustentável, com destaque para a responsabilidade estendida ao final do ciclo de vida dos produtos e a responsabilidade compartilhada pelos resíduos gerados;
4) analisar resultados com base em novas abordagens, tais como a de pegada ecológica, de economia circular e de projeto para a sustentabilidade (*design for sustainability*);
5) discutir o tratamento fiscal diferenciado dado às matérias-primas e àquelas com origem em processos de recuperação e reciclagem, tendo em vista possíveis reflexos nas cadeias logísticas reversas.

A logística reversa, em suas vertentes de pós-venda e pós-consumo, já se apresenta às organizações para atendimento dos objetivos de desenvolvimento sustentável. A questão ambiental tem gerado novas abordagens da gestão do descarte adequado de produtos em seu ciclo de vida, recuperação e reaproveitamento. Exemplos são vinculados aos conceitos de pegada ecológica (e seus indicadores) e, mais recentemente, de economia circular. Especificamente, na logística reversa de pós-consumo, tem-se a intervenção de entidades públicas na implantação de coleta seletiva, regulamentação de atividades de catadores e ações concretas para a eliminação dos "lixões".

Notamos, no Brasil e em outros países, a existência de regulamentação para as atividades de disposição e determinação da responsabilidade dos produtores por seus produtos e respectivas embalagens. Essa interveniência colabora para a viabilização de mercados de compra e venda de materiais descartados, bem como para o surgimento de oportunidades de negócio, ao encontro de uma maior consciência ambiental de consumidores e da sociedade em geral.

Neste capítulo, analisaremos tendências e resultados já obtidos pela logística reversa nos Estados Unidos e na União Europeia (UE) sobre recuperação e revalorização de resíduos pós-consumo, comparando-as com práticas brasileiras.

» Logística reversa em outros países

Abordaremos brevemente a logística reversa nos Estados Unidos e na UE. Tal como no Brasil, lá a atividade associa-se a estratégias voltadas para o meio ambiente. Kumar e Putnam (2008) apontam direcionadores da legislação tanto nos Estados

Unidos quanto na UE (e também no Japão) para prevenção de perdas com incentivos ao reúso, à recuperação ou à reciclagem de materiais. Esses autores citam, explicitamente, a regulamentação da UE de atribuir responsabilidade às indústrias na recuperação de materiais prejudiciais ao meio ambiente e na destinação de embalagens para reciclagem e reúso.

Dessa forma, já em meados dos anos 1980, a ênfase da gestão do ciclo de vida de produtos migrou da visão do "berço ao túmulo" (em inglês, "*cradle to grave*") para a de prevenção do desperdício de recursos naturais com a gestão de "berço ao berço" (em inglês, "*cradle to cradle*") (Kumar; Putnam, 2008).

>>> Alguns aspectos da política de gestão de resíduos nos Estados Unidos

Dados da Agência de Proteção Ambiental dos Estados Unidos (US Environmental Protection Agency – EPA) indicam que, naquele país, em 2014, foram gerados cerca de 234 milhões t de resíduos sólidos urbanos (RSU)*, dos quais pouco mais de 60 milhões t foram reciclados (25,6%); 21 milhões t foram compostados (9,0%), utilizados na produção de fertilizante, tendo havido redução de gases do efeito estufa (GEE). Do restante, 123 milhões t (52,6%) seguiram para aterros sanitários e 30 milhões t (12,8%) foram destinados para geração de energia. A redução dos GEE foi superior a 181 milhões t/ano de gás carbônico equivalente ($MMTCO_2E$), comparável às emissões anuais de mais de 38 milhões de automóveis (EPA, 2016).

A Figura 5.1 mostra a evolução da reciclagem e da compostagem de RSUs nos Estados Unidos no período de 1960 a 2014. De acordo com os dados, cerca de 50% desses resíduos são

---

* Toneladas de resíduos reciclados e compostos.

reciclados ou compostados, indicando que a destinação final dos RSUs nos Estados Unidos mudou significativamente. Por exemplo, a reciclagem e a compostagem passaram de menos de 10% dos resíduos gerados em 1980 para cerca de 34% em 2014, e a destinação para aterros sanitários reduziu de 89% em 1980 para quase 53 % em 2014.

» **Figura 5.1** – Evolução da reciclagem/compostagem de RSUs nos Estados Unidos

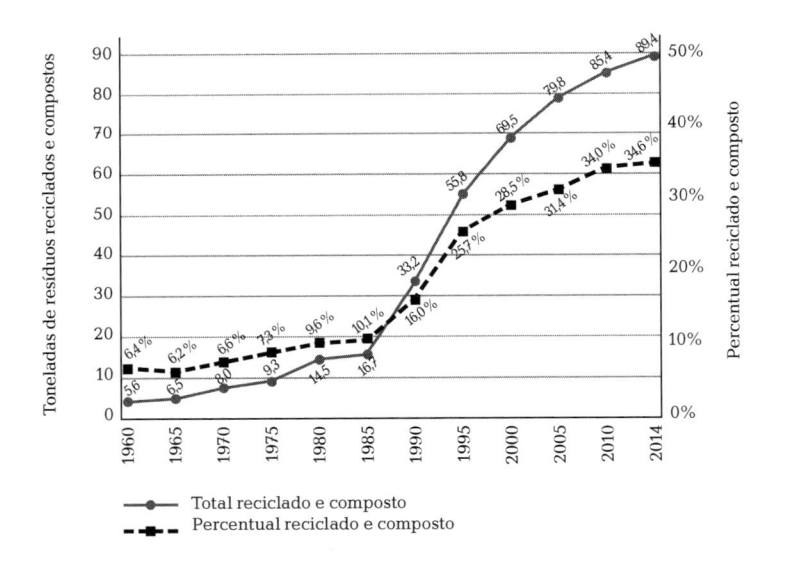

Fonte: EPA, 2016, p. 3, tradução nossa.

Nos Estados Unidos, a legislação básica ambiental é representada pela Lei de Conservação e Recuperação de Recursos, em inglês, *Resource Conservation and Recovery Act* (RCRA), que dispõe sobre a proteção de comunidades e a conservação de recursos. Nesse contexto, a agência EPA é responsável por regulamentações, guias e políticas para assegurar uma gestão segura e disposição de resíduos sólidos não prejudiciais ao meio ambiente, bem como estimular a redução de utilização de recursos naturais e o reúso de materiais (EPA, 2019).

A EPA gerencia cerca de 2,5 bilhões t de resíduos sólidos, perigosos e industriais, supervisionando cerca de 6.600 instalações responsáveis por mais de 20.000 processos de reciclagem e recuperação. Além disso, tem abordado mais de 3.700 instalações para solução de contaminações e revisto cerca de 2.000 locais com possível contaminação. Gerencia também financiamentos, em um total de US$ 97,3 milhões para apoio aos estados na implantação de programas relativos a resíduos perigosos e incentivos a iniciativas para reduzir ou evitar emissões de GEEs em práticas de gestão de materiais e terrenos (EPA, 2019).

Nesse sentido, a EPA tem atuado na implantação de **programas de amplitude nacional**, com destaque para:

» desenvolvimento de sistema de infraestrutura nacional para gestão de resíduos perigosos;
» estabelecimento de uma estrutura que possibilite aos estados implantar programas de gestão de RSUs e de materiais secundários não perigosos;
» prevenção de contaminações em locais de disposição de resíduos;
» restauração de 72,8 milhões de m² de terrenos contaminados e preparo dessas áreas para reúso;
» criação de programas de parceria e recompensas para incentivar empresas a alterar práticas produtivas para gerar menos resíduos e a reusar, de forma segura, materiais;

» percepção de que resíduos podem ser matérias-primas valiosas de produtos novos pela gestão sustentável de materiais;
» reforço da infraestrutura nacional de reciclagem e aumento do percentual de reciclagem de RSUs (EPA, 2019).

O programa RCRA está em andamento e enfrenta desafios advindos da existência de resíduos altamente tóxicos; resíduos gerados por equipamentos de controle da poluição do ar e da água; crescimento da população com maiores demandas de recursos naturais e gestão de longo prazo de instalações que fecharam com resíduos ou contaminações. A continuidade e o futuro de ações relativas ao meio ambiente e a resíduos sólidos nos Estados Unidos dependem da ação permanente de organizações públicas, das empresas e da comunidade em geral, a fim de manter a criação de oportunidades de negócios e empregos sustentáveis (EPA, 2019).

››› Alguns aspectos da política de gestão de resíduos na UE

Os países europeus têm mudado de forma significativa o foco na gestão de RSUs, buscando a valorização dos resíduos, a proteção ao meio ambiente com base no conceito de hierarquização dos resíduos cuja prevenção é prioritária, tarefas seguidas de ações de reúso, reciclagem e disposição final em aterros (esta a menos desejável das opções) (EEA, 2017).

A EEA (2017) aponta que os RSUs representam cerca de 10% do total de resíduos gerados na UE, mas que a **prevenção** tem o potencial de reduzir o impacto ambiental pós-consumo e em todas as fases do ciclo de vida dos produtos. Constata, ainda, que países que implantaram sistemas eficientes de gestão municipal de resíduos têm alcançado bons resultados na gestão total deles.

Destacamos a atuação do Bureau of International Reclycling (BIR*), entidade belga que, desde 1948, congrega empresas recicladoras, estimula e apoia a implantação de ações para a reciclagem, o que tem facilitado transações, ajudado em conflitos de interesse e qualificado seus associados para melhor atender a regulamentações que surgem ao longo das tratativas entre as partes (BIR, 2019).

Registros dessa entidade apontam que, globalmente, a reciclagem é responsável pela geração de 1,6 milhão de empregos, com um volume de materiais reciclados da ordem de 600 milhões t/ano e um movimento financeiro anual da ordem de US$ 200 bilhões. No entanto, o BIR aponta que, em razão da percepção equivocada de que resíduos não têm valor, 91% dos materiais plásticos produzidos no mundo não são reciclados. Por exemplo, nos Estados Unidos são reciclados cerca de 34% dos materiais lá gerados; e, na Europa, o melhor índice é o da Áustria, com 63% de sua produção (BIR, 2019).

O BIR (2019) aponta, ainda, que a reciclagem pode reduzir gastos com energia, comparativamente à produção via recursos naturais, além de diminuir emissões de gás carbônico (CO_2). A Tabela 5.1 mostra a redução do consumo de energia e de emissões de gás carbônico por meio da reciclagem de alguns metais, plásticos e papéis.

---

* O BIR promove o comércio e os interesses da indústria de reciclagem em escala internacional e contém mais de 760 companhias associadas e 36 associações nacionais relacionadas à reciclagem. Três empresas brasileiras fazem parte dessa associação. Seu escritório central é em Bruxelas, na Bélgica (BIR, 2019).

» **Tabela 5.1** – Processos de reciclagem/energia e emissões de gás carbônico

Material	Economia de energia pela reciclagem – em %	Redução percentual de CO_2*
Alumínio	> 95	> 92
Cobre	> 85	> 65
Aço	> 74	> 58 (ferrosos)
Níquel	——	> 90
Zinco	> 60	> 76
Chumbo	> 65	> 99
Estanho	——	> 99
Papel	> 65	> 18
Plásticos	> 80	——

* BIR: Estudo dos Benefícios Ambientais da Reciclagem, 2009.
Fonte: Elaborado com base em BIR, 2019.

>>> Para despertar o interesse

Reciclagem: o sétimo recurso

O BIR atua no estímulo e na implantação de ações para a reciclagem. Entre elas está o dia da reciclagem, que, no ano de 2018, foi comemorado em 18 de março. O material de divulgação apresenta a reciclagem como o sétimo recurso ao lado dos recursos naturais: água; ar; petróleo; gás natural; carvão e minerais. Esses recursos não renováveis vêm sendo impactados por sua exploração desmedida e têm sido prejudicados pelo descarte inadequado de resíduos. A sustentabilidade tem a reciclagem como solução e recurso (BIR, 2018).

O BIR propõe sete desafios aos governantes e sete questões para que a sociedade pense e mude seus hábitos. Vejamos:

Sete desafios para a reciclagem

1) Implantar e fortalecer acordos internacionais que promovam a reciclagem e negociem novas ações que se façam necessárias.
2) Apoiar e promover o comércio sustentável de materiais recicláveis por meio de empresas ecologicamente comprometidas no mundo inteiro.
3) Educar as pessoas, desde os níveis mais básicos de ensino, para a necessidade crítica de reciclagem.
4) Estabelecer e acordar uma linguagem comum sobre a reciclagem (mesmas definições e mensagens).
5) Tornar a reciclagem uma questão comum, apoiando iniciativas voltadas para domicílios e empresas que trabalhem com materiais advindos do sétimo recurso como reaproveitamento.
6) Apoiar a indústria para iniciativas de "projeto para reciclagem" no reúso de materiais – reduzindo descartes e integrando funcionalidades no "fim da vida" de produtos desde sua fase de projeto.
7) Apoiar inovação, pesquisa e iniciativa que promovam práticas de reciclagem. (BIR, 2018).

Sete questões para todos nós

1) Você descarta corretamente todos materiais após usá-los: de garrafas plásticas até geladeiras, seu carro, para que eles possam ser adequadamente reciclados?
2) Você conhece as políticas de reciclagem de seu município e as segue?
3) Você sabe a destinação dos recicláveis após a coleta pela municipalidade?
4) Você, sua família e amigos reparam, reformam e reusam materiais para manter a utilidade dos produtos o maior tempo possível?
5) Você está comprometido a gerar a menor quantidade de resíduos possível?
6) Você conhece como as empresas produtoras e quais marcas de produto que você compra facilitam sua reciclagem? Suas decisões de compra são de produtos de "reciclagem amigável"?
7) Você conhece, de modo suficiente, a legislação nacional sobre a reciclagem de resíduos ou precisa conhecê-la melhor? (BIR, 2018).

A UE tem diretivas para a gestão de resíduos e fixa metas de reciclagem por tipos de produtos. Por exemplo, a diretiva de aterros, com metas relativas a resíduos biodegradáveis; a diretiva de embalagens, com metas de reciclagem; e a diretiva de estrutura de resíduos com metas relativas a resíduos domiciliares (EEA, 2017). Em 2015, a Comissão Europeia (CE) propôs novas metas para os RSUs. Para 2025, por exemplo, a meta é de 60% de reciclagem e preparação para reúso (e de 65% em 2030). Além destas, foram propostas metas de redução de destinação de RSUs para aterros sanitários e para a reciclagem de embalagens.

As taxas de reciclagem representam metas de desempenho e controle da política ambiental europeia. Observemos que, na reciclagem dos RSUs, estão incluídos não só o aproveitamento de resíduos não orgânicos (classificados como recicláveis pelo Plano Nacional de Resíduos Sólidos – PNRS – Brasil, 2010b), mas também o aproveitamento dos materiais de origem orgânica (sobras de alimentos, podas de árvores e jardins), processados e aproveitados por meio de compostagem e biodigestão.

Em 2014, a média de reciclagem alcançada pelos países europeus foi de 33% contra 23% em 2004. Na UE, os resultados passaram de 31% em 2004 para 44% em 2014, ainda longe da meta de 60% proposta para 2025 (EEA, 2017). Por outro lado, o volume de RSUs destinado para aterros decresceu em 32 países da UE, de 49% em 2004 para 34% em 2014, em um contexto em que países como Áustria, Bélgica, Dinamarca, Alemanha, Holanda, Noruega, Suécia e Suíça praticamente não mais destinam seus resíduos para aterros. Na outra ponta, países como Grécia, Turquia, Croácia, entre outros, ainda destinam 67% de seus RSUs para aterros.

A Tabela 5.2 demonstra a situação da gestão de RSUs em alguns países europeus e as respectivas políticas de incentivo ao aproveitamento de materiais adotadas no período de 2001 a 2015, destacando-se os percentuais de reciclagem e o percentual de RSUs ainda destinados a aterros.

» **Tabela 5.2** – Gestão de RSUs em alguns países europeus – 2001-2015

País	% Reciclado (2014)	% Aterrado	Taxa de aterramento > 50% até 2001	Taxa de incineração	Restrição do aterramento de orgânicos	Segregação obrigatória de orgânicos	Pagamento pelo disposto (pay-as-you-throw) ou outro incentivo econômico para a reciclagem
Áustria	56	4	x (até 2009)	x	x	x	x
Bélgica	55	1	Wallonia > 50%	x	x		(x) (2 regiões)
Dinamarca	44	1		x	x		(x)
Finlândia	33	17	x		x	x	x
França	39	26	x	x	x		(x)
Alemanha	64	1	(sem taxa)		x	x	x
Itália	42	31				Algumas regiões	(x)
Holanda	51	1	Abolida em 2012		x	x	Mais 40% dos municípios
Noruega	42	3		Abolida em 2010	x		
Portugal	30	49	x	x			

(continua)

(Tabela 5.2 – conclusão)

País	% Reciclado (2014)	% Aterrado	Taxa de aterramento > 50% até 2001	Taxa de incineração	Restrição do aterramento de orgânicos	Segregação obrigatória de orgânicos	Pagamento pelo disposto (*pay-as-you-throw*) ou outro incentivo econômico para a reciclagem
Espanha	33	55	(Apenas Catalunha, Castela e Leon)	Só Catalunha	Banimento de recicláveis	Catalunha / outras regiões	(×)
Suécia	50	1	×	Taxa abolida em 2010	×		×
Suíça	54	0			×		×
Reino Unido	44	28	×				

Notas:

a) (×) a política não é mandatória ou só é aplicada em algumas regiões.

b) O percentual é calculado sobre o total de resíduos gerados.

c) A reciclagem inclui o aproveitamento dos resíduos orgânicos: compostagem ou biodegração anaeróbica.

d) A meta europeia de reciclagem para 2020, de 50%, foi atingida, em alguns países, desde 2014.

Fonte: Elaborado com base em EEA, 2017.

As políticas de incentivo impõem taxas sobre: percentual dos resíduos destinados a aterros ou de resíduos que são incinerados sem aproveitamento de energia; percentual de segregação obrigatória dos resíduos orgânicos e de restrições para seu encaminhamento aos aterros; montante de valores pagos pelo gerador dos resíduos, caso ele os destine para os aterros em vez de reciclá-los (EEA, 2017).

O relatório da EEA (2017) destaca algumas conclusões referentes ao período de 2001 a 2015:

» Países que aplicaram, simultaneamente, várias políticas na gestão dos RSUs tiveram maior sucesso. O estudo destaca, ainda, que a maneira pela qual essas políticas foram aplicadas e combinadas mostra-se mais importante do que o número delas.

» A maioria dos países desenvolveu mais de dois planos de gestão de resíduos, mas o desempenho em reciclagem difere de país para país. Não se constatou diferença sistemática entre os planos: se eram nacionais ou se eram apenas regionais.

» Vários países empregam taxas de cobrança sobre a base de resíduos gerados (*pay-as-you-throw*) como incentivo para que os domicílios reciclem seus resíduos. A implantação dessa ferramenta varia bastante entre países e dentro dos países. Entretanto, todos que a adotaram apresentaram taxas de reciclagem acima de 45%, ao passo os que não o fizeram apresentam taxas inferiores a 20%, indicando a efetividade da medida.

» Todos os países que mostraram percentuais de destinação de resíduos para aterros inferiores à média europeia (28%) ou conseguiram interromper a disposição de resíduos biodegradáveis ou implantaram taxa de destinação para aterros de €30/t de resíduo.

Esses resultados mostraram-se superiores aos observados no Brasil. Em nosso país, as metas quantitativas são propostas na formulação e na negociação de acordos setoriais; e as metas de reciclagem de RSUs do PNRS (Brasil, 2010b) ainda estão sendo discutidas com estados e municípios.

Outro ponto que destacamos na legislação europeia é a aplicação da **responsabilidade estendida do produtor** (*extended producer responsability* – EPR) em cadeias de abrangência nacional, incluindo: baterias e acumuladores, resíduos de equipamentos eletroeletrônicos (REEE), veículos em fim de vida (*end-of-life vehicles* – ELV) e embalagens. Observamos que outras cadeias produtivas operacionalizam esquemas de EPR por meio de legislações nacionais ou esquemas voluntários, citando-se, entre outras, as de pneus, óleos usados, papel de impressão, plásticos de uso agrícola, remédios/produtos de saúde, sacos plásticos, produtos químicos, jornais, fluidos refrigerantes, agrotóxicos, lâmpadas e acessórios correlatos, têxteis, materiais de construção etc.

A EPR é definida pela Organisation for Economic Co-operation and Development* (OECD, 2014, p. 3, tradução nossa) como uma "abordagem de política ambiental pela qual a responsabilidade de um produtor por seu produto é estendida para o estágio de pós-consumo do seu ciclo de vida". Assim, pela EPR, fabricantes devem custear e organizar a coleta e a reciclagem dos produtos de modo que não haja comprometimento ambiental. Por essa razão, a EPR tem contribuído

---

* Em português: Organização de Cooperação e de Desenvolvimento Econômico.

com o estabelecimento de políticas ambientais de incentivo à reciclagem e à redução de disposição de materiais em aterros sanitários.

A EPR é adotada pela maioria de países da OECD e tem se estendido a países da Ásia, da África e da América Latina e Caribe (LAC), destacando-se Argentina, Brasil, Chile, Colômbia e México, em particular para produtos perigosos como os eletrônicos e equipamentos de computação.

A ampliação desses esquemas de regulamentação é importante para a estratégia da OECD de **gestão sustentável de materiais** (*sustainable materials management* – SMM) em um processo sustentável de tomada de decisões, considerando impactos sociais, ambientais e econômicos dos produtos e dos materiais em todo seu ciclo de vida, bem como a melhoria da segurança e da competitividade das organizações, com aumento da produtividade dos recursos.

Outro princípio do direito ambiental das diretivas da OCDE (Recomendação "C" (72) 128, de 28 de maio de 1972) é o do **poluidor-pagador**, que dispõe que os custos da poluição sejam assumidos por quem a causou (OECD, 1992).

No Brasil, a legislação prevê esse princípio no art. 225, parágrafo 3º, da Constituição Federal de 1988: "As atividades e condutas lesivas ao meio ambiente sujeitarão os infratores, pessoas físicas ou jurídicas, às sanções penais e administrativas, independentemente da obrigação de reparar os danos causados" (Brasil, 1988).

A Lei n. 6.938, de 31 de agosto de 1981, também adota, no art. 4º, inciso VII, princípio do poluidor-pagador nas finalidades da Política Nacional do Meio Ambiente: "a imposição ao usuário, da contribuição pela utilização dos recursos ambientais com fins econômicos e da imposição ao poluidor e ao predador da obrigação de recuperar e/ou indenizar os danos causados" (Brasil, 1981). Vale ressaltar, como vimos no Capítulo 3, que a PNRS (Lei n. 12.305, de 2 de outubro de 2010 – Brasil, 2010b) também o adota como princípio.

A CE tem atuado para compatibilizar o crescimento industrial, as questões ambientais, o cuidado com mudanças climáticas e a política energética em direção a um ambiente de negócios com crescimento sustentável e criação de empregos e incentivos à inovação. Para tanto, tem adotado uma agenda que contempla os princípios de economia circular, economia com baixo consumo de carbono (*low-carbon*) e de melhoria da eficiência energética dos produtos com a regulamentação de projeto para sustentabilidade, o *EcoDesign* (EC, 2019a).

Para implantação dos princípios da **economia circular** ocorreu em dezembro de 2015 por meio de um conjunto de ações relativas à produção e ao consumo de produtos, à gestão de resíduos e ao incentivo a um mercado secundário de matérias-primas recicladas. A base da economia circular é a manutenção do valor dos produtos e dos materiais que os compõem pelo maior tempo possível em seu ciclo de vida, tendo em vista a minimização do uso de recursos naturais e a geração de recursos. Considera-se, para isso, naturalmente, a inovação, o crescimento econômico e a criação de empregos (EC, 2019a).

Medidas relativas à **economia de baixo carbono** objetivam transformar a base industrial europeia e são voltadas para os setores de energia, manufatura, transporte e construção. Para manter condições de competitividade, a CE tem desenvolvido programas de incentivo a tecnologias de baixo carbono. Um exemplo é a iniciativa Sustainable Industry Low Carbon* (SILC II), com horizonte de 2020, que focaliza indústrias

---

* Em português: Indústria Sustentável de Baixo Carbono.

intensivas em energia, buscando soluções que reduzam significativamente a emissão de gases de estufa. As tecnologias desenvolvidas devem ser testadas em plantas industriais sob condições reais e fundamentadas na exploração e implantação de planos de negócio (EC, 2019b).

A regulamentação do **EcoDesign** e a rotulação referente ao dispêndio energético têm como objetivo melhorar a eficiência energética dos produtos e eliminar do mercado produtos menos eficientes energeticamente. O *EcoDesign* também apoia a inovação e a competitividade industrial ao promover um desempenho ambiental superior dos produtos no mercado interno europeu.

» Abordagens para o desenvolvimento sustentável: a logística verde, a pegada ecológica, a economia circular e o projeto para a sustentabilidade

A consciência ecológica e a preocupação com a utilização de recursos naturais têm se refletido na legislação dos países e na proposição de estratégias e conceitos de gestão em que a questão ambiental apresenta-se como fator fundamental para a tomada de decisões nas organizações. Nesse sentido, nos últimos anos, verificam-se filosofias de atuação importantes, destacando-se a logística verde (*green logistics*); a pegada ecológica (*ecological footprint*) e, mais recentemente, a economia circular (*circular economy*) e o projeto para a sustentabilidade (*design for sustainability* – Dfs). Vamos abordar um pouco de cada uma delas a seguir.

🟢 Logística verde (*green logistics*)

A logística verde, em termos práticos e sucintos, corresponde à incorporação das questões ambientais às atividades logísticas, ou seja, a destinação correta de resíduos e materiais, a redução no consumo de recursos, o controle de ruídos, a emissão de gases, a utilização de modais de transporte mais eficientes e amigáveis ao ambiente, a redução da produção de resíduos e os cuidados com manuseio indevido de materiais e embalagens.

Engelage, Borgert e Souza (2016, p. 41) definem a *logística verde* como um conjunto de esforços para "mitigação de externalidades e redução de espaço e tempo para alcançar um equilíbrio sustentável entre objetivos ambientais, econômicos e sociais por meio da adequação de atividades ecoeficientes". Portanto, os autores associam logística verde ao atendimento ao tripé da sustentabilidade (*triple bottom line*), que abordamos no Capítulo 1.

A Figura 5.2 ilustra a integração entre logística verde e logística reversa, destacando que seus procedimentos logísticos incorporam a consideração ambiental em todas suas fases. Essa ponderação "verde", por exemplo, acontece nas aquisições e representa a exigência a fornecedores de certificações ambientais e evidências de sua preocupação ambiental.

» **Figura 5.2** – Processos da logística verde

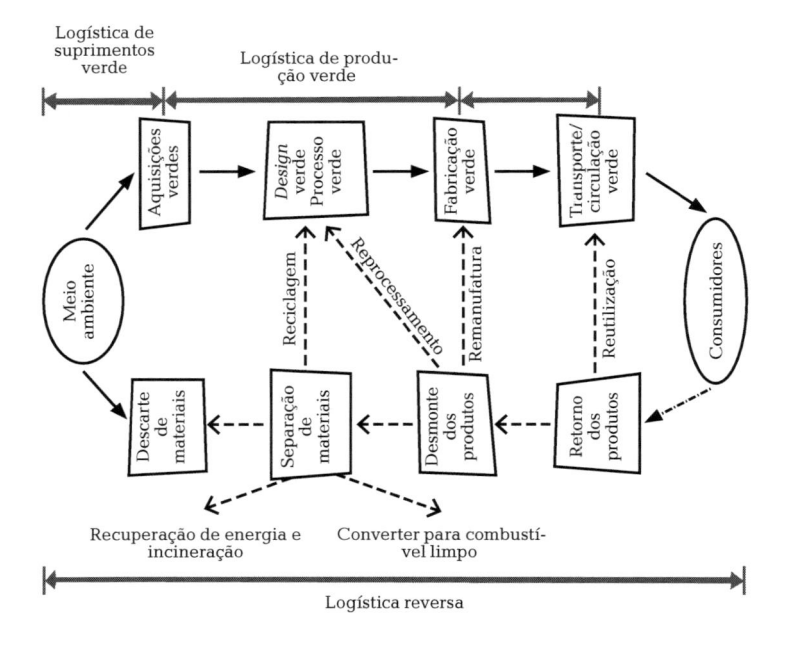

Fonte: Engelage; Borgert; Souza, 2016, p. 42.

Xiu e Chen (2012), por sua vez, definem *logística verde* como um conjunto de atividades voltadas para reduzir danos ao ambiente pelos processos logísticos, alcançando o saneamento do ambiente da logística e fazendo o melhor uso de seus recursos. O Quadro 5.1 aponta as diferenças, propostas por Xiu e Chen (2012), entre a logística tradicional e a logística verde, classificadas quanto ao principal objetivo e aos agentes envolvidos.

» **Quadro 5.1** – Diferenças entre a logística tradicional e a logística verde

	Logística tradicional	Logística verde
Objetivo principal	Alta eficiência logística. A degradação do meio ambiente como custo.	Desenvolvimento sustentável e o progresso tecnológico da logística com base na inovação. Busca da eficiência logística e da eliminação gradual do impacto do processo logístico no meio ambiente.
Atores	Atuação somente dos agentes dos negócios logísticos. Difícil integração e alocação ótima dos recursos utilizados.	Todos envolvidos na produção e comercialização de produtos/serviços nos fluxos a montante e a jusante das cadeias de suprimentos dentro e fora da empresa, de modo a alcançar, de forma efetiva, sinergia, a integração do uso dos recursos atuais, reduzindo o desperdício e melhorando a utilização.

Fonte: Xiu; Chen, 2012, p. 2.767, tradução nossa.

⟫ Pegada ecológica (*ecological footprint*)

A Pegada Ecológica corresponde a uma organização internacional criada em 1990 por pesquisadores da Universidade da Columbia Britânica em Vancouver no Canadá (Mathis Wackernagel e William Rees), parceira da rede global World

Wide Fund for Nature (WWF)*. Ela propõe uma metodologia de contabilidade ambiental pela relação entre a demanda humana de recursos naturais renováveis e a capacidade de recuperação do planeta.

Em termos práticos, os indicadores da Pegada Ecológica expressam a relação entre o volume de água e a extensão de áreas produtivas necessários para absorver os resíduos gerados por um indivíduo, uma população ou uma atividade diante da tecnologia utilizada e da gestão dos recursos utilizados. O indicador, portanto, mede a pressão humana sobre ecossistemas locais e globais na relação entre a demanda humana e a capacidade da natureza de atendê-la (Pegada Ecológica, 2019).

As decisões de consumo geram impactos sobre os recursos naturais. A pegada ecológica de consumo tem três **componentes**, conforme também mostra a Figura 5.3:

1. *Bens de consumo adquiridos pelas famílias (chamado de "gastos domésticos"): alimentos, manutenção e operações da habitação, transporte pessoal, bens e serviços.*

2. *Consumo governamental (chamado de "governo"), que contém bens de consumo de vida curta: serviços públicos,*

---

* Organização não governamental também existente no Brasil, dedicada à conservação da natureza com os objetivos de harmonizar a atividade humana com a conservação da biodiversidade e promover o uso racional dos recursos naturais em benefício dos cidadãos de hoje e das futuras gerações (WWF, 2019).

escolas públicas, policiamento, administração e defesa.

3. Consumo de bens duráveis (chamado "formação bruta de capital fixo"): habitações novas, fábricas e máquinas novas, infraestrutura de transporte. (Pegada Ecológica, 2019)

» **Figura 5.3** – Classes de consumo *versus* recursos ecológicos

Classes de consumo		Recursos ecológicos
Governo Alimentos Morada Mobilidade Bens Serviços	As decisões de consumo geram impactos sobre	Energia de absorção de CO_2 Agricultura Pastagens Florestas Pesca Área Construída

Fonte: Becker et al., 2012, p. 11.

A pegada ecológica de um país, estado ou pessoa refere-se ao "tamanho das áreas produtivas terrestres e marinhas necessárias para sustentar um determinado estilo de vida", mostrando em hectares, a "extensão de território utilizado para morar, alimentar, se locomover, se vestir e consumir bens de consumo em geral", considerando no cálculo o impacto sobre recursos naturais renováveis (Becker et al., 2012, p. 16).

O indicador é útil para orientar ações que reduzam a utilização de recursos naturais, contribuindo para o meio ambiente, ao encontro da dimensão ambiental da logística reversa, a qual pode ser considerada uma forma de redução da pegada ecológica de uma região ou de um país.

>>> Economia circular (*circular economy*)

A economia circular embasa-se em um conceito aparentemente simples, cuja origem está nos sistemas da natureza, qual seja: alterar a prática da **economia linear**, que corresponde à extração de recursos naturais => transformação em produtos => distribuição => consumo => disposição mínima de resíduos, para a de **economia circular**, com disposição mínima de resíduos e redução das matérias-primas utilizadas à medida que os produtos são concebidos e fabricados, considerando reaproveitamento e retorno destes ao ciclo de produção e de consumo.

O princípio, conforme definido pela OECD, objetiva "ciclos (*loops*) fechados de materiais e a extensão da vida útil dos materiais por seu uso mais prolongado e aumentando a utilização de matérias-primas secundárias" (OECD, 2014, p. 4, tradução nossa).

A Figura 5.4 apresenta um modelo simplificado de economia circular, que tem início já em projetos voltados para a sustentabilidade dos produtos, ou seja, aqueles concebidos para facilitar o reúso e o reaproveitamento de seus materiais, na sequência natural de produção, distribuição, consumo, armazenagem e disposição de resíduos para a reciclagem de materiais biológicos e técnicos.

» **Figura 5.4** – Modelo simplificado da economia circular para materiais e energia

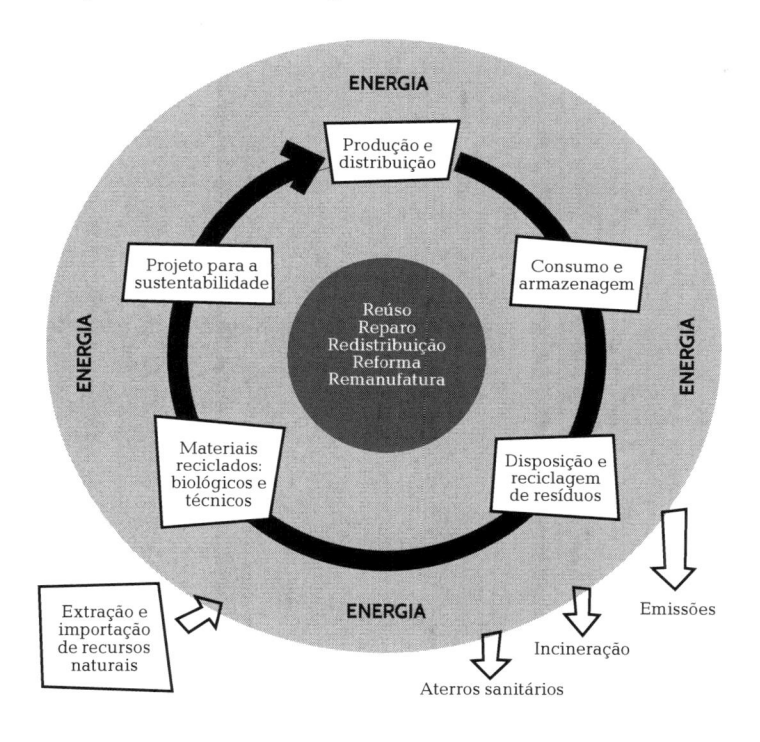

[Diagrama circular com os seguintes elementos:
- ENERGIA (topo)
- Produção e distribuição
- Consumo e armazenagem
- Reúso, Reparo, Redistribuição, Reforma, Remanufatura (centro)
- Projeto para a sustentabilidade
- ENERGIA (laterais)
- Materiais reciclados: biológicos e técnicos
- Disposição e reciclagem de resíduos
- Extração e importação de recursos naturais
- ENERGIA (base)
- Aterros sanitários
- Incineração
- Emissões]

Fonte: EEA, 2016, tradução nossa.

As setas externas representam os pontos a reduzir, quais sejam, o consumo e a extração de recursos naturais, a emissão de gases de efeito estufa, a destinação de resíduos para incineração e aterros sanitários. Estes últimos casos apresentam problemas: a incineração não é uma boa solução, uma vez que, além das emissões que exigem tratamento, ainda sobram cinzas e resíduos a serem dispostos em aterros industriais*. Estes têm como problema a exigência de áreas para implantação e o virtual esgotamento de alternativas, exigindo, muitas vezes, transporte de resíduos a longas distâncias, situação similar à dos aterros sanitários.

O princípio da economia circular é relativamente recente e idealizado pela velejadora Ellen MacArthur, em 2010, como vimos no Capítulo 1. A proposta da economia circular de repensar a gestão e o aproveitamento de recursos naturais foi incorporada à CE 100 (Circular Economy 100), entidade que congrega empresas, governo e organizações para atuar como forma de incentivar a transição para a economia circular.

Na UE, nos Estados Unidos, no Japão e na China já existem iniciativas. No Brasil, a CE 100 Brasil apoia e auxilia as organizações a utilizar economia circular por meio de aprendizado, capacitação, rede de relacionamentos (*networking*) e colaboração. A proposta da economia circular é gerar ganhos para as organizações com a restauração e a regeneração de recursos em ciclos de materiais técnicos e biológicos. (EMF, 2015).

Materiais biológicos advindos de recursos naturais servem de insumos para a indústria que os utilizou primeiramente ou como matérias-primas secundárias para outras indústrias. Nos materiais técnicos, segue-se o ciclo de vidas dos produtos, e, no pós-consumo, podem ser remodelados, remanufaturados ou, até mesmo, reciclados. Materiais sem condições de reaproveitamento são incinerados para gerar energia. Esse resíduo sem aproveitamento é destinado a aterros sanitários (EMF, 2015).

---

* Aterros industriais diferem dos sanitários em razão de se destinarem aos resíduos com origem em processos industriais ou do comércio de produtos perigosos. Os aterros industriais têm gestão e empregam tecnologias de acordo com a classe de resíduo que recebem (ver Capítulo 6).

Uma das bases do conceito de economia circular é a proposição do fabricante ou do comerciante como proprietários dos produtos, atuando como prestadores de serviços, de modo a comercializarem o uso, e não a posse. Por exemplo, um carro provê serviços de locomoção, razão pela qual manutenção, conservação e reposição do veículo seriam de responsabilidade dos fabricantes, acompanhada da obrigação de reaproveitamento de materiais ou sua disposição adequada (EMF, 2015).

Essa proposição implica uma transformação radical da concepção de negócios, o que pode ser justificado pela necessidade de redução da degradação de recursos naturais, promovendo uma mudança na visão consumista de nossa sociedade. Portanto, o conceito é simples, mas exige uma radical transformação dos negócios.

O que a economia circular tem em comum com a logística reversa?

A resposta é que ambas têm como objetivo a redução da exploração de recursos naturais e caminham na direção dos objetivos do desenvolvimento sustentável em sua tripla dimensão, como vimos no Capítulo 1. Nessa linha, Stahel (2016) aponta que os modelos de negócio da economia circular podem ser de dois grupos: 1) um que promove e estende a vida útil dos produtos por meio de reparação, remanufatura, melhorias e reequipamento; e 2) outro que transforma bens sem utilidade para o consumidor em recursos novos pela reciclagem de seus materiais.

Vamos analisar o exemplo apresentado pela CE 100 Brasil referente a uma empresa recicladora de equipamentos eletroeletrônicos (EEE), a Recicladora Urbana, localizada em Jacareí (SP). Com base na gestão de resíduos no mercado B2B, a empresa adotou um modelo de negócios com a visão da economia circular e o objetivo de "maximizar o valor extraído de todos os itens coletados" (CE 100, 2017, p. 12). Para tanto, a empresa tem prestado serviços de recuperação e reparo de equipamentos, revendendo peças usadas após coleta e tratamento de equipamentos descartados. A organização tem obtido sucesso, e cerca de 70% de sua receita, em 2015, resultou da venda de equipamentos reformados (CE 100, 2017).

Esse tipo de abordagem é utilizado para viabilizar negócios na visão de desenvolvimento sustentável, em oposição à exploração indiscriminada de recursos naturais, que objetiva lucros financeiros de curto prazo e desconsidera custos ocultos no abuso de recursos naturais e na disposição inadequada de resíduos.

A CE age não apenas no mercado secundário de matérias-primas – com o objetivo de superar obstáculos existentes pela incerteza dos sistemas de coleta (fontes, composição, quantidade e qualidade) –, mas também no transporte de materiais entre países. Entre essas medidas e regulamentações destacam-se:

» Desenvolvimento de estudos para estabelecer padrões de qualidade para matérias-primas secundárias, especialmente plásticos.
» Implantação de medidas para facilitação do transporte de resíduos entre países da UE e de repressão a transportes ilegais.

» Análise e proposição de opções de interligação das legislações sobre produtos químicos e resíduos, incluindo o rastreamento de componentes químicos nos produtos, o que facilita o uso de materiais reciclados.
» Pesquisa sobre matérias-primas secundárias e seus mercados (obstáculos e oportunidades) na UE.

Fica claro, mais uma vez, que a implantação de ações relativas à economia circular ou, na dimensão do foco desta obra, à logística reversa, é dependente da atuação conjunta de regulamentações por parte de governos, de ações das organizações, com a viabilização de negócios, e da sociedade, com a consciência de um desenvolvimento sustentável amplo.

Contudo, é preciso lembrar, conforme mostra a Figura 5.5, da configuração de duas visões em conflito: 1) a harmonização de sistemas agroecológicos e sistemas de biodiversidade em uma cultura humana e ecológica; e 2) a exploração de recursos naturais em uma cultura humana industrial com impactos na natureza em razão da geração e da disposição inadequada de resíduos, das emissões de GEE e das perdas sociais e biológicas, que contribuem para mudanças climáticas e aquecimento do planeta.

» **Figura 5.5** – Duas visões em conflito

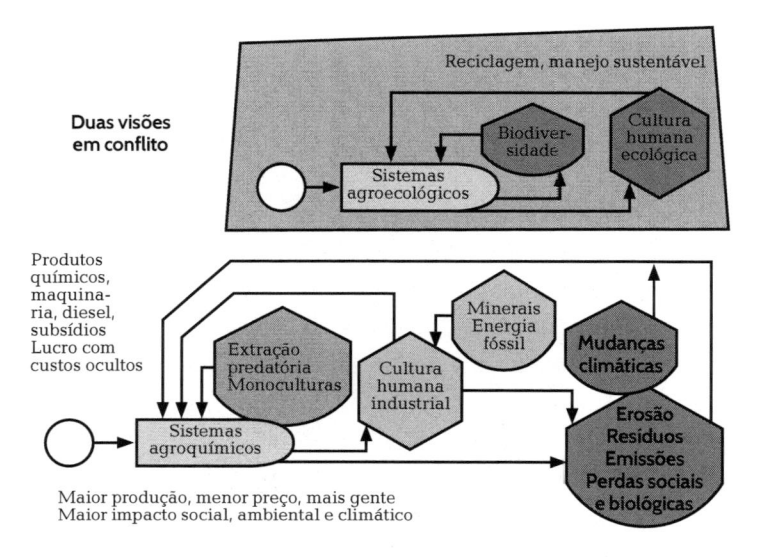

Duas visões em conflito

Reciclagem, manejo sustentável
- Sistemas agroecológicos
- Biodiversidade
- Cultura humana ecológica

Produtos químicos, maquinaria, diesel, subsídios
Lucro com custos ocultos
- Extração predatória Monoculturas
- Cultura humana industrial
- Minerais Energia fóssil
- Sistemas agroquímicos
- Mudanças climáticas
- Erosão Resíduos Emissões Perdas sociais e biológicas

Maior produção, menor preço, mais gente
Maior impacto social, ambiental e climático

Fonte: Ortega, 2011.

    Mihelcic e Zimmerman (2012), na viabilização de negócios da logística reversa e nas ações para o desenvolvimento sustentável, constatam que gerar, estocar e dispor resíduos não agrega qualquer valor a produtos ou serviços e que os processos tradicionais de gestão de resíduos só transferem impactos ambientais ao solo, à água ou ao ar, com custos, muitas vezes, escondidos. A saída, segundo esses autores, exige processos de gestão de resíduos com soluções eficientes e sustentáveis, que transformem custos e riscos inerentes em economia e benefícios.

》》 Projeto para a sustentabilidade (*design for sustainability*)

Na direção dos objetivos do desenvolvimento sustentável, verificam-se nas organizações e nas pesquisas acadêmicas algumas tendências e conceitos convergentes.

Gillai et al. (2013), por exemplo, propõem o conceito de *cadeias de suprimento responsáveis* (*social and environmental responsibility* – SER), segundo o qual as questões sociais e ambientais são incoporadas pelas organizações na gestão de suas cadeias de suprimento, impactando as condições de trabalho das pessoas e os padrões de segurança e de proteção ambiental.

Essa atuação, conforme os autores, não necessariamente se reflete em desempenhos superiores, e a adoção dessa tendência depende do engajamento da alta administração, da colaboração, do incentivo e do desenvolvimento da capacitação de fornecedores em práticas proativas que evitem problemas na gestão SER e, assim, reduzam os custos de sua operacionalização.

Outra abordagem importante é a do projeto para sustentabilidade (*design for sustainability* – DfS), segundo o qual a concepção, o desenvolvimento e a manufatura (matérias-primas, peças e componentes, processos e distribuição) de novos produtos devem incorporar o reaproveitamento destes após o final de sua vida útil. Essa estratégia volta-se para as esferas da sustentabilidade (*triple bottom line*), contexto no qual a dimensão econômica liga-se às técnicas de gestão das cadeias de suprimento; a dimensão ambiental, às técnicas de projetos voltados para o meio ambiente; e a dimensão social, à busca da justiça social (Arnette; Brewer; Choal, 2014).

Essa abordagem é, em certa medida, similar à da economia circular, considerando questões de fim da vida útil dos produtos em seus projetos, em que há possibilidade de remanufatura, reúso e reciclagem em uma visão ambiental amigável. Arnette, Brewer e Choal (2014) ponderam que essa ação não é simples e, como outras abordagens ambientais, defronta-se com aspectos de custos e de competitividade nos mercados.

Há diversas categorizações para a DfS na fase de projeto dos produtos: a) para a reciclagem (*design for recycling* – DfR); b) para especificações que facilitam a desmontagem (*design for disassembly* – DfD); e c) para remanufatura ou redução do uso de materiais ambientalmente amigáveis e não tóxicos (*design for environment* – DfE). Também, em uma extensão além da fase de projeto, envolvendo questões relacionadas a embalagens e movimentação dos materiais, há o projeto para a logística (*design for logistics* – DfL).

>>> Para despertar o interesse

Produtos desenvolvidos para ser reciclados geram premiação!

O Institute of Scrap Recycling Industries, Inc. (ISRI), organização estadunidense com sede em Washington (DC), congrega empresas de reciclagem e, anualmente, outorga seu prêmio, o ISRI – *Design for Recycling*®, com o objetivo de incentivar os fabricantes a desenvolver produtos, ainda na fase de projeto, voltados para a reciclagem após o fim de sua vida útil ou de sua utilidade.

A premiação acontece anualmente, quando é outorgada após análise de procedimentos de desenvolvimento de produtos para reciclagem (ISRI, 2019). Em geral, a premiação é voltada para produtos que:

- » contenham a maior quantidade de materiais recicláveis;
- » sejam facilmente recicláveis ou projetados para facilitar processos e procedimentos de reciclagem;
- » os custos de reciclagem não excedam o valor dos materiais reciclados;
- » minimizem tempo e custos de sua reciclagem;
- » apresentem ganho líquido na condição de reciclabilidade do produto ao mesmo tempo em que reduzam impactos negativos ao meio ambiente;
- » reduzam o uso de matérias-primas ao utilizar materiais e/ou componentes reciclados, entre outras qualificações (Carpenter, 2016).

Em 2017, o prêmio foi dado à EcoStrate, Inc., empresa localizada em Arlington no Texas, fundada em 2013, que se dedica à reciclagem de materiais plásticos. Foi premiada em razão de seu processo tecnológico de transformação de materiais plásticos (polímeros) reciclados em compostos, que aproveitou 100% dos produtos descartados pós-consumo. A EcoStrate produz placas de sinais de tráfego, sinais para ambientes internos, pisos e pavimentos com polímeros extraídos de equipamentos eletrônicos usados, têxteis e outros bens materiais que antes eram dispostos de forma inadequada. A EcoStrate comprova o que afirmamos ao longo desta obra: a logística reversa e as iniciativas de reciclagem têm de ser viabilizadas economicamente e podem tornar-se negócios.

O ganhador do ano de 2016 foi a TV Samsung *Curved Full HD*, produto que incorporou técnica de facilitação de desmontagem e encaixe de peças (*snap-together*) feitas com um mínimo de componentes químicos. Essa forma de encaixe eliminou o uso de muitos parafusos, facilitando a desmontagem dos aparelhos por recicladores. Além disso, a Samsung substituiu plásticos convencionais por materiais novos produzidos com aproveitamento de gases de estufa.

» Reciclagem, questão fiscal e imposto verde

A logística reversa de pós-consumo e as iniciativas de reciclagem correlatas viabilizam-se em negócios de cadeias reversas, nos quais interagem agentes em relações comerciais após descarte de produtos e embalagens (catadores); coletores (agentes públicos e privados); empresas especializadas em separação e preparação dos materiais para reúso e reaproveitamento em um mercado de matérias-primas secundárias composto por empresas que adquirem e utilizam esses materiais.

No entanto, sobre essas relações comerciais incidem impostos. Nas cadeias reversas, muitas vezes o impacto dos tributos faz com que o custo de matérias-primas recicladas seja superior aos custos de materiais novos, inviabilizando negócios. Nesse sentido, tem havido no Brasil e em outros países tratativas para a desoneração fiscal da logística reversa.

Em 2014, a CNI apresentou uma proposta de desoneração fiscal da logística reversa como incentivo à atividade e à redução de custos para empresas e consumidores, a qual foi embasada em estudo realizado por consultora especializada que analisou: cadeias reversas de óleo lubrificante usado ou contaminado; embalagens de óleo lubrificante; embalagens de agrotóxicos; pneus inservíveis; lâmpadas fluorescentes, de vapor de sódio e mercúrio e de luz mista; pilhas e baterias; produtos eletroeletrônicos e embalagens da fração seca dos RSUs: papel e papelão; plástico (inclusive PET); vidro; alumínio e aço* (CNF, 2014).

O estudo diferenciou cadeias reversas que operam no mercado, notadamente embalagens, das que ainda dependem de aporte de recursos e da configuração de agentes participantes. Descreveu as estruturas existentes de logística reversa, identificando volumes de movimentação, receitas geradas e os tributos indiretos incidentes em cada etapa dessas cadeias e a responsabilidade dos agentes envolvidos (serviços públicos de coleta de resíduos, catadores independentes, cooperativas de catadores e o comércio atacadista de material reciclável – CAMR).

Ainda, o estudo abordou os tributos incidentes sobre as cadeias de logística reversa, principalmente os impostos indiretos. Por exemplo, com relação ao PIS/Pasep e à Cofins**, concluiu que, apesar de a legislação contemplar a suspensão de sua incidência em cadeias reversas nos casos de venda de sucata para empresas do regime de lucro real*** (com exceção das do Simples), em termos práticos, essa suspensão não passa da postergação de pagamentos de tributos, razão pela qual, ao final,

---

* No Capítulo 6, analisaremos a situação atual dos acordos setoriais de logística reversa em andamento e outros anteriores à Lei n. 12.305/2010 (Brasil, 2010b).

** PIS/Pasep (Programa de Integração Social/Programa de Formação do Patrimônio do Servidor Público); Cofins (contribuição para financiamento da seguridade social): tributação incidente sobre pessoas jurídicas sobre seu faturamento (0,65% ou 1,65%); importação (2,1%); e sobre o valor da folha de pagamento (1%) (Viter, 2016).

*** Lucro Real, Lucro Presumido, Simples Nacional são sistemas fiscais para apuração do imposto de renda da pessoa jurídica (IRPJ) e da contribuição social sobre o lucro líquido (CSLL).

a carga tributária revela-se superior à de matérias-primas virgens (CNI, 2014). O estudo apresenta, ainda, propostas de desoneração tributária dos resíduos reaproveitados como matéria-prima ou insumo pela indústria e de redução do custo para os setores comprometidos com a logística reversa na PNRS, baseando-se no princípio que os produtos originais já sofreram tributação na fase de produção. Informe do Compromisso Empresarial para Reciclagem (Cempre, 2014, grifo do original) resume as propostas como segue:

» **Harmonização e ampliação do diferimento na cobrança do ICMS;**

» **Ampliação da suspensão da incidência de PIS/COFINS;**

» **Crédito presumido sobre uso de resíduos sólidos como matéria-prima**

[...]
» *É mais fácil conceder um crédito presumido, com base nas aquisições de material reciclado pela indústria, do que identificar a porcentagem efetivamente utilizada de*

material proveniente da reciclagem na fabricação de cada produto da indústria.

» **Serviços de terceiros**
   » *Desonerar de ICMS, ISS e PIS/COFINS os serviços de gestão logística reversa, transporte e processamento de resíduos prestados por terceiros [...].*

» **Incentivo direto ao investimento e financiamento da logística reversa**
   » *Parte dos gastos das empresas com logística reversa poderia ser abatida do imposto de renda devido, a exemplo de incentivos já existentes para a cultura e o esporte.*

» **Desoneração da folha de pagamento das cooperativas de catadores**

A questão de desoneração (redução) de impostos não é simples e, em nosso país, há muito que se discutir sobre a necessidade de uma reforma tributária e o tratamento tributário diferenciado para questões relativas à sustentabilidade. Pereira (2014, p. 13) afirma que existe base constitucional para uma reforma tributária verde no Brasil, mas os instrumentos para tanto devem ser desenvolvidos, e acrescenta: "Há muito o que pesar na balança, e interesses econômicos poderosos, vinculados às indústrias poluentes, terão de ser enfrentados".

Tomemos como exemplo o Projeto de Lei do Senado (PLS) n. 403/2014, que tramita no Senado Federal desde de dezembro de 2014. Atualmente, na Comissão de Meio Ambiente, Defesa do Consumidor e Fiscalização e Controle (CMA), o PLS tem como ementa a instituição de medidas de desoneração tributária das atividades relacionadas à logística reversa referente à Lei n. 12.305/2010 (Brasil, 2010b) e referentes a contribuições previdenciárias e ao crédito presumido do IPI "para instituir desoneração tributária de atividades relacionadas à destinação final ambientalmente adequada de resíduos sólidos" (Senado Federal, 2014).

Não restam dúvidas de que a questão é relevante, mas sua efetivação é complexa. Como se diz popularmente: "Todo imposto é ruim. Por isso, chama-se *imposto* e não *voluntário*". Ou seja, quem paga (sociedade) quer reduzir ou eliminar a obrigação de pagamento e quem recebe (governo) quer aumentar a arrecadação. Desse modo, é necessária a atuação permanente dos interessados, pois, para a logística reversa, trata-se de uma questão estratégica e fundamental.

›› Perguntas e respostas

1) Quais são as principais diferenças entre o desenvolvimento de negócios de logística reversa nos Estados Unidos e na UE?

Constata-se uma preocupação comum às duas regiões: o esgotamento de áreas para instalação de aterros sanitários, o que tem estimulado a criação de legislações que restringem ou até proíbem a disposição final de resíduos por esse processo. A legislação europeia é, por enquanto, mais avançada que a norte-americana, uma vez que traz mais restrições e novos focos de atenção para a gestão de resíduos: recuperação de materiais, preocupações com o efeito estufa (*greenhouse effect*), incentivo a processos com menor pegada ecológica (*carbono footprint*), imposição da responsabilidade estendida (EPR) para fabricantes e outros. Na UE, há debates e regulamentações para implantação de processos produtivos na direção dos princípios da economia circular, o que exige ampla revisão dos processos produtivos desde a fase conceitual dos produtos até o final de sua vida útil.

2) Nos princípios de economia circular, o que se entende por *fabricantes e distribuidores mantendo a propriedade de seus produtos*?

A proposição pode ser resumida como *os fabricantes ou distribuidores mantendo a propriedade dos produtos e atuando como prestadores dos serviços prestados pelos seus produtos*. Nesse sentido, os usuários ou consumidores fariam uso de serviços advindos das funções desempenhadas pelos produtos. Por exemplo, um automóvel provê serviços de locomoção pelos quais os usuários pagariam, cabendo ao fabricante, como prestador do serviço, gerenciar eventuais impactos ambientais gerados pelo bem ao longo da vida útil e, ao seu final, fornecer um automóvel novo e responsabilizar-se pela disposição do antigo. Dessa forma, acredita-se que o "proprietário" ou o fabricante de um bem tem interesse maior pela menor geração de poluentes, condição esta que é incorporada ao projeto, ao desenvolvimento e à produção do bem e, consequentemente, ao seu uso. Essa condição transforma radicalmente a forma atual de fazer negócios desde a concepção, passando pela fabricação de bens e chegando aos hábitos de consumo. A justificativa é um uso eficiente dos recursos naturais com reaproveitamento praticamente permanente destes.

3) Como a questão fiscal (impostos) relaciona-se com as práticas de logística reversa?

Uma questão comumemente referida na logística reversa diz respeito ao tratamento fiscal dos materiais e produtos processados a partir de materiais reciclados. Os sistemas reversos implicam custos e incidência de impostos, o que, na maior parte das vezes, faz com que os preços sejam maiores em relação a produtos diretos. Por exemplo, na logística pós-consumo e em negócios dedicados, interagem comercialmente diversos agentes responsáveis pelas etapas de coleta, separação, processos de geração de matéria-prima reciclada e retorno à cadeia produtiva. Sobre cada etapa incidem impostos. No Brasil e em outros países, têm sido propostas medidas tributárias que reduzem e até eliminam a incidência de tributos ou que inserem nos produtos diretos taxas para financiar sistemas reversos. Essa questão não é simples, já que, embora contemplada nos acordos setoriais da PNRS, não tem avançado. Os governos não querem abrir mão de arrecadação, e as pessoas não desejam pagar novas taxas e impostos. Além disso, as proposições tramitam muito lentamente nas esferas de governo e nos processos de avaliação do Congresso Nacional. Taxas adicionais, também chamadas de *imposto verde*, têm implantação bastante complexa e controversa.

⟫ Estudo de caso

Reciclagem de latinhas e garrafas PET na baixada santista

As embalagens de bebidas com latas de alumínio e as garrafas plásticas produzidas com a resina plástica polietileno tereftalato (PET), por suas características de leveza e comodidade, passaram a ocupar o lugar de outras, caracterizando-se como itens de pós-consumo e possibilitando cadeias reversas exitosas no Brasil (Leite, 2003). Esse estudo de caso baseia-se em dissertação de mestrado apresentada à Universidade Católica de Santos, o qual se fundamentou em pesquisa de campo de negócios de logística reversa de latas de alumínio e das garrafas plásticas tipo PET na Região Metropolitana da Baixada Santista (RMBS).

Os negócios pesquisados faziam parte do cadastro do Cempre e atuavam em etapas iniciais das cadeias reversas, movimentando, simultaneamente, os dois tipos de resíduos. As diferentes etapas das cadeias reversas foram analisadas por eles quanto ao tipo do material recuperado, a saber:

» Primeiro elo: coleta individual (catadores de rua, famílias e instituições de prestação de serviço, escolas e comércio). As coletas das latas de alumínio e das garrafas PET ocorrem simultaneamente.

» Segundo elo: coleta de materiais diversos por sucateiros, cooperativas e materiais da coleta seletiva. Os materiais são separados para encaminhamento.

No aspecto logístico, os resíduos pós-consumo são acondicionados e transportados, adensados, isto é, compactados para redução do volume em movimentação, principalmente as garrafas PET. As latas de alumínio exigem apenas a verificação de itens estranhos ao material, ao passo que as garrafas PET precisam de separação de tipo de produto presente no envase original, de cor e, também, do rótulo e tampa da embalagem fabricados com materiais plásticos diferentes. A coleta de materiais é planejada com o estabelecimento parceiro a montante e a jusante das cadeias e com outros recicladores, a fim de assegurar quantidade e qualidade.

Os empreendimentos analisados na RMBS são estruturados com base em sua viabilidade econômica, com custos cobertos pela venda dos materiais recuperados e contribuição para o desenvolvimento sustentável. A RMBS, pela sua densidade populacional e vocação turística, é propícia para o desenvolvimento de negócios de reciclagem. Políticas de incentivo à atividade poderiam ser mais desenvolvidas e operacionalizadas com a participação efetiva de catadores e suas associações, capacitação administrativa e operacional, apoio financeiro para a infraestrutura de movimentação e recuperação dos materiais, sem deixar de lado as formas de seu atendimento social.

Fonte: Elaborado com base em La Fuente, 2005.

»» Questões sobre o estudo de caso

1) As cadeias reversas das latas de alumínio e de garrafas PET têm base exclusivamente ambiental?
2) O que os fluxos de materiais nas cadeias reversas têm em comum? Aponte uma diferença no desenvolvimento dessas cadeias.
3) O estudo analisou os dois primeiros ciclos da cadeia reversa de latas de alumínio e de embalagem PET. O que se pode comentar sobre esses tipos de materiais e sobre sua recuperação?

» Síntese

Neste capítulo, abordamos tendências e diferentes aspectos dos processos logísticos reversos utilizados em outros países, na gestão dos resíduos sólidos, em comparação com as práticas que acontecem no Brasil. Tratamos das legislações internacionais da área, que adotam princípios básicos voltados para a sustentabilidade ambiental, tais como o da responsabilidade estendida ao final do ciclo de vida dos produtos e o da responsabilidade pelos resíduos gerados.

Também evidenciamos os resultados alcançados e a visão referente a conceitos avançados como os da pegada ecológica, da economia circular e de projeto para a sustentabilidade. Em termos acadêmicos, comparamos similaridades e diferenças entre logística reversa e logística ambiental (ou verde – *green logistics*). Ainda, destacamos um aspecto importante da logística reversa nesse contexto: a proposição de tratamento fiscal diferenciado para matérias-primas e produtos oriundos da reciclagem e de matérias-primas brutas. O princípio básico é que os primeiros já sofreram tributação na forma original. Propostas existem e tramitam no Congresso Nacional, mas é consenso que sua solução é difícil e não é de curto prazo.

» Questões para revisão

1) De modo sucinto, defina *logística ambiental* (*green logistics*).

2) O que a economia circular tem em comum com a logística reversa?

3) Os processos logísticos reversos nos Estados Unidos, na UE e no Brasil relacionam-se com estratégias de preservação, mitigação e recuperação do meio ambiente. Analise as afirmativas a seguir e indique V para as verdadeiras e F para as falsas.

( ) Evitar a destinação de resíduos para aterros é, nas três regiões citadas, objetivo comum em suas políticas de gestão de resíduos urbanos.

( ) Os Estados Unidos e a UE não têm tido sucesso em suas políticas de redução de destinação de resíduos a aterros.

( ) Os Estados Unidos e a UE adotam uma hierarquização na destinação dos resíduos: prevenção; reúso; reciclagem; disposição de resíduos inaproveitáveis para incineração ou destinação a aterros esta é a menos desejável.

( ) Países da UE que incluíram, em suas políticas de gestão de resíduos urbanos, taxas de cobrança sobre os resíduos gerados (*pay-as-you throw*) obtiveram resultados superiores aos que não o fizeram.

( ) Os Estados Unidos, a UE e o Brasil estabeleceram controles de gestão de resíduos pela análise e medição dos resíduos domésticos.

Agora, assinale a alternativa que apresenta a sequência correta:
a. V, F, F, V, F.
b. V, F, V, V, F.
c. F, F, V, V, F.
d. V, F, F, V, V.
e. F, F, V, V, V.

4) As políticas da gestão de resíduos adotadas pelos países da UE apresentam diferenças, porém, após comparação dos resultados, algumas conclusões são possíveis. Sobre elas, analise as afirmativas a seguir e indique V para as verdadeiras e F para as falsas.
( ) Os países revisam seus planos todo os anos, abandonando os anteriores.
( ) Países com maior sucesso na recuperação dos resíduos incentivaram a destinação para aterros sanitários.
( ) As práticas europeias de gestão de resíduos adotam o princípio da responsabilidade estendida do produtor (*extended producer responsability* – EPR).
( ) Na UE, observa-se que cada processo ou estratégia com relação à gestão de resíduos sólidos é considerado de forma isolada ou regional.
( ) As práticas adotadas na UE na gestão de resíduos são voluntárias e decorrem da ação política dos partidos "verdes".

Agora, assinale a alternativa que apresenta a sequência correta:
a. F, V, F, F, F.
b. V, F, V, V, F.
c. V, V, F, F, F.
d. V, F, F, V, V.
e. F, F, V, V, V.

5) Nos Estados Unidos, a EPA é responsável pelo atendimento à legislação ambiental e por processos de intervenção relativos ao meio ambiente. Sobre as ações da EPA, analise as afirmativas a seguir e indique V para as verdadeiras e F para as falsas.

( ) A EPA orienta a destinação segura de resíduos, estimulando seu reaproveitamento para reduzir o uso dos recursos naturais.

( ) A EPA restringe a destinação de certos resíduos, proibindo seu aproveitamento ou destinação a aterros.

( ) As diretrizes da legislação norte-americana seguidas pela EPA buscam prevenir a contaminação de áreas de disposição de resíduos.

( ) Além da recuperação de áreas contaminadas, a EPA busca adequá-las para novas destinações.

( ) Os novos desafios à EPA originam-se na gestão de resíduos de elevada toxicidade e de resíduos de equipamentos de controle ambiental e na continuação da gestão de instalações inativas com resíduos ou contaminadas.

Agora, assinale a alternativa que apresenta a sequência correta:
a. F, F, F, V, F.
b. V, V, V, V, F.
c. V, F, V, F, F.
d. V, V, F, V, V.
e. V, F, V, V, V.

>>> Para saber mais

Resíduo zero: ideia ou possibilidade?

As políticas de gestão de RSUs fundamentam-se em princípios que se direcionam para o desenvolvimento sustentável, como mostramos no Capítulo 1. Na década de 1970, surgia o conceito de resíduo zero, com hierarquia conhecida na gestão dos resíduos: **prevenir, reusar, reciclar e tratar**. A Zero Waste International Alliance define que, quando o produto não se enquadre nessas alternativas, ele deve ser reprojetado, remodelado ou até ter sua comercialização restringida ou proibida. O conceito do resíduo zero não é mais uma simples ideia, sendo adotado em vários países, inclusive no Brasil, onde tem havido algumas iniciativas. Para aprofundar essa ideia e conhecer procedimentos e resultados alcançados, visite os seguintes sítios:

CONNETT, P. **Zero Waste**: Theory & Practice Around the World. 12 Jan. 2010. Disponível em: <https://sustainabledevelopment.un.org/content/dsd/susdevtopics/sdt_pdfs/meetings2010/ss0110/Presentation_Paul_Connett.pdf>. Acesso em: 25 abr. 2019.

ALIANÇA RESÍDUO ZERO BRASIL. Disponível em: <http://residuozero.org.br>. Acesso em: 25 abr. 2019.

LEHMANN, S.; ZAMAN, A. The Zero Waste Index: a Performance Measurement Tool for Waste Management Systems in a 'Zero Waste City'. **Journal of Cleaner Production**, n. 50, p. 123-132, 2013. Disponível em: <https://www.researchgate.net/publication/261925208_The_zero_waste_index>. Acesso em: 25 abr. 2019.

ZWIA – Zero Waste International Alliance. Disponível em: <http://zwia.org/>. Acesso em: 25 abr. 2019.

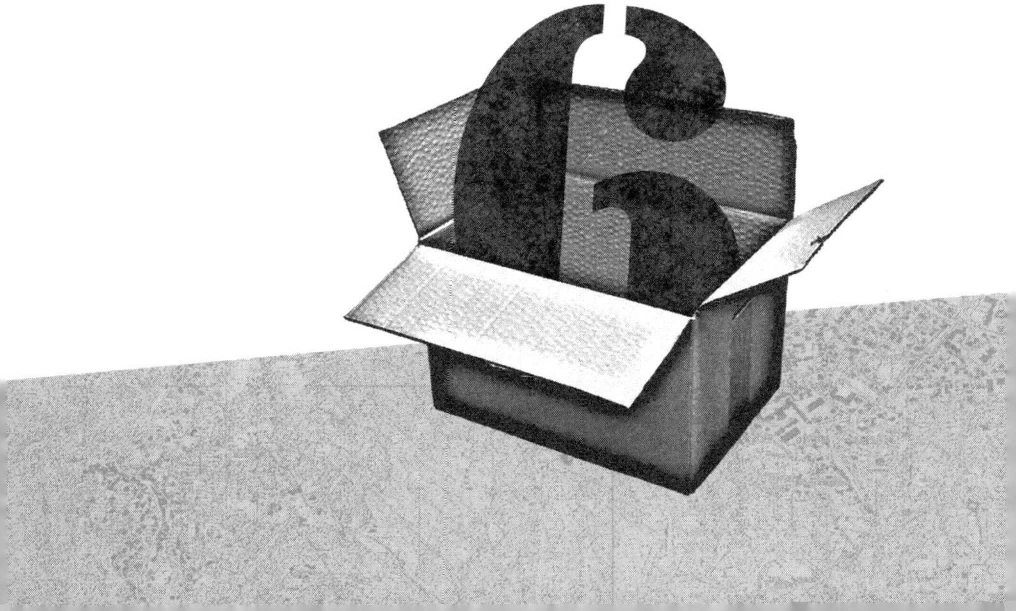
6

PRÁTICAS DE LOGÍSTICA REVERSA

»» Conteúdo do capítulo:

- Práticas da logística reversa de pós-venda e de pós-consumo no Brasil;
- Situação atual dos acordos setoriais no Brasil;
- Ações relativas à implantação de aterros sanitários e eliminação de lixões;
- Dimensão social e a ação de catadores e de suas associações e cooperativas.

»» Após o estudo deste capítulo, você será capaz de:

1) analisar os impactos da destinação inadequada de resíduos quanto às dimensões ambientais, econômicas e sociais;
2) demonstrar como a logística reversa pós-venda apresenta-se nas empresas, com reflexos sobre custos, práticas de *marketing* e reputação empresarial;
3) reconhecer o andamento dos acordos setoriais de logística reversa de materiais pós-consumo em atendimento à PNRS;
4) analisar a efetividade de ações empresariais no atendimento de metas estabelecidas em conjunto com o Ministério do Meio Ambiente nos acordos setoriais;
5) discorrer sobre a importância da participação dos catadores e das respectivas associações nas fases de coleta e separação dos resíduos, conforme explicita a PNRS, identificando casos bem-sucedidos;
6) avaliar práticas internacionais exitosas na destinação de resíduos e confrontá-las com o desafio de repeti-las na sociedade brasileira.

Neste capítulo, trataremos dos aspectos da logística reversa no Brasil e de sua dimensão social na ação e no incentivo aos catadores e suas associações e cooperativas. Basicamente, abordaremos a logística reversa pós-consumo. A logística pós-venda, apresentada ao longo desta obra, tem suas ações, conforme ressaltamos, como parte do negócio das empresas produtoras, com responsabilidade de coleta e destinação de produtos rejeitados e/ou descartados.

A logística reversa pós-consumo também se configura nas três dimensões do desenvolvimento sustentável (econômica, ambiental e social) e atua, fundamentalmente, na preservação dos recursos naturais, na redução do consumo e da exploração desses recursos, na redução da poluição ambiental e no enfrentamento do descarte inadequado de resíduos, uma vez que há, nesse contexto, oportunidade de ocupação de mão de obra e geração de empregos.

» Práticas de logística reversa pós-venda

A logística reversa, conforme mostramos ao longo desta obra, apresenta duas vertentes: pós-venda e pós-consumo. É possível também considerar a vertente de pós-industrialização como componente da logística pós-consumo, com particularidades específicas, mas com sistemas semelhantes, por exemplo, de coleta e destinação para reaproveitamento, conforme mostraremos adiante.

A logística reversa de pós-venda, na maioria das vezes, faz parte do negócio, pois sua origem pode ser a devolução (desistência da compra, mau funcionamento etc.) por parte de clientes e reposição de estoques (obsolescência, renovação sazonal de estoques, sobras etc.) entre outros motivos (como exposto no Capítulo 2). Um exemplo significativo é o do comércio eletrônico (*e-commerce*), que tem taxas de devolução especialmente altas. O Quadro 6.1 apresenta um resumo das causas de devolução e das destinações mais usuais. Logicamente, as destinações são definidas caso a caso, em razão da condição do produto devolvido, das possibilidades de redestinação, da existência de mercados para destinação de componentes, da viabilidade de remanufatura, do desmanche para aproveitamento de partes, da destinação para reciclagem, de doação ou, em último caso, de disposição final adequada.

» **Quadro 6.1** – Retornos e destinações usuais no pós-venda

Categorias de retornos	Destinações usuais
1. Retornos não contratuais	
Devoluções em vendas diretas ao consumidor final	Revenda no mercado primário; revenda no mercado secundário; desmanche (canibalização); doação
Devoluções por erros de expedição	Revenda no mercado primário; desmanche (canibalização); doação
2. Retornos comerciais contratuais	
Retornos de produtos em consignação	Remanufatura; doação
Retorno de estoques no canal	Revenda no mercado primário; revenda no mercado secundário
Excesso de estoque no canal	Revenda no mercado primário; revenda no mercado secundário

(continua)

(Quadro 6.1 – conclusão)

Categorias de retornos	Destinações usuais
Baixa rotação de estoque	Revenda no mercado primário; revenda no mercado secundário
Introdução de novos produtos	Revenda no mercado secundário
Moda ou sazonalidade de produtos	Revenda no mercado secundário
3. Devolução por qualidade	
Devolução de produtos defeituosos	Reparações e consertos; desmanche (canibalização); reciclagem industrial
Devolução de produtos danificados	Reparações e consertos; desmanche (canibalização); reciclagem industrial; disposição final
Devolução por expiração de prazos de validade dos produtos	Disposição final
4. Devoluções por substituição de componentes	Remanufatura; desmanche (canibalização); reciclagem industrial

Fonte: Elaborado com base em Leite, 2003.

Um exemplo é o caso apresentado por Chaves, Alcântara e Assumpção (2008), que trata da logística reversa pós-venda de uma empresa de bebidas localizada em Ribeirão Preto (SP) no retorno de produtos de supermercados, padarias, lojas de conveniência, restaurantes, bares e outros. Os motivos apontados para esse retorno foram "erros na quantidade da entrega dos produtos, avarias, problemas com o preço acertado na venda, impossibilidade de entrega (estabelecimento fechado no momento da entrega) ou de pagamento (cliente não possui dinheiro para pagar a fatura)" (Chaves; Alcântara; Assumpção, 2008, p. 13).

A coleta é feita por frota própria da empresa e ocorre quando da entrega direta de produtos. A atividade é considerada inerente ao negócio e gerenciada operacionalmente. Por exemplo, em caso de excesso de estoque em grandes varejistas, a empresa pode conceder desconto para aumentar vendas, e, em outros pontos de venda, as ações são discutidas caso a caso, contextos no qual as relações são tensas (Chaves; Alcântara; Assumpção, 2008).

A logística é controlada com base em indicadores: percentual de retorno sobre o total das vendas; percentual de retorno por vendedor e seu total de vendas, por motorista e seu total de vendas; percentual de trocas por vendedor e motoristas; percentual de tamanhos de embalagem sobre total de vendas; percentual de trocas pelo total das trocas; motivos de retornos; custos de troca e de retorno de produtos (Chaves; Alcântara; Assumpção, 2008).

Esse caso demonstra a necessidade de acompanhamento constante dos retornos de produtos pós-venda para apoiar previsões, assim como de adoção de medidas para a redução deles e formulação de planos de reciclagem dos produtos retornados.

Muitas vezes, empresas contratam operadores especializados para a logística reversa pós-venda. Uma delas é a DHL, operador logístico multinacional que também oferece no mercado brasileiro serviços de consultoria de avaliação de alternativas logísticas. Sua operação tem o mote: "Oferecer um produto com 'satisfação garantida' significa algo – devoluções" e, ao encontro do que apresentamos nesta obra, e, segundo a empresa, o "gerenciamento de devoluções permite a recuperação de seu valor de forma efetiva e mantém os clientes felizes" (DHL Brasil, 2019).

A terceirização de atividades logísticas é prática comum nas organizações, pois, apesar de se mostrar acessória ou complementar ao negócio principal da organização (*core business*), é estratégica e envolve custos significativos, estando associada diretamente ao *marketing* das organizações.

>>> **Para saber mais**

Para mais detalhes sobre a análise das características e dos cuidados para decisão de terceirização na contratação de operadores logísticos, consulte o Capítulo 3 da seguinte obra:

ROBLES, L. T.; NOBRE, M. **Logística internacional**. Curitiba: InterSaberes, 2016.

>> Práticas de logística reversa pós-consumo: acordos setoriais no Brasil

A logística reversa de pós-consumo, crítica para os objetivos de desenvolvimento sustentável, tem sido objeto de preocupação de governos, das organizações e da sociedade como um todo e personifica a preocupação com a degradação do meio ambiente e, portanto, com a perpetuação da espécie humana e com o planeta.

O descarte e a disposição inadequados de produtos pós-consumo têm sido cada vez mais enfrentados, pois há o consenso de que o planeta não suporta mais tais formas de disposição. A mídia é plena de informações e imagens de ilhas de plástico nos oceanos geradas pelo descarte desse material e de pessoas vivendo da coleta de materiais jogados em "lixões".

Apresentaremos, aqui, a situação brasileira com relação à implantação da Política Nacional de Resíduos Sólidos (PNRS – Brasil, 2010b) e os acordos setoriais em vigência. Também evidenciaremos, brevemente, a situação dos aterros sanitários e a, ainda distante, eliminação dos "lixões".

》》 Acordos setoriais após a Lei n. 12.305/2010

No Capítulo 3, tratamos das questões legais da logística reversa e dos acordos setoriais, sistemas logísticos reversos gerenciados por empresas ou entidades do setor correspondente aos produtos. Os acordos contemplam:

» processos de compra de produtos ou embalagens usadas;
» estabelecimento de postos de entrega (ponto de entrega voluntária – PEV) de resíduos reutilizáveis e recicláveis;
» funcionamento conjunto com as cooperativas/associação de catadores de materiais reutilizáveis e recicláveis.

Os acordos setoriais em vigor já foram elencados no Quadro 3.2. Há, ainda, sistemas em andamento estabelecidos antes da promulgação da PNRS:

» óleo lubrificante usado ou contaminado (OLUC);
» pneus inservíveis;
» embalagens de agrotóxicos;
» pilhas e baterias.

A seguir, apresentamos um resumo da situação atual com base em informações dos sítios do Ministério do Meio Ambiente/ Sistema Nacional de Informações sobre a Gestão de Resíduos Sólidos (MMA/Sinir) e dos acordos disponibilizados também nos respectivos domínios.

Embalagens plásticas de óleos lubrificantes

A implantação desse acordo funciona com a gestão do Instituto Jogue Limpo, criado e legalizado em novembro de 2014 pelos fabricantes de lubrificantes* associados ao então Sindicato Nacional das Empresas Distribuidoras de Combustíveis e de Lubrificantes (Sindicom). Esse sistema, que se iniciou no Rio Grande do Sul, está em operação desde 2005 (Instituto Jogue Limpo, 2018).

A Figura 6.1 mostra a evolução no tempo das regiões do país atendidas por esse sistema. O Instituto prevê, a partir de 2019, extensão para as regiões do Centro-Oeste, do Norte e, complementando a região Nordeste, para os estados do Piauí e Maranhão.

» **Figura 6.1** – Áreas de atuação do Instituto Jogue Limpo

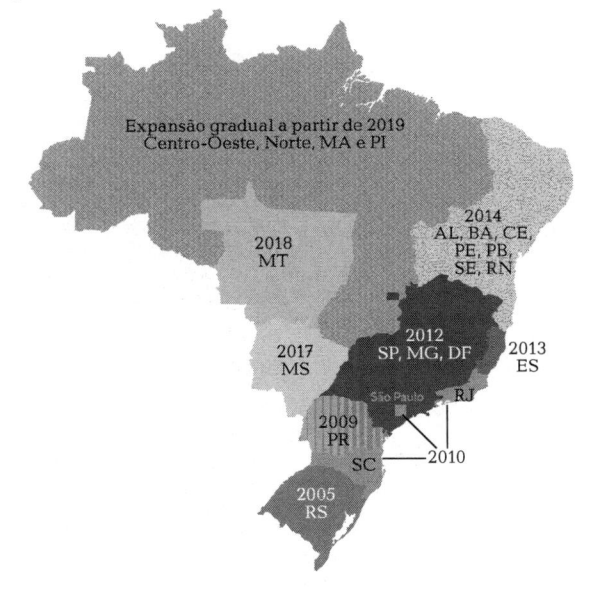

Expansão gradual a partir de 2019
Centro-Oeste, Norte, MA e PI

2018 MT
2014 AL, BA, CE, PE, PB, SE, RN
2017 MS
2012 SP, MG, DF
2013 ES
São Paulo — RJ
2009 PR
SC — 2010
2005 RS

Instituto Jogue Limpo
HAMIDAH SAMUTHARANGKOON/Shutterstock

---

* Instituto Jogue Limpo: os fabricantes fundadores do Instituto foram Castrol, Chevron, Cosan, Ipiranga, Petronas, Shell, Total, YPF, além do então Sindicato Nacional das Empresas de Combustíveis e Lubrificantes (Sindicom). Atualmente, com novas adesões, participam do Instituto 39 empresas que representam 90% do segmento (Instituto Jogue Limpo, 2018). Em 2017, o Sindicom, atual Plural, retirou-se do quadro de associados do instituto, por entender que não havia mais necessidade de fazer parte dele, considerando que o instituto já estava consolidado e sua presença como associado seria uma duplicidade.

O Instituto Jogue Limpo contrata operadores logísticos nos estados onde atua, os quais cadastram os geradores, recebem as embalagens e administram centrais de armazenagem. A movimentação das embalagens é feita por caminhões conforme os requisitos legais de segurança e o cuidado com o meio ambiente. Nas centrais de recebimento, o óleo ainda presente nas embalagens é drenado, e as embalagens são separadas por cor e encaminhadas para prensagem e moagem, sendo acondicionadas para destinação às recicladoras credenciadas.

Nas recicladoras, há nova trituração e, caso necessário, descontaminação do óleo lubrificante residual e transformação em matéria-prima reciclada, para uso em novas embalagens ou outros produtos plásticos, com consequente revalorização do material e retorno à cadeia produtiva (Instituto Jogue Limpo, 2018). A Figura 6.2 ilustra esse processo operacional.

» **Figura 6.2** – Operações da logística reversa de embalagens de lubrificantes

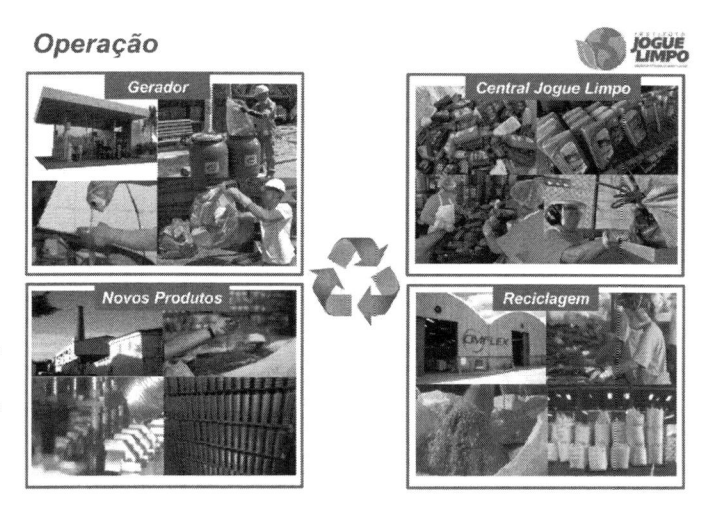

Fonte: Instituto Jogue Limpo, 2018.

O Quadro 6.2, por sua vez, apresenta alguns dados de desempenho operacional do Instituto Jogue Limpo. Destacamos que o atendimento de metas de reciclagem e de cobertura do sistema fazem parte dos acordos setoriais. Informações do sítio indicam essas metas como atendidas.

» **Quadro 6.2** – Desempenho operacional do Instituto Jogue Limpo – dados de 2018

Índice de Desempenho	Resultados
Operadores logísticos	5 (181 empregos diretos)
Centrais de recebimento	21
Pontos geradores cadastrados	> 40.000
Pontos geradores por município	10
Municípios atendidos	4.249 (16 estados)
Quantidade coletada por visita	27 kg
Embalagens recolhidas desde 2005	> 757.000.000
Quantidade de plástico reciclado	4.568 t
Caminhões transportadores	60
Distâncias percorridas	> 2.794.839 km/caminhão
Metas do acordo setorial	Atendidas e antecipadas

Instituto Jogue Limpo

O Instituto tem implantado um sistema informatizado que mantém banco de dados atualizado e acessível para os usuários do sistema, para o público em geral, bem como para os órgãos de controle locais, estaduais e federais, permitindo:

» acompanhar a origem e as quantidades de material plástico recebido;
» comprovar a entrega pelo gerador;
» transmitir em tempo real a quantidade (peso) recolhida via *smartphone* do caminhão de coleta – a pesagem gera o código de barras;
» acessar dados gerais do sistema (quantidade de embalagens recolhidas e recicladas, abrangência geográfica, recicladoras, licenças ambientais etc.);
» divulgar notícias e vídeos educacionais.

A Figura 6.3 apresenta o fluxo de informações desse sistema gerencial, do qual ressaltamos o uso de *smartphone* para recebimento de dados em tempo real nos pontos de geradores cadastrados ou nos 112 pontos de entrega voluntária (PEVs) e acesso ao sistema no sítio do Instituto. Essa página disponibiliza materiais de educação ambiental, entre os quais destacamos o material do professor e a agenda ambiental do aluno, além da realização anual do concurso de redações do Jogue Limpo e premiações a trabalhos acadêmicos que abordem o tema.

» **Figura 6.3** – Fluxo das informações do sistema de gestão do Instituto Jogue Limpo

Fonte: Instituto Jogue Limpo, 2018.

Apesar dos avanços desse sistema de logística reversa, o principal desafio de implantação, conforme o Instituto Jogue Limpo (2018), é a dificuldade em trazer para a prática do dia a dia o conceito de responsabilidade compartilhada, conforme explícito na PNRS (Lei n. 12.305, de 2 de outubro de 2010 – Brasil, 2010b). Esse problema ocorre porque os atores envolvidos – consumidores, atacadistas, varejistas e consumidores – não se mostram completamente engajados na correta destinação das embalagens de lubrificantes usadas.

O relatório referente ao ano de 2015 do Instituto Jogue Limpo, enviado ao MMA (Brasil, 2017e), apresenta, como obstáculos de implantação e operação do sistema, as seguintes questões:

» Dificuldade de identificação de empresas de reciclagem que atuem com plásticos Classe 1 (polietileno tereftalato – PET), com especial ênfase na região Nordeste.
» Baixo incentivo ou poucas medidas de renúncia fiscal pelas diferentes esferas de governo (ver Capítulo 4).

» Introdução por fabricantes de embalagem nos últimos dois anos do uso de plástico PET e PVC e outros materiais de maior dificuldade de reciclagem.

» Baixa atuação dos órgãos fiscalizadores dos âmbitos federal, estadual e municipal junto aos fabricantes e aos varejistas. Consta no relatório: "decorridos 6 anos de lei vigente ainda se vê fabricantes se sentindo desobrigados de ter Logística Reversa, basicamente porque nem fiscalizados são" (Brasil, 2017e, p. 15). O relatório sugere a todos a utilização das informações do sítio do Instituto Jogue Limpo para acesso a informações.

O Quadro 6.3 resume as dificuldades encontradas pelo Instituto Jogue Limpo e encaminhadas ao MMA.

» **Quadro 6.3** - Dificuldades de implantação do sistema de logística reversa

Segmento	Problema identificado
Consumidores Varejistas Atacadistas	» Não devolução das embalagens plásticas usadas de óleo lubrificante aos vendedores. » Não há senso de responsabilidade compartilhada.
Recicladoras	» Pequeno número de empresas capacitadas e legalizadas para operar com resíduos do tipo perigoso Classe 1.
Tributário – incentivo à reciclagem	» Não há incentivo ou formas de renúncia fiscal à atividade de reciclagem.
Tributário – bitributação	» Tributação nas etapas da cadeia logística onera os custos.

(continua)

(Quadro 6.3 – conclusão)

Segmento	Problema identificado
Órgãos ambientais	» Demora na liberação das licenças ambientais, postergando a operação de novos etapas do sistema. » Pouca ou nenhuma fiscalização a geradores.

Fonte: Elaborado com base em Brasil, 2017e.

Lâmpadas fluorescentes de vapor de sódio e mercúrio e de luz mista

O acordo setorial desses tipos de lâmpadas é de 2015 e desenvolve atividades por meio do Programa Reciclus, organização com custos* cobertos pelas empresas signatárias do acordo com o MMA. Atualmente, com 73 empresas associadas, o programa coleta lâmpadas tubulares, lâmpadas fluorescentes compactas e lâmpadas que contenham mercúrio, sódio, além de lâmpadas mistas.

Ao final de 2017, o Reciclus concluiu a instalação de 300 pontos de entrega de lâmpadas usadas, localizados em estabelecimentos de comércio varejista de 33 cidades do país, 9 no estado de São Paulo, 4 em Minas Gerais e 4 no Rio de Janeiro, e dois em Pernambuco. Os estados: Pará, Mato Grosso do Sul, Mato Grosso, Paraná, Ceará, Goiás, Alagoas, Amazonas, Rio Grande do Norte, Rio Grande do Sul, Bahia, Maranhão, Piauí e Distrito Federal contam com um ponto de entrega. Esse total, segundo critérios do acordo, representa 30% da população brasileira atendida (Brasil, 2017f).

---

* Custos do Reciclus: o desenvolvimento e a operação do sistema reverso são custeados pelas empresas signatárias e repassados aos consumidores, constando na discriminação de preço do produto final.

A implantação de pontos de entrega atende a critérios técnicos indicados no acordo setorial, tais como população, área urbana, densidade populacional, domicílios com energia elétrica, renda da população, infraestrutura viária e acessibilidade. O Boletim de dezembro de 2017 aponta que, em um ano, o Programa Reciclus recolheu 19 t de resíduos, ou seja, 96.000 lâmpadas com taxa de quebra praticamente nula, indicando segurança dos coletores e relevância ambiental, pois o material coletado contém a presença do elemento químico mercúrio* (Brasil, 2017f).

Estudo realizado para o Programa Reciclus estimou um custo de R$ 0,40/lâmpada para o desenvolvimento do sistema de logística reversa, que poderia ser considerado como *ecovalor*** e incorporada ao preço de venda das lâmpadas. A Reciclus também conta com sistema eletrônico de apoio às atividades de transporte, coleta e recebimento das lâmpadas. Esse sistema deflagra um pedido de coleta para os transportadores com vistas à substituição de coletores já quase cheios nos PEVs e controla o pagamento dos associados e a quantidade de lâmpadas coletadas e destinadas (Brasil, 2017f).

O relatório de desempenho desse sistema de logística reversa de 2017, referente ao ano de 2016 e apresentado ao MMA (Brasil, 2017b), detalha os procedimentos para desenvolvimento dos coletores de lâmpadas usadas e dos materiais de manuseio. Esse manuseio é delicado em razão da presença de componentes de vidro, que, na quebra, podem provocar ferimentos e corte

---

* A exposição humana a compostos de mercúrio (Hg) preocupa pela toxicidade elevada e pela associação a doenças neurológicas e motoras (Alzheimer, Parkinson e autismo), renais, cardíacas, imunológicas, reprodutivas e genéticas (Gouveia et al., 2017).
** O *ecovalor* refere-se a adicional ao preço dos produtos para cobrir os custos de logística reversa. Essa taxa, adotada em alguns países, conforme exposto no Capítulo 3, tem implantação complexa nas condições brasileiras, razão pela qual não se prevê prazo para sua eventual efetivação.

nos trabalhadores, além do risco de contaminação por mercúrio. Esse desenvolvimento envolveu, em seu aspecto logístico, o formato do recipiente, sua capacidade mínima para transporte e a questão de segurança aos trabalhadores.

O projeto dos coletores para lâmpadas compactas considerou: tamanho e desenho do bocal receptor, impedindo a remoção de material descartado; altura do coletor; receptor interno que amortize as quedas, evitando quebras e distribuindo os descartes; e a parte externa com comunicação de orientação. Em lâmpadas tubulares, não há tampa de fechamento, o que permite a coleta de lâmpadas de diferentes tamanhos (Brasil, 2017b).

O coletor desenvolvido e adotado pela Reciclus para as lâmpadas descartadas compactas comporta até 155 unidades destas e, quando cheio, pode pesar de 20 kg até 40 kg (Brasil, 2017b). Os estudos e a escolha dos coletores indicam sua importância na operacionalização do sistema de logística reversa na primeira etapa (coleta), pois um projeto inadequado pode desmotivar o consumidor a continuar com descartes e prejudicar sua movimentação para recuperação.

O Reciclus identificou como um dos obstáculos para implantação do sistema logístico reverso: a questão tributária, a exemplo do registrado pelo Instituto Jogue Limpo, tendo sugerido a adoção de regime fiscal especial com simplificação dos documentos fiscais para retirada e transporte das lâmpadas e isenção de ICMS no transporte de coleta/destinação das lâmpadas usadas (Brasil, 2017b).

O relatório é finalizado com um plano de melhorias contínuas do sistema de logística reversa, abordando as dificuldades operacionais dos transportadores, as intervenções nas estações de tratamento dos materiais, os incentivos aos consumidores e o aumento dos pontos de entrega. A seguir, apresentamos alguns dos problemas listados e as possíveis soluções propostas (Brasil, 2017b):

» Verificou-se que existe no público o costume de depositar as lâmpadas agrupadas em sacos plásticos, envolvidas em jornais e até mesmo em suas próprias embalagens. O ponto de entrega tem de lidar com essa questão mediante:
  » aprimoramento e execução do plano de divulgação do programa;
  » melhoria e adequação dos bocais dos coletores;
  » colocação de lixeiras ao lado dos coletores, para descarte de sacos plásticos, jornais, embalagens etc.
» Dificuldades de descartar as lâmpadas tubulares em seu coletor apropriado pelo comprimento e/ou limitação do tamanho da unidade de coleta ao espaço ocupado no estabelecimento de comércio (tamanho da lâmpada *versus* tamanho da unidade de coleta). Para tanto, é preciso:
  » desenvolver e testar protótipo de unidade de coleta desse tipo de lâmpadas.

Embalagens em geral

O acordo setorial das embalagens em geral, assinado em 2015, refere-se a embalagens de papel e papelão, plástico, alumínio, aço, vidro e as resultantes de combinação desses materiais, por exemplo, as cartonadas – longa vida.

O programa estabelece parcerias com cooperativas de catadores de materiais recicláveis (lado social), com o comércio para a instalação de PEVs, e prevê a possibilidade de celebração de acordos entre os serviços públicos de limpeza urbana e manejo de resíduos sólidos municipais com as entidades signatárias do acordo.

O acordo, em atendimento à PNRS, entende a logística reversa como responsabilidade compartilhada de fabricantes, importadores, comerciantes e distribuidores de embalagens e dos produtos comercializados nas embalagens e constituiu a Coalizão Embalagens como gestora, com 22 associações que representam 3.786 empresas (Coalizão Embalagens, 2017).

O fluxo da logística reversa das embalagens em geral, conforme mostrado na Figura 6.4, inicia-se com o consumidor dos produtos, que separa as embalagens do material úmido ou orgânico entre os resíduos domiciliares e as leva até um ponto de coleta. Mais uma vez, verifica-se a importância da educação e da conscientização ambientais, pois os consumidores são essenciais ao processo*. Na sequência a essa coleta, os materiais são transportados, prioritariamente, para cooperativas de catadores parceiras do programa, onde são triados, separados e classificados por tipo de materiais. Essa etapa também pode ser realizada em empresas do comércio atacadista de materiais recicláveis, quando, finalmente, os materiais são destinados à reciclagem e ao reaproveitamento.

---

* A implantação de programas de coleta seletiva em algumas prefeituras tem essa função, uma vez que é solicitada aos moradores a separação dos materiais recicláveis secos dos orgânicos e não recicláveis, sendo a coleta por caminhões feita em dias diferentes.

» **Figura 6.4** – Fluxo da logística reversa de embalagens em geral

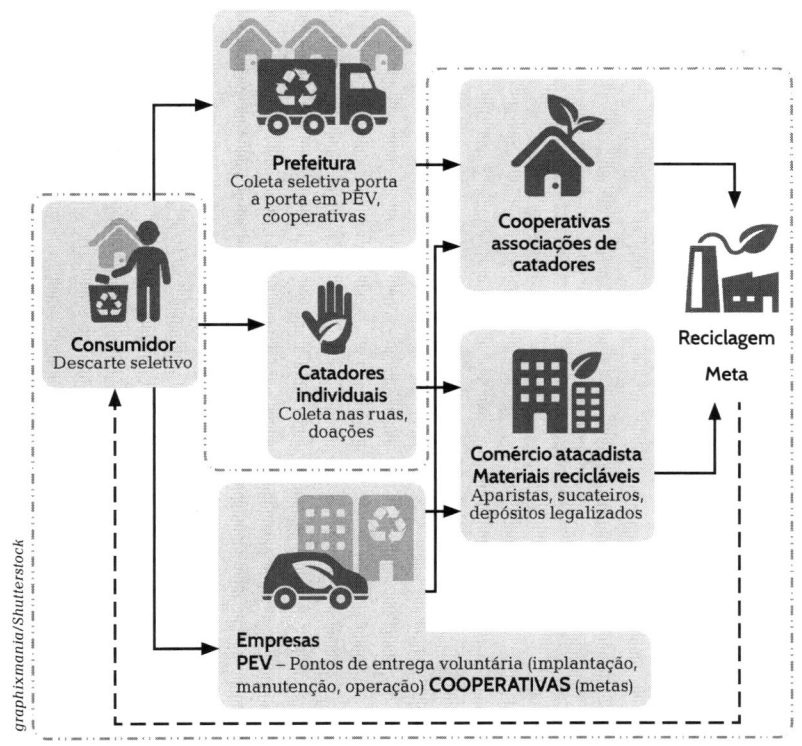

[Fluxograma: Consumidor (Descarte seletivo) → Prefeitura (Coleta seletiva porta a porta em PEV, cooperativas); Catadores individuais (Coleta nas ruas, doações); Empresas PEV – Pontos de entrega voluntária (implantação, manutenção, operação) COOPERATIVAS (metas). Estes fluxos seguem para Cooperativas associações de catadores e Comércio atacadista Materiais recicláveis (Aparistas, sucateiros, depósitos legalizados), culminando em Reciclagem Meta.]

Fonte: Coalizão Embalagens, 2019.

Na fase I do acordo setorial, conforme informado pela Coalizão Embalagens (2017), no período de 2012-2016, o sistema abrangeu 732 municípios em 25 estados brasileiros, alcançando 63% da população brasileira, com geração de 48,7 milhões t de resíduos, cerca de 78% da geração total do país. Uma das ações estratégicas do programa tem sido a implantação dos PEVs, locais aos quais a população leva seus recicláveis e que são viabilizados por pactos de parcerias entre fabricantes, importadores, distribuidores e comerciantes signatários do acordo setorial. A Tabela 6.1 apresenta um resumo das ações efetivas do programa no período 2012-2017.

» **Tabela 6.1** – Resultados da Fase 1 do Coalização Embalagens

Foco das ações	Resultados
Cooperativas de catadores	Apoio a 802 cooperativas de 2012 a 2017.
	Realização de 4.487 ações: operação de galpões, doação de equipamentos, consultoria logística e gestão e treinamentos de capacitação, cobrindo 364 municípios em 21 estados do país.
Pontos de entrega voluntária (PEV)	7.826 ações de estruturação: manutenção, instalação e operacionalização, ocorridas em 240 municípios de 24 Estados.
Municípios	Total de 732 municípios, de 25 estados receberam ações do Coalização Embalagens, correspondendo a 63% da população do país.

Fonte: Elaborado com base em Coalizão Embalagens, 2017.

O atendimento às metas da Fase I (2012-2017) do acordo setorial indica que o volume de embalagens destinado a aterros foi reduzido em 21,3%, e obteve-se um aumento na taxa de recuperação de materiais, na fração seca de 29%, passando de 24,8% em 2012 para 31,9% em 2017 (Coalizão Embalagens, 2017). Note-se que a percentagem de recuperação de materiais é de difícil mensuração, sendo esta uma estimativa realizada para o Relatório Final da Fase I apresentado ao MMA.

Com relação ao plano de comunicação do acordo setorial, o Programa Coalizão Embalagens lançou, em agosto de 2017, o movimento **Separe. Não Pare.** como plataforma digital (www.

separenaopare.com.br), com base na qual divulga informações e apresenta material de educação ambiental e de divulgação do programa.

>>> Sistemas de logística reversa antes do advento da Lei n. 12.305/2010

Antes da lei da PNRS, ocorreram negociações entre o MMA e setores privados para o estabelecimento de procedimentos relativos a cadeias reversas de três tipos de resíduos: óleos lubrificantes usados, embalagens de agrotóxicos e **pneus inservíveis**. Os sistemas de gestão aprovados visaram aos canais de distribuição reversos, ao desenvolvimento destes, à operação e eventuais correções de rotas para atender às legislações existentes. A seguir, apresentamos um resumo desses arranjos de logística reversa, suas dificuldades e os resultados de revalorização dos resíduos.

Óleo lubrificante usado ou contaminado (Oluc)

O Oluc é resultante da troca periódica em veículos automotores, sendo um resíduo tóxico persistente, que representa risco tanto para o meio ambiente quanto para a saúde humana. A gestão adequada de Oluc é prescrita na Resolução Conama n. 362, de 23 de junho de 2005, que explicita:

> *Art. 1º Todo óleo lubrificante usado ou contaminado deverá ser **recolhido, coletado e ter destinação final**, de modo que não afete negativamente o meio ambiente e propicie a máxima*

recuperação dos constituintes nele contidos, na forma prevista nesta Resolução.

[...]

Art. 5º O **produtor, o importador e o revendedor** de óleo lubrificante acabado, bem como o gerador de óleo lubrificante usado, são **responsáveis** pelo recolhimento do óleo lubrificante usado ou contaminado, nos limites das atribuições previstas nesta Resolução.

Art. 6º O **produtor e o importador** de óleo lubrificante acabado deverão **coletar ou garantir a coleta e dar a destinação final** ao óleo lubrificante usado ou contaminado, em conformidade com esta Resolução, de forma proporcional em relação ao volume total de óleo lubrificante acabado que tenham comercializado. (Brasil, 2005b, grifo nosso)

De acordo com o teor da legislação, é possível perceber que se institui a responsabilidade compartilhada, consagrada, em 2010, na PNRS, por parte de produtores, importadores e revendedores relativamente à logística reversa do produto, que, em princípio, deve retornar ao ciclo produtivo como matéria-prima, identificado como óleo básico e usado na formulação de novos óleos lubrificantes.

O Quadro 6.4 apresenta as regulamentações e legislações aplicáveis à produção de óleos lubrificantes e, consequentemente, à geração do resíduo classificado como de Classe 1*, isto é, perigoso.

» **Quadro 6.4** – Sistema regulatório na logística reversa do Oluc

Regulamentações específicas				
Resolução Conama n. 362/2005	Resolução ANP n. 18/2009	Resolução ANP n. 19/2009	Resolução ANP n. 20/2009	NBR/ ABNT 10004
Dispõe sobre o recolhimento, coleta e destinação final de oluc. Art. 3º: Todo OLUC coletado deverá ser destinado à reciclagem por meio do rerrefino.	Regulamenta a produção de óleo lubrificante	Regulamenta o Rerrefino	Regulamenta a coleta de OLUC	OLUC classificado como resíduo perigoso Classe I (tóxico)

(continua)

---

* Ver: ABNT, 2004.

(Quadro 6.4 – conclusão)

Legislações pertinentes			
PNRS (Lei n. 12305/2010)	Decreto n. 7.404/2010	Lei do Petróleo n. 9.478/1997	Lei de Crimes Ambientais n. 9.605/1998.
Logística Reversa e Responsabilidade Compartilhada e convalidação da Resolução ANP e Conama	Regulamenta a PNRS. Art. 57: Assegura o uso de biomassa na produção de energia e o rerrefino de OLUC.	Dispõe sobre a política energética nacional. Art. 1º As políticas nacionais para o aproveitamento racional das fontes de energia visarão [...] IV – Proteger o meio ambiente e promover a conservação de energia;	[...] lançamento de resíduos sólidos, líquidos ou gasosos, ou detritos, óleos ou substâncias oleosas, em desacordo com as exigências estabelecidas em leis ou regulamentos: Pena – reclusão de um a cinco anos e Multa.

Fonte: Elaborado com base em Sindirrefino*, 2019b.

A Figura 6.5 apresenta as cadeias de distribuição direta e reversa do Oluc. Destacamos que a matéria-prima pode ser produzida e importada (inclusive o produto acabado). Após venda e uso, o Oluc é coletado para rerrefino e suas embalagens são recicladas.

---

* Organização representativa de coletores e rerrefinadores do Brasil. Seus associados respondem por mais de 70% da coleta e recuperação de óleo no país (Sindirrefino, 2019b).

» **Figura 6.5** – Cadeia de distribuição direta e reversa do óleo lubrificante

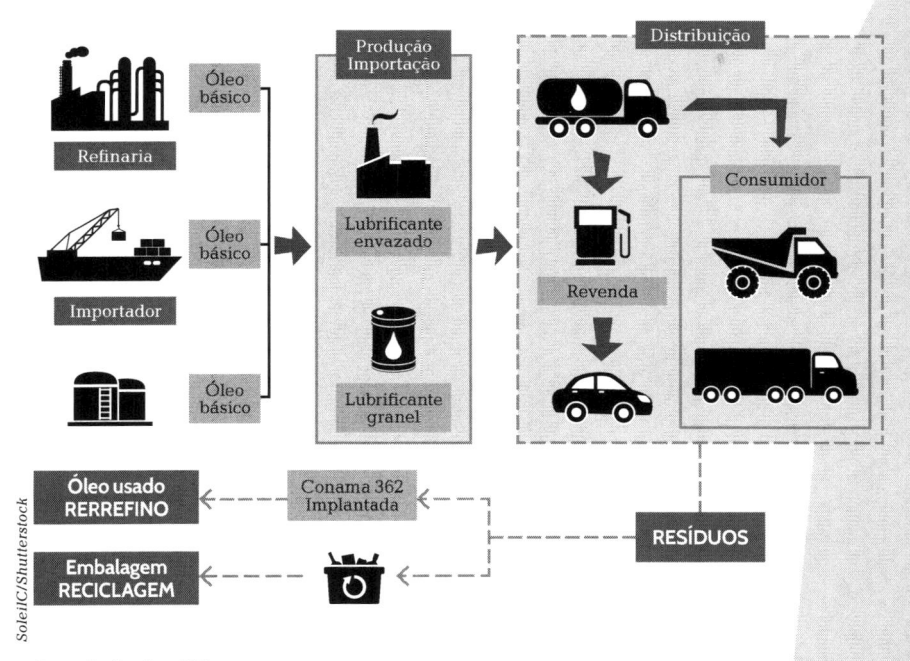

Fonte: Sindirrefino, 2019c.

A cadeia de distribuição reversa do Oluc conta com 15 empresas legalmente estabelecidas para rerrefino: 8 no estado de São Paulo; 2 em Minas Gerais e no Amazonas; 1 na Bahia, no Rio Grande do Sul e no Rio de Janeiro; e as 22 empresas coletoras que direcionam o resíduo para as rerrefinadoras são todas devidamente autorizadas pela ANP (Sindirrefino, 2019c).

A Tabela 6.2 apresenta os resultados do ano de 2016 dos associados do Sindirrefino. Destacamos que 72,7% dos municípios brasileiros são atendidos pela rede coletora e que a capacidade instalada para processamento do Oluc está subaproveitada

(84,6%), indicando não haver necessidade de investimentos nessa infraestrutura.

» **Tabela 6.2** – Resultados da cadeia reversa do Oluc – 2016

Capacidade instalada de rerrefino no Brasil	518.500 m³/ano
Volume coletado de Oluc no Brasil	438.830 m³ (ano 2016)
Índice de aproveitamento da capacidade instalada	84,6%
Capacidade de armazenamento de Oluc	25.800 m³
Capacidade de armazenamento de Oluc (bases/centrais coleta)	9.250 m³
Capacidade de armazenamento de óleo refinado	11.100 m³
Produção de óleo básico rerrefino	239.100 m³ (ano 2016)
Índice de aproveitamento coleta/rerrefino	54,4%
Pontos de coleta atendidos	129.000 (ano 2016)
Municípios atendidos pela coleta de Oluc	4.047
Percentual de municípios atendidos no Brasil	72,7% (IBGE 2013)
Veículos adequados ao transporte de Oluc (ANP 20/2009)	849

Fonte: Elaborado com base em Sindirrefino, 201c9.

A movimentação de Oluc é feita por 849 veículos adaptados, que atendem à Resolução ANP n. 20, de 18 de junho de 2009 (Brasil, 2009a). No veículo legal, há a identificação do tipo de resíduo presente e, nele, o trabalhador coletador porta luvas e não tem contato com o produto: a transferência do coletor para o veículo é feita mediante mangueira e equipamento incorporado ao veículo.

» **Figura 6.6** – Comparação de veículos regular e irregular na coleta do OLUC

Fonte: Sindirrefino, 2019.

O reservatório para receber o Oluc deve atender às características básicas, como estar ao abrigo da chuva, dispor de baia para conter eventuais derrames do resíduo e estar em local que permita acesso ao veículo coletor ou à sua mangueira de sucção. Para empreendedores que queiram estabelecer pontos de coleta de Oluc, sugerimos o guia básico para o gerenciamento de Oluc, emitido pelo Grupo de Monitoramento Permanente da Resolução Conama n. 362/2005 – GMP (GMP, 2005).

O sistema de logística reversa do Oluc é controlado pelo MMA com base nas metas de percentual de recuperação estabelecidas pela Portaria Interministerial MME/MMA n. 100, de 8 de abril de 2016, calculadas sobre o volume de óleo lubrificante produzido e importado no país e por região (Brasil, 2016b). Os resultados referentes ao ano 2016 são apresentados na Tabela 6.3, que evidencia que todas as metas regionais foram superadas e que as regiões Sudeste e Sul tiveram resultados superiores aos das demais regiões do país.

» **Tabela 6.3** – Balanço de óleo lubrificante comercializado *versus* coletado – 2016

Região	Comercializado (nacional e importado) 1.000 m³	Meta Coleta OLUC %	OLUC coletado 1000 m³	Coletado / Comercializado %
Norte	86.965,8	32,0	28.298,9	32,5
Nordeste	163.311,5	33,0	55.384,3	33,9
Centro-Oeste	116.783,5	36,0	44.054,8	37,7
Sudeste	463.684, 5	42,0	203.867,9	44,0
Sul	210.248,7	38,0	82.061,9	39,0
Brasil	1.040.958,0	38,9	413.667,7	39,7

Fonte: Brasil, 2017a.

A recuperação de Oluc poderia apresentar melhores resultados? Para responder a essa questão, é preciso considerar a existência de empresas ilegais, sem registro na ANP, que utilizam veículos irregulares, concorrem indevidamente com as regulares e, muitas vezes, direcionam o Oluc para fins indevidos, por exemplo, como combustível. Essa questão indica a necessidade imediata de maior pressão por parte dos órgãos ambientais de controle, pois interesses econômicos não podem prevalecer sobre os socioambientais (Brasil, 2017a).

Pneus usados ou inservíveis

A gestão da logística reversa resíduos dos pneus fabricados no país é feita pela Reciclanip, e a dos importados, pela Associação Brasileira dos Importadores e Distribuidores de Pneus (Abidip)*. A Reciclanip, criada em 2007, surgiu de um programa de 1999 da Associação Nacional da Indústria de Pneumáticos (Anip) – o Programa Nacional de Coleta e Destinação de Pneus Inservíveis – e atende à Resolução Conama n. 416, de 30 de setembro de 2009 (Brasil, 2009b).

A Abidip promove a logística reversa dos pneus importados inservíveis por meio de parcerias com varejistas e recicladoras, atendendo à Resolução Conama n. 416/2009. Também no princípio da responsabilidade compartilhada entre fabricantes e importadores de pneus novos, distribuidores e varejistas, a Abidip prevê acordo com varejistas para implantar pontos de coleta dos pneus inservíveis e direcioná-los às empresas recicladoras para reaproveitamento (Abidip, 2019).

A Resolução Conama n. 416/2009 (Brasil, 2009b) estabelece que fabricantes e importadores de pneus novos, com peso unitário superior a dois quilos, devem:

» coletar e dar destinação ambientalmente correta aos pneus inservíveis existentes no território nacional;
» instalar pontos de coleta em todos os municípios do território brasileiro com população superior a 100 mil habitantes.

---

* Sociedade civil sem fins lucrativos, instituída pelos importadores de pneus em 2009. Conta com mais de 40 associados e atua nas cinco regiões do Brasil (Abidip, 2019).

A métrica da logística reversa dos pneus inservíveis estabelecida na Resolução é 1:1, ou seja, para cada pneu novo comercializado no mercado de reposição (excluem-se pneus exportados e os destinados a veículos novos), as empresas fabricantes ou importadoras devem dar destinação adequada a um pneu inservível (Brasil, 2009b).

Os pontos de coleta, em geral, são estabelecidos por parcerias com as prefeituras municipais e recebem pneus recolhidos pelos serviços municipais de limpeza pública ou de borracheiros e recapadores, ou são descartados voluntariamente por consumidores. Nessas parcerias, a Reciclanip gerencia a logística de retirada dos pneus e sua destinação para empresas de processamento, devidamente homologadas pelo Instituto Brasileiro do Meio Ambiente e dos Recursos Naturais Renováveis (Ibama), órgão do MMA.

Dos pontos de coleta, os pneus inservíveis seguem para as recicladoras especializadas em tecnologias de destinação ambientalmente adequadas, nas quais as seguintes destinações são possíveis:

» **Coprocessamento**: uso dos pneus inservíveis em fornos de clínquer para produção de cimento, em substituição parcial de outros combustíveis. Essa é a destinação mais comum no Brasil: 60,2% em 2016.
» **Granulação**: processo industrial de fabricação de borracha moída, com diferentes granulometrias e separação/aproveitamento do aço. É o segundo modo mais comum de destinação: 27,2% em 2016.
» **Laminação**: processo de fabricação de artefatos de borracha – solados de sapatos, borrachas de vedação, dutos pluviais, pisos para quadras poliesportivas, indústrias e tapetes automotivos. O percentual foi de 11,5% em 2016.

» **Pirólise:** processo de decomposição térmica da borracha conduzido na ausência de oxigênio ou concentração baixa para não causar combustão, com geração de óleos, aço e negro de fumo. Pouco usado no Brasil: destinação de cerca de 1% em 2016 (Brasil, 2017d).

A Figura 6.7 apresenta o ciclo de vida do pneu desde sua fabricação ou importação e no pós-uso, com encaminhamento para as unidades de reprocessamento e destinação final.

» **Figura 6.7** – Ciclo de vida dos pneus

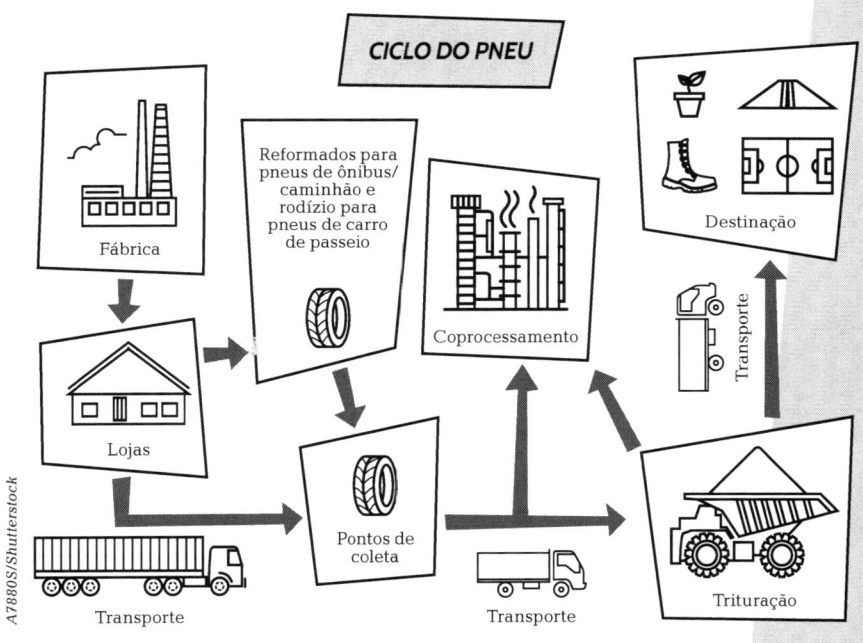

Fonte: Reciclanip, 2019a.

A Tabela 6.4 apresenta os resultados de 2016 da recuperação de pneus. De acordo com o exposto, verificamos que a meta dos fabricantes nacionais foi ligeiramente ultrapassada (100,1%) e a dos pneus importados ficou abaixo do esperado (83,6%).

» **Tabela 6.4** - Resultados da cadeia reversa dos pneus inservíveis – 2016

Origem dos pneus	Meta (t)	Destinação (t)	Atendimento das metas (%)
Fabricantes nacionais	404.022,4	404.382,1	100,1%
Importadores	106.427,4	89.017,0	83,6%

Fonte: Brasil, 2017d, p. 17.

Uma coisa é o atendimento das metas de recuperação, outra é a eliminação do descarte inadequado de pneus inservíveis, que, no caso brasileiro, representa um problema de saúde pública, haja vista a incidência de endemias transmitidas por mosquitos que se reproduzem em pneus descartados de forma inapropriada.

Um dado é preocupante: em 2016, o Relatório de Pneumáticos do Ibama (Brasil, 2017d) aponta que, com relação ao total de pneus colocados no mercado de reposição (729.214 t – 53.411.924), a meta de recuperação de 510.449 t correspondeu a 83,7% do disponibilizado; e, quanto à meta, os dados totais de coleta (Tabela 6.4) tiveram um atendimento de 93,7%. No entanto, com relação ao colocado no mercado, a recuperação foi de 67,6%, ou seja, 32,4%, ou 235.815 t (17.273.293 pneus), tiveram disposição inadequada.

Nossa intenção não é criticar a meta ou a forma como foram estabelecidas e acordadas, mas alertar que o problema é grave e que sua solução deve ser perseguida por todos envolvidos:

fabricantes, importadores, distribuidores, varejistas, manipuladores de pneus, consumidores e governo, em todas suas instâncias.

Os resultados obtidos no Brasil são compatíveis com os de outros países? A comparação é difícil, em razão de nossas diferenças regionais, de estágio de desenvolvimento e de legislação em relação à Europa e à América do Norte, por exemplo. Vejamos, portanto, as políticas e os índices de recuperação dessas regiões.

Pneus inservíveis – UE e Estados Unidos

Os países europeus, pressionados pela sociedade, têm adotado a diretiva da UE de abril de 1999 (European Directive 1999/31/EC), que proibiu, entre outras diretrizes, a destinação de pneus usados para aterros e orientou que se realizasse algum processo de recuperação. Além da grande quantidade de pneus usados descartados, era notório também o esgotamento dos aterros. A legislação e as práticas decorrentes (inclusive fiscalização) propiciaram resultados de recuperação da ordem de 96% em 2010, índice superior até aos registrados em sistemas de recuperação tradicionais, como os de papel e plásticos.

Na UE, empregam-se três princípios na gestão dos pneus usados: responsabilidade dos fabricantes; taxação; e livre mercado, o primeiro dos quais, vale observar, é o mais usado (ETRMA, 2019).

A organização ETRMA[*] indica que a responsabilização dos fabricantes é o modo mais indicado para alcançar a meta de recuperação total dos pneus usados, e que a maior parte dos

---

[*] European Tyre & Rubber Manufactures' Association: organização formada por fabricantes europeus de pneus, que, entre outras ações, controla a recuperação dos pneus usados.

países da UE apresenta taxa de recuperação de 100%, contexto em razão do qual o descarte de pneus usados foi erradicado desde 2006.

Na UE, o governo de cada país é responsável pela coleta e pela reciclagem de pneus ao fim da vida útil destes, organizando e remunerando os operadores dessa cadeia reversa. Para tanto, aplica-se um sistema de taxas, agregadas ao preço de venda dos pneus novos. Pelo sistema de livre mercado, a legislação estabelece metas de recuperação, sem designação dos responsáveis pela operacionalização, e os operadores da cadeia reversa atuam para atender à legislação, o que pode envolver cooperação entre empresas para promoção das melhores práticas (ETRMA, 2019).

Nos Estados Unidos, conforme dados da US. Tire Manufacter Association (USTMA)*, em 1990, apenas 11% da produção anual de pneus usados tinha destinação ambientalmente adequada ou passavam por alguma recuperação, e cerca de um bilhão de pneus usados eram estocados em pilhas. Em 2015, a situação era: 93% das áreas tinham sido limpas, e o índice de recuperação em relação aos pneus produzidos atingiu 87,9%, dos quais 48,6% foram usados como combustível, 25,8% como borracha moída, 7,0% na engenharia civil, 7,7% em usos diversos e, ainda, 11,4% foram destinados, embora de forma adequada, para aterros sanitários (USTMA, 2019).

Embalagens de agrotóxicos

A gestão dos resíduos resultantes das embalagens de agrotóxicos tem sido objeto de preocupação há muito tempo, uma

---

* Organização formada pelos fabricantes de pneus norte-americanos, que atua desde 1990 no programa de recuperação dos pneus usados.

vez que o abandono ou uso inadequado deles impacta o meio ambiente e afeta a saúde humana, contaminando solo, águas superficiais e lençóis freáticos com o reúso sem critério, o que coloca em risco a saúde de animais e de pessoas (inPEV, 2019).

O sistema de logística reversa do setor é anterior à lei da PNRS e tem como marco a Lei n. 7.802, de 11 de julho de 1989, que dispôs:

> *sobre a pesquisa, a experimentação, a produção, a embalagem e rotulagem, o transporte, o armazenamento, a comercialização, a propaganda comercial, a utilização, a importação, a exportação, o destino final dos resíduos e embalagens, o registro, a classificação, o controle, a inspeção e a fiscalização de agrotóxicos, seus componentes e afins.* (Brasil, 1989)

Essa lei foi alterada pela Lei n. 9.974, de 6 de junho de 2000 (Brasil, 2000b) e regulamentada pelo Decreto n. 4.074, de 9 de janeiro de 2002 (Brasil, 2002a).

Para atendimento da Lei n. 9.974/2000, como dito no Capítulo 3, foi criado, em dezembro de 2001, o Instituto Nacional de Processamento de Embalagens Vazias (inpEV), que, atualmente, conta com mais de 100 empresas fabricantes de defensivos agrícolas e entidades do setor. Sua atuação é feita com base no programa Sistema Campo Limpo, criado em 2002, que cobre todas as regiões do país em defesa e realização do conceito da responsabilidade compartilhada entre agricultores, fabricantes, canais de distribuição e o Governo (inPEV, 2019).

O Sistema Campo Limpo está presente em 25 estados e no Distrito Federal, com 111 centros de recebimento e 300 postos, dos quais 77 têm sistema eletrônico de agendamento de entregas e, em parceria, 47 transportadoras. Em 2016, movimentou 44,5 t de embalagens vazias de agrotóxicos, das quais 91% foram recicladas, e 9%, incineradas.

As embalagens de agrotóxicos são classificadas em: embalagens laváveis – rígidas de plástico (maioria) ou metálicas, que acondicionam formulações a serem diluídas em água; embalagens não laváveis, utilizadas para produtos que não usam água como veículo de pulverização; embalagens flexíveis; e embalagens secundárias.

A lavagem é regulamentada a fim de evitar eventuais contaminações com produtos residuais, sendo indispensável para sua reciclagem. Os procedimentos são expressos na Norma NBR 13698 (ABNT, 1997). As embalagens podem ser rígidas (plásticas e metálicas) e servem para acondicionar formulações líquidas a serem diluídas em água. Cerca de 1% delas é feita de aço ou outros metais. A maioria, no entanto, é feita de plástico (inPEV, 2019).

Essa cadeia reversa, à semelhança de outras, tem início pela devolução, feita por usuários dos agrotóxicos, das embalagens vazias tampadas e devidamente lavadas aos estabelecimentos comerciais com pontos de coleta, os quais devem ter licenciamento ambiental e dispor de condições adequadas, tais como espaço coberto. No ponto de coleta, é feito o registro e é expedida a documentação da movimentação ocorrida para controle dos órgãos ambientais. A etapa seguinte da cadeia é de responsabilidade dos fabricantes, que promovem a coleta e a destinação adequada.

Nesse processo, além da guarda temporária pelos usuários, os pontos de coleta e as centrais comprovam o processo de lavagem. Nas centrais de coleta, há compactação por tipo de embalagem (plásticas, cartonadas, metálicas e de papelão) e, por fim, destinação aos recicladores ou incineradores; neste caso, embalagens não lavadas ou não passíveis de reaproveitamento (inPEV, 2019).

Pilhas e baterias

A logística reversa de pilhas e baterias é gerenciada pelo Programa Abinee*Recebe Pilhas, criado, em novembro de 2010, por iniciativa de fabricantes e importadores de pilhas e baterias portáteis, para a coleta e destinação final desses objetos descartados por consumidores domésticos. No sítio da Associação Brasileira da Indústria e Elétrica e Eletrônica (Abinee), as informações são restritas e apresentam-se mais como uma declaração de intenções. Antes do programa, o setor já vinha atendendo às exigências da Resolução Conama n. 401, de 4 de novembro de 2008: "Estabelece os limites máximos de chumbo, cádmio e mercúrio para pilhas e baterias comercializadas no território nacional e os critérios e padrões para o seu gerenciamento ambientalmente adequado, e dá outras providências" (Brasil, 2008b).

>>> Para saber mais

Para conhecer mais sobre o Programa Abinee, consulte:

---
* Fundada em 1963, congrega indústrias nacionais e estrangeiras localizada no Brasil.

ABINEE – Associação Brasileira da Indústria Elétrica e Eletrônica. **Programa ABINEE recebe pilhas**: cartilha informativa. Disponível em: <http://www.gmcons.com.br/gmclog/downloads/61-Cartilha_Programa_ABINEE_Recebe_Pilhas.pdf>. Acesso em: 25 abr. 2019.

A Instrução Normativa Ibama n. 8, de 3 de setembro de 2012, estabelece, para fabricantes e importadores, os procedimentos de controle de recebimento e de destinação final de pilhas e baterias e define a reciclagem destas como: "processo de transformação das pilhas e baterias usadas ou inservíveis, envolvendo a alteração de suas propriedades físico-químicas, com vistas a transformação em insumos destinados à produção de novas pilhas e baterias ou de novos produtos" (Brasil, 2012b).

Esse programa é voltado para os consumidores, que são estimulados a depositar suas pilhas e baterias usadas nos estabelecimentos comerciais onde compraram os produtos, assim como em pontos de entrega cadastrados no programa. Nesse sentido, a Resolução n. 401/2008 (Brasil, 2008b) já especificava a importância de campanhas de educação ambiental para os consumidores e sugeria formas de fazê-lo.

A logística reversa de pilhas e baterias é a que menos apresenta informações nos sítios pesquisados, inclusive do MMA, onde há poucos dados sobre o andamento dessa situação. Uma vez que não encontramos relatórios de resultados de metas de recolhimento, é preciso destacar a gravidade do impacto que esses produtos podem acarretar ao meio ambiente.

>>> Acordos setoriais em andamento

Os acordos setoriais em andamento referem-se aos setores de produtos eletroeletrônicos e seus componentes e, também, de medicamentos. A logística reversa dos produtos eletroeletrônicos, por sua especificidade e complexidade, foi apresentada em estudo de caso do Capítulo 4. Com relação ao setor de medicamentos, as negociações, conforme citamos no Capítulo 3, ainda estão incipientes e têm avançado muito lentamente. A análise dos acordos setoriais nos permitiu apontar algumas questões comuns:

» As ações de logística reversa pós-consumo iniciam-se com a atitude dos consumidores de separar seu descarte e dar-lhe destinação adequada. Por exemplo, separar para a coleta seletiva em sua cidade ou região; levar o produto para os PEVs ou centros concentradores de coleta.
» Ações efetivas dos setores são gerenciadas por entidades ou associações próprias. Por exemplo, o Instituto Jogue Limpo (embalagens plásticas usadas de óleo lubrificante); o Reciclus (lâmpadas), o movimento Separe. Não Pare. (embalagens); o Sistema Campo Limpo (embalagens de agrotóxicos).
» Atuação do MMA e de seus órgãos Conama e Ibama.
» O sucesso das iniciativas está ligado a ações estruturadas e permanentes relativas aos agentes envolvidos nas cadeias reversas e na insistência de programas de ação ambiental.

» Disposição pós-consumo: aterros sanitários *versus* lixões

Abordamos esta questão aqui de forma resumida, uma vez que ela se mostra mais aderente à gestão ambiental, ainda que também se relacione com a logística reversa, pois esta tem como função a destinação adequada de resíduos e a redução da disposição de resíduos em aterros.

A Lei n. 12.305/2010 classifica a existência de lixões e aterros controlados* na categoria de *passivo ambiental* (Brasil, 2010b). Em 2016, segundo informações da Associação Brasileira de Empresas de Limpeza Pública e Resíduos Especiais (Abrelpe), foram destinadas para aterros sanitários 41,7 milhões t de resíduos urbanos, correspondendo a 58,4% do total de RSUs gerados. No entanto, cerca de 3.330 municípios brasileiros enviaram mais de 29,7 milhões t (41,6%) de RSUs coletados para lixões ou aterros controlados (Abrelpe, 2016).

A Lei n. 12.305/2010 previa um prazo de quatro anos para a eliminação de aterros controlados e lixões, porém esse prazo já se esgotou, enquanto tramitam no Congresso Nacional projetos de lei para a prorrogação do prazo com outros horizontes, por exemplo, 2021. A nosso ver, a questão principal é a do financiamento para consecução dessa meta, por si, ambiciosa. Para tanto, também tramita no Senado o PLS n. 207/2012 para criação do Fundo Nacional de Aterros Sanitários (FNAS).

Esse PLS já foi aprovado nas comissões de Meio Ambiente, Defesa do Consumidor e Fiscalização e Controle (CMA) e na de Assuntos Sociais (CAS) e, atualmente, está sendo analisado na

---

* Aterro sanitário de resíduos sólidos urbanos (também conhecido como *aterro controlado*) é definido na NBR 8419 da ABNT como "técnica de disposição de resíduos sólidos urbanos no solo, sem causar danos ou riscos à saúde pública e à segurança, minimizando os impactos ambientais, método este que utiliza princípios de engenharia para confinar os resíduos sólidos à menor área possível e reduzi-los ao menor volume permissível, cobrindo-os com uma camada de terra na conclusão de cada jornada de trabalho, ou a intervalos menores, se necessário" (ABNT, 1992, p. 1). O aterro controlado é considerado uma forma de disposição e tratamento de RSUs intermediária entre os lixões e os aterros sanitários e, como gera poluição localizada por não contar com impermeabilização do solo ou tratamento do chorume, é considerado indesejável na PNRS.

Comissão de Assuntos Econômicos (CAE). O FNAS propõe-se a cobrir dispêndios com os estudos de viabilidade e impacto ambiental e a compra de áreas para instalação de aterros sanitários, cabendo aos municípios beneficiados uma contrapartida obrigatória de 30% do valor do projeto como um todo (Senado Federal, 2017).

Essa questão é muito séria, sendo por demais conhecidas as tristes imagens de pessoas na coleta de materiais nos lixões, submetendo-se a condições inaceitáveis de trabalho e de insalubridade*. Tal situação fundamenta a consideração da dimensão social do desenvolvimento sustentável e rebate na questão dos catadores e suas cooperativas, que analisaremos a seguir.

» Catadores, cooperativas de catadores, PNRS e ações concretas

Abordaremos, aqui, o papel desempenhado por catadores, por suas associações e pelas cooperativas na logística reversa e na implantação das ações previstas na PNRS, assim como as iniciativas identificadas em outros países.

››› Catadores e cooperativas de catadores

Um dos pontos fortes da PNRS, segundo nosso entendimento, é o destaque dado por ela à ação de catadores e associações na gestão da logística reversa (pós-consumo) de RSUs. Essa função ocorre principalmente na coleta seletiva, na triagem, na classificação, no processamento e na comercialização de resíduos recicláveis e reutilizáveis, todos desempenhados de forma individual ou coletiva em associações e cooperativas.

* Ver: Abrelpe, 2015.

Sobre ações, práticas e alcance da atividade dos catadores, com base na PNRS, ressaltamos os seguintes pontos:

» integração com ações que envolvam responsabilidade compartilhada no ciclo de vida dos produtos;
» metas de eliminação ou recuperação de lixões que contemplem medidas de inclusão social e emancipação econômica dos catadores;
» participação nos programas de coleta seletiva;
» explicitação nos planos de gestão de resíduos sólidos com a participação e atuação de cooperativas ou associações de catadores;
» implantação de programas de incentivo e formas de financiamento de instalações e equipamentos para cooperativas ou associações de catadores.

Os catadores, atividade profissional reconhecida no Ministério do Trabalho desde 2002, têm sido determinantes no aumento da vida útil de aterros sanitários e na diminuição da utilização de recursos naturais, além de serem protagonistas nas atividades de logística reversa para reúso e reaproveitamento de materiais descartados.

A nosso ver, as ações de estímulo e de capacitação de catadores e de suas associações materializa a dimensão social do desenvolvimento sustentável. E, como demonstraremos adiante, não se trata de realizar ações meramente assistencialistas, mas de atuar no resgate de pessoas em condições de vida precárias e inadequadas para fortalecer sua capacidade produtiva e gerar renda e negócios com a prestação de serviços de logística reversa.

Freitas e Fonseca (2012) apresentam um balanço da situação dos catadores no Brasil, em 2011, destacando os seguintes aspectos:

» existiam entre 400 e 600 mil catadores;
» havia pelo menos 1.100 organizações coletivas de catadores;
» entre 40 e 60 mil catadores (10%) participavam de alguma organização coletiva;
» 27% dos municípios declararam ter conhecimento do trabalho de catadores na área de destinação final dos resíduos urbanos;
» outros 50% dos municípios apontaram a atuação de catadores nas áreas urbanas;
» cerca de 60% das organizações coletivas e dos catadores apresentaram níveis mais baixos de eficiência;
» a renda média estimada dos catadores não atinge o salário mínimo;
» o nível de instrução mais comum entre os catadores compreende o intervalo da 5ª a 8ª séries.

Sant'Ana e Maetello (2016), ao analisarem a questão dos catadores e de suas cooperativas e associações no Brasil, concluem por uma evolução positiva a partir da ação governamental apoiada na PNRS. Os autores salientam a necessidade de avanço com a proposição de uma agenda de quatro pontos, os quais, conforme citamos, já estão incorporados no espírito da Lei n. 12.305/2010. São eles:

1) Garantir às cooperativas contratação formal por prefeituras em seus programas de coleta seletiva. Essa contratação propiciaria estabilidade de existência e ocupação das cooperativas e de seus associados. A ideia corresponde não

à substituição de empresas, mas sim, quando viável econômica e socialmente, à integração das cooperativas, por exemplo, na coleta porta a porta, na roteirização de grandes geradores, na triagem em centrais de reciclagem*.

2) Aproveitar o acordo setorial de embalagens com a efetiva utilização das cooperativas e, da mesma forma, atuar junto à implantação do acordo do setor de eletroeletrônicos.

3) Atuar em regiões em que não existem cooperativas ou em que estas não tenham condições de funcionamento, estimulando o setor reciclador com a utilização de recursos disponíveis em fundos existentes, como o Fundo da Amazônia e Fundo do Clima.

4) O acordo do setor de eletroeletrônico é considerado crítico para o fortalecimento das cooperativas, pois pode propiciar a atuação na reciclagem de materiais de maior valor. A maior parte das cooperativas atua com resíduos de papel e papelão, metais, principalmente latinhas, e embalagens PET, com valor por quilo relativamente baixo.

Essa situação, como toda questão social, é complexa. A solução para o problema é de médio a longo prazo, mas é importante, uma vez que trata de um contingente humano que vive à margem da sociedade, com baixa qualificação. Um exemplo é a resistência de catadores quanto ao fechamento de um lixão, pois ficam preocupados com a possibilidade de perda de sua fonte de ganho e sobrevivência.

Nesse sentido, destacamos ações de organizações como o Movimento Nacional dos Catadores de Materiais Recicláveis (MNCR), que atua há 16 anos na organização dos catadores e na valorização destes como trabalhadores importantes.

---

* Ver a experiência da Asmare de Belo Horizonte (MG) em: Asmare, 2019.

Atualmente, o MNCR conta com dez redes de cooperativas associadas. Um exemplo é a CoopCent ABC, que congrega cinco cooperativas na região do ABC na Grande São Paulo.

> **>>>** Para despertar o interesse
>
> **Projeto "Fortalecer e Organizar Catadores(as)" da Região Metropolitana de São Paulo**
>
> Esse projeto foi desenvolvido pelo Instituto Ecoar para a Cidadania com apoio da Secretaria Nacional de Economia Solidária, órgão do Ministério do Trabalho e Emprego do Governo Federal, com início em dezembro de 2012 e realização de 2013 a 2017. O objetivo foi desenvolver ações para fortalecer a organização de catadores da RMSP e envolver catadores não organizados e pessoas em situação de miséria nas perspectivas da economia solidária e do cooperativismo. Durante o projeto, formou-se a Rede Verde Sustentável, que atua na logística reversa com coleta, compartilhamento de equipamentos e veículos e, principalmente, comercializando de forma conjunta os materiais recolhidos pelas cooperativas da rede e por catadores avulsos. Participaram do projeto 13 empreendimentos de economia solidária: Avemari, CMR Itapevi, Cooperaires, Coopermape, Coopernatuz, Coopernovacotia, Cooperzagati, Coperunidos, Fênix–Ágape, Ganhando Vidas, Luxo do Lixo, Unidos pelo Futuro, Vivavem, Cooerjan.
>
> O projeto abordou seis temas: mobilização; formação; articulação; assessoramento técnico; fechamento do lixão; e fortalecimento da Rede Verde Sustentável. As ações

englobaram, ainda, formação de pessoas, assessoria pedagógica, apoio à gestão, gestão participativa, treinamento e capacitação de lideranças. Os resultados principais foram: renda média: evolução de R$ 850,00 para R$ 1.192,00/mês; a produção passou de 343 t/ano para 908 t/ano; o número de catadores organizados aumentou 86%, com um total de 364 catadores organizados e 714 avulsos ao final do projeto; os empreendimentos da economia solidária mais do que dobraram, passando de 7 para 15. A Rede Verde Sustentável começou com a formalização de uma cooperativa de segundo grau, incluindo dez empreendimentos da economia solidária. A infraestrutura da Rede foi composta por equipamentos, veículos, galpões e um escritório comercial. Outra realização foi o Movimento Viva Janaina Alves (MVJA) dos catadores no lixão Itapeva, nome dado em homenagem a Janaina Alves, menina de 13 anos que falecera atropelada por um caminhão basculante enquanto procurava alimentos em um lixão. Os objetivos do MVJA foram: criação da cooperativa, capacitação dos catadores, construção da infraestrutura, implantação da coleta seletiva no município.

O projeto mantém ativo o sítio: <http://www.ecoar.org.br/web/pag.php?id=26>, ao qual recomendamos visita.

Fonte: Elaborado com base em Ecoar, 2019.

As cooperativas são uma forma de fazer com que uma atividade dispersa e individual assuma características de negócio, atuando nas cadeias reversas para garantir quantidade e regularidade aos centros consolidadores e reprocessadores, obtendo, assim, melhores preços e condições de trabalho.

Além disso, o cooperativismo apresenta as vantagens de valorização das pessoas com treinamento, fornecimento de equipamentos e trabalho regular e formal, como no caso da Rede Verde Sustentável. Outro exemplo notável é o da Associação de Catadores de Papel, Papelão e Material Reaproveitável (Asmare) de Belo Horizonte (MG), fundada em 1990 pela iniciativa da Pastoral de Rua da Arquidiocese de Belo Horizonte, que se desenvolveu com muita luta e esforço para a valorização dos catadores e de seu trabalho. Atualmente com mais de 250 catadores, desenvolve trabalho social junto a pessoas em situação de rua e em condições de necessidade: com o Projeto Abraçar, a Asmare processa 3.429 t/ano de material reciclado, das quais 2.688 t são de papel; 404 t, de plásticos; 186 t, de metal; 151 t, de vidros (Asmare, 2019).

Com uma visão ampliada de negócios, a Asmare (2019) apresenta um portfólio de serviços relacionados à coleta de resíduos sólidos. São eles:

» **Evento sustentável**: serviços de gestão adequada de resíduos prestados por catadores associados em eventos sociais. Dessa forma, os eventos têm garantia de atendimento das normas da prefeitura de Belo Horizonte, recebendo selo de sustentabilidade da Asmare e um relatório final sobre atividades e resíduos coletados.
» **Trituração de material sigiloso**: serviço sigiloso de trituração de papéis, os quais serão destinados para reciclagem.
» **Coleta seletiva**: prestação de serviços em condomínios, empresas e organizações de eventos, prevendo frequência e formas de coleta. A Asmare conta com caminhão próprio para o serviço.

» **Palestras**: serviço de educação ambiental. Associados da Asmare apresentam experiências, conhecimento e vivências próprios. As palestras são ministradas mediante doações ou cessão de materiais de trabalho.

Como procuramos demonstrar, a questão dos catadores e de suas cooperativas e associações é complexa, mas eles são essenciais para a implantação de sistemas de logística reversa em nosso país. Uma vez que o tema é polêmico, há discussões sobre o papel das cooperativas e seus dirigentes na relação com os catadores associados e o fato de "competirem" com mercados legais ou não de coleta de materiais. Da mesma forma, apresenta-se a questão da continuidade ou não de programas em razão de mudanças de visão política nas esferas de governo envolvidas. De resto, não há causa social que não seja controversa, e nossa posição é a do espírito da PNRS: os catadores são elementos-chaves na logística reversa, e a atividade deles contribui para a valorização pessoal.

››› Ações de logística reversa, PNRS e boas práticas

Uma das ações associadas à PNRS diz respeito à Estratégia Nacional de Educação Ambiental e Comunicação Social para a Gestão de Resíduos Sólidos (Educares), plataforma eletrônica que conta com duas matrizes de transversalização (ferramentas de planejamento, avaliação em apoio à gestão de resíduos sólidos) de educação ambiental (EA) e comunicação social (CS), plano integrado de avaliação e materiais pedagógicos (Brasil, 2017c).

O governo brasileiro tem desenvolvido, por meio do MMA, projetos no contexto do instrumento de cooperação com a UE – os

"Diálogos Setoriais União Europeia e Brasil*" – no tema dimensão ambiental do desenvolvimento sustentável. Apresentamos, aqui, quatro desses projetos, dois de iniciativa do Poder Público e dois da sociedade, quais sejam:

» **Programa Composta** – São Paulo (SP): iniciativa de tratamento descentralizado de resíduos orgânicos da Prefeitura Municipal de São Paulo, com a distribuição de 2.000 composteiras domésticas.

» **Lixo que Vale** – Umuarama (PR): programa da prefeitura para troca de recicláveis secos por alimentos produzidos por pequenos produtores do município com a criação de uma "moeda verde".

» **Revolução dos Baldinhos** – Florianópolis (SC): iniciativa de coleta, tratamento e gestão comunitária de resíduos orgânicos, utilizando PEVs com bombonas espalhadas pelos bairros e baldes para colocação dos resíduos das residências.

» **Pimpex/Pimp My Carroça** (nacional e internacional): iniciativa de reforma e pintura de carroças para valorização dos catadores, utilizando financiamento coletivo. (Brasil, 2018b)

O relatório do Diálogos Setoriais aponta a necessidade de acompanhamento permanente dessas iniciativas inovadoras e de seus resultados (Brasil, 2018b). Dos quatro programas, uma pesquisa rápida na internet permitiu avaliar que o de Florianópolis continua em andamento em bairros dessa capital,

---

* Diálogos setoriais: instrumento de cooperação entre a UE e o Brasil com base nos princípios de reciprocidade, complementaridade e interesse mútuo. Correspondem à "troca de conhecimentos, experiências e melhores práticas de natureza técnica, política ou ambas, em temas de interesse comum e que ocorram regularmente em diferentes níveis hierárquicos" (SECTOR DIALOGUES, 2019; Brasil, 2018b).

o Pimpex/Pimp ainda está operando, o de Umuarama noticiou retomada, e o de São Paulo estava com o sítio desatualizado.

» **Práticas internacionais**

A Gaia, organização não governamental de âmbito internacional, atua na promoção de soluções para o aproveitamento sustentável de resíduos em uma nova visão da economia e bem-estar à sociedade. Nesse sentido, desenvolve a concepção "resíduo zero", que, desde a década de 1970, vem sendo proposta em diferentes países das Américas, da África, da Ásia e da Europa (Gaia, 2019).

O objetivo é desviar os resíduos dos aterros com a revalorização deles e com a adoção de medidas de redução, reciclagem e compostagem, envolvendo a sociedade e, em especial, catadores.

O processo de incineração, com ou sem aproveitamento de energia, é totalmente condenado em razão do impacto ambiental que suscita e do prejuízo às atividades dos catadores (Gaia, 2019). No Brasil, o conceito de resíduo zero é divulgado, desde 2014, pela organização Aliança Resíduo Zero Brasil (ARZB), atuando nas cidades de São Paulo, Santos (SP) e Goiânia (GO), por meio de debates, palestras e seminários e outras ações de promoção da adesão a modos sustentáveis de gestão de resíduos (Aliança Resíduo Zero Brasil, 2019).

Um exemplo da gestão ambiental nos Estados Unidos é o estado da Califórnia, sob responsabilidade do CalRecycle (California's Department of Resources Recycling and Recovery), departamento da Agência de Proteção Ambiental (EPA) da Califórnia, que administra e implanta programas de manuseio de resíduos e de reciclagem, especialmente embalagens de bebidas e de resíduos de produtos eletroeletrônicos. Esse estado tem o maior índice de redução de destinação de resíduos de aterros (65%) e, por lei, deve alcançar o índice de 75% (Calrecycle, 2019).

Esses exemplos demonstram que a logística reversa de resíduos sólidos no contexto da gestão ambiental tem como motivadores as imposições legais, os aspectos de mercado e a ação da sociedade organizada e consciente da importância do desenvolvimento sustentável na sobrevivência de nossa espécie humana e do planeta.

≫ Perguntas e respostas

1) Do que se trata o princípio de responsabilidade compartilhada presente na PNRS (art. 6º, inciso VII, da Lei n. 12.305/2010)?

Com base nesse princípio, os envolvidos nas cadeias reversas de bens devem atuar de modo conjunto e permanente. Essa condição é fácil de ser entendida, mas muito difícil de ser implantada. Por exemplo, os consumidores do produto ou do material a ser reciclado devem direcionar tal material para locais designados e adequados, a fim de reduzir impactos ambientais e contribuir para o atendimento de metas de recuperação estabelecidas nos acordos setoriais. É possível perceber que se exigem atitude e ação efetivas por parte dos consumidores, disponibilização e comunicação da existência desses locais adequados, existência de processos de coleta e destinação dos materiais para centros de recuperação e reaproveitamento e viabilização de mercados para os produtos e materiais reciclados. Além disso, a relativa novidade dos acordos setoriais no Brasil, ao lado da falta de conscientização ambiental e, até mesmo, da ausência de fiscalização, dificulta a implantação do princípio da responsabilidade compartilhada.

2) A PNRS tem vertente social no estímulo à participação dos catadores e das respectivas associações nos processos de logística reversa. O que mais poderia ser feito para melhor desenvolver essa questão?

A temática dos catadores e suas cooperativas é complexa e, muitas vezes, controversa. No entanto, seu caráter social é inegável, e a consideramos de grande importância para o desenvolvimento dos canais de logística reversa no Brasil. Experiências exitosas com catadores e cooperativas destacam a criticidade da fase de capacitação da mão de obra para a atividade, ou seja, de simples coletores eles devem passar a participantes de um negócio com compromissos e contratos a serem respeitados na prestação desses serviços. Novos segmentos de produtos e materiais, como mostramos com relação aos eletroeletrônicos, exigem capacitação, equipamentos e técnicas de separação e classificação e, consequentemente, o treinamento especializado de pessoas. As organizações de catadores que se esforçaram na direção da capacitação não só sobreviveram como passaram a acompanhar as necessidades empresariais, passando a oferecer serviços para atendimento das demandas. O ponto básico não é só prover meios de subsistência, mas também valorizar e dignificar uma população que, muitas vezes, se encontra à margem da sociedade.

3) Em que consiste a polêmica sobre incineradores de resíduos? Não é uma solução possível?

A primeira colocação, amplamente discutida e justificada ao longo desta obra, é a do desenvolvimento sustentável como resultado da busca por uma sociedade mais igualitária, justa e ambientalmente responsável. Ao analisar tecnicamente o processo de incineração, consideramos que, embora possível de ser implantado, ele vai na contramão dos princípios básicos do desenvolvimento sustentável. A incineração indiscriminada de resíduos desmobiliza a reflexão sobre o consumo excessivo em nossa sociedade e, até mesmo, justifica-o ao considerar naturais a geração e o descarte de resíduos, uma vez que o processo "faz" a eliminação. Em verdade, o processo de incineração queima recursos naturais que poderiam ser aproveitados. É um contrassenso econômico e ambiental, pois sabemos, desde há muito, que os recursos naturais são finitos! Outro ponto é o impacto ambiental gerado pelo processo, já que, na realidade, o que acontece é a transformação de resíduos do estado sólido para o líquido e gasoso com reações ampliadas e prejudiciais ao meio ambiente durante o processo de queima. A existência de sistemas de controle para esses impactos deve ser observada com ressalvas, mesmo se considerada a evolução de controles ambientais, os quais representam parte significativa dos investimentos. A implantação de incineradores explora economias de escala, mas sua significativa capacidade, na maior parte das vezes, exige grandes deslocamentos de materiais a serem incinerados, implicando altos custos de movimentação. Essa questão é complexa e "vendida" como solução para a eliminação ou redução de aterros sanitários e até como alternativa para geração de energia. Com certeza, a questão deve continuar polêmica.

>>> Estudo de caso

A incineração de resíduos na contramão do desenvolvimento sustentável

Ao longo desta obra, citamos autores (Leite, 2003; Blumberg, 2005) que incluem na destinação final de resíduos o processo de incineração. Esse processo é previsto nas políticas de gestão de resíduos dos Estados Unidos e da UE e, também, na PNRS em uma hierarquia de prevenir, reusar e reciclar. Nos casos em que não for possível realizar qualquer dessas destinações, seria utilizada a alternativa de incineração.

O que é o processo de incineração e como ele funciona?

O processo de incineração é definido por Mihelcic e Zimmerman (2012) como o processo de combustão (queima) em que o oxigênio, proveniente do ar atmosférico e a temperaturas elevadas, libera a energia dos resíduos. Esses resíduos podem ser específicos (pneus, resíduos perigosos, de origem hospitalar etc.) ou resíduos sólidos urbanos (RSUs). O Quadro A apresenta sistemas usuais de incineração.

» **Quadro A** – Sistemas usuais de incineração

Tipos de sistemas	Aplicação	Observação
Queima não segregada (*mass burn*)	Queima de RSUs	É o processo mais empregado e ainda em uso nos Estados Unidos, na EU e no Japão.
Modular	De pequeno porte, é aplicado para resíduos específicos, como os hospitalares.	–
Combustível derivado de rejeitos	Resíduos ricos em carbono, que, após segregados, substituem combustíveis fósseis.	Exemplo: biossólidos com origem no tratamento de águas residuais (lodo).

(continua)

(continuação)

Tipos de sistemas	Aplicação	Observação
Coincineração	Resíduos específicos de pós-produção comercial ou industrial. Substituem combustíveis fósseis.	Resíduos biossólidos, com origem na produção de etanol de cana de açúcar, de celulose, são exemplos aqui no Brasil.
Resíduos perigosos	Resíduos orgânicos, como solventes, agrotóxicos, são queimados para destruí-los e reduzir seu impacto ambiental.	O acordo setorial das embalagens de agrotóxicos prevê a incineração em última instância.
Fornos de cimenteiras	A produção de cimento oferece condições para queima de vários resíduos.	Pneus inservíveis são exemplos típicos no Brasil e nos Estados Unidos.

Fonte: Elaborado com base em Mihelcic; Zimmerman, 2012.

É inegável que a incineração reduz a quantidade de resíduos para disposição final em aterros sanitários. Entretanto, é mais indicada para resíduos com poder energético elevado e baixo teor de umidade, por exemplo, papéis e plásticos (Mihelcic; Zimmerman, 2012). No entanto, esses dois materiais são os mais importantes para o trabalho dos catadores, e a incineração indiscriminada deles os prejudicaria de forma significativa. Nesse sentido, o MNCR tem atuado contrariamente a essa alternativa, divulgando manifesto e informações e promovendo ações junto a autoridades (MNCR, 2019).

A incineração de RSUs em uma queima não segregada (*mass burn*) provoca problemas ambientais, um dos quais é a formação de dois tipos de resíduos sólidos, ambos bastante prejudiciais ao meio ambiente: as cinzas de fundo (*bottom ashes*), a parte não queimada dos resíduos, e as cinzas volantes (*fly ashes*), particulados em suspensão, que se movimentam no interior do equipamento de incineração e que precisam ser coletados por sistemas especializados de filtração.

Ambos os resíduos concentram componentes perigosos, presentes nos RSUs ou gerados no processo de combustão, e exigem destinação específica, isto é, envio para aterros adequados após coleta (Mihelcic; Zimmerman, 2012). Essa destinação, de menor volume, tem de ser feita em aterros industriais, os quais apresentam custos maiores de operação e são especializados nessas classes de resíduos. Note-se que, no Brasil, sua disponibilidade é reduzida. Mihelcic e Zimmerman (2012) observam que a segregação dos resíduos perigosos e metais pesados (pilhas e baterias, por exemplo) dos RSUs seria uma alternativa para reduzir a toxidade das cinzas geradas pelos incineradores. Ora, a separação prévia é objeto e etapa da reciclagem, razão pela qual voltamos ao princípio de redução de disposições inadequadas de resíduos, nas quais enquadramos a incineração indiscriminada.

Braga et al. (2005) ressaltam a necessidade de categorização dos RSUs a serem incinerados, pois a inadequação pode inviabilizar o processo, principalmente em razão do teor de sua umidade, que deveria ser menor possível, com vistas à redução do uso de energia. Outro ponto é a presença de resíduos com o elemento *cloro*, caso dos plásticos tipo PVC, pois, se as temperaturas de funcionamento do incinerador não forem da ordem de 900 °C, haverá formação de dioxinas e furanos*, compostos orgânicos reconhecidamente tóxicos e cancerígenos.

O Institute for Local Self-Reliance de Washington (DC) dos Estados Unidos, citado por Platt (2004), aponta a incineração como a mais custosa de todas as alternativas existentes de disposição, chegando a superar em 5 a 10 vezes os custos de um aterro sanitário nas condições legais norte-americanas. Além disso, outras alternativas, como prevenção, reúso, reciclagem e compostagem, propiciam mais economia de energia do que a incineração – a reciclagem, por exemplo, poupa de três a cinco vezes mais energia.

Platt (2004) refuta a alegação de fornecedores de incineradores de que estes "convertem" resíduos em energia, pois, a seu ver, eles desperdiçam energia e recursos. Lembremos que o gasto de energia na reciclagem de latinhas de alumínio é 95% menor que o despendido na produção do metal a partir de seu minério.

Rand, Haukohl e Marxen (2000) resumem os problemas associados à incineração, citando, além dos ambientais, o de financiamento e de capacitação dos envolvidos, como: a) pagamentos insuficientes e receita menor pelo tratamento sem capacidade de cobrir os custos de investimento, de funcionamento e de manutenção; b) falta de créditos para comprar peças e partes de reposição; c) funcionamento ou manutenção inadequados, inclusive por funcionários não treinados; d) problemas

---

* Dioxinas e furanos são compostos orgânicos classificados como poluentes orgânicos persistentes, mais conhecidos pela sigla *POP*. A Convenção de Estocolmo (tratado internacional assinado nessa cidade em 2001) aponta o banimento dos POPs (produção e comércio) mundialmente, e, pelo Decreto n. 5.472 de 20 de junho de 2005, a adesão do Brasil a essa Convenção foi referendada. A classificação *persistente* desses compostos tem origem na sua estabilidade e resistência à degradação química, fotolítica ou biológica, além de serem bioacumulativos e tóxicos aos seres vivos.

com a qualidade ou a quantidade dos RSUs; e) falhas de gestão; f) procedimentos institucionais inadequados; e g) projeções superestimadas pelos fornecedores.

A incineração aparentemente representa uma solução fácil para a disposição de resíduos em aterros controlados ou sanitários, com economias de escala e de implantação relativamente rápida. Porém, reiteramos: a incineração não é uma solução para os RSUs, por exemplo, podendo ser aplicada para resíduos industriais, desde que cuidados com emissões e resíduos sejam tomados.

Outro aspecto da incineração é a manutenção da cultura do desperdício e da noção equivocada de que os recursos são infinitos. Os incineradores, como equipamentos, devem ter a maior utilização possível de sua capacidade e, no caso em que sua região não gere RSUs em quantidade, será preciso buscá-los em outras regiões, o que acarreta custos de transporte. Platt (2004) alerta para o fato de que contratos de disponibilização de RSUs podem levar à inviabilidade de programas de reciclagem.

Em uma análise feita pelos critérios do *triple bottom line*, podemos concluir que o processo de incineração de RSUs:

a. contraria a dimensão econômica, pois, além de ser mais custoso (investimento e funcionamento), desperdiça recursos;
b. em termos ambientais, aumenta o risco ambiental pela toxidade da parte sólida resultante (cinzas) e pela emissão de gases do efeito estufa, além da possibilidade de geração de poluentes persistentes, caso das dioxinas e dos furanos;
c. provoca instabilidade social, pois elimina materiais preferencialmente movimentados por catadores e suas associações.

》》 Questões sobre o estudo de caso

1) É possível considerar a incineração de RSUs um processo sustentável?
2) Que reflexos a variedade de RSUs a ser destinada a processos de incineração poderiam ter nas atividades de catadores e de suas cooperativas?
3) O processo de incineração é gerador de energia "verde"?

》 Síntese

Neste capítulo, constatamos que as práticas da logística reversa pós-venda fazem parte do negócio das empresas produtoras, que devem coletar e destinar devidamente produtos rejeitados ou descartados. Essa coleta e essa destinação devem ser gerenciadas para a redução daqueles em razão do impacto que terão nos custos, na imagem e nas estratégias de *marketing* das organizações, influenciando o desempenho econômico destas. Na logística reversa de pós-consumo, além da dimensão econômica, apresentam-se as dimensões ambientais e sociais, tendo em vista os impactos de uma destinação inadequada e da participação dos catadores.

Também analisamos a situação dos acordos setoriais de logística reversa negociados com o MMA e destacamos a criação de entidades representativas das empresas dos setores e um efetivo acompanhamento do atendimento de metas e implantação de programas de EA e CS. Ainda, tratamos da participação dos catadores e das respectivas associações nas fases de coleta e separação dos resíduos, básica na PNRS, que tem sido gradativamente buscada, citando alguns exemplos que mostram resultado significativo, como o da Asmare de Belo Horizonte

(MG) e o da atuação do MNCR. No entanto, a situação de aterros controlados e lixões permanece grave e requer atitudes do governo, das organizações e da sociedade brasileira como um todo. Exemplos internacionais ilustraram caminhos a perseguir, como você pôde notar.

» Questões para revisão

1) Entre os acordos setoriais criados a partir da PNRS, há o das embalagens em geral. Apresente suas etapas básicas.

2) Entre as práticas de gerência à disposição de RSUs, há a do resíduo zero, considerada em diferentes países do mundo e promovida pela Gaia. Apresente a visão dessa organização.

3) Com base na PNRS e no contexto dos acordos setoriais negociados, foram criadas, em diferentes áreas de negócio, entidades de gestão da logística reversa, algumas das quais são anteriores à PNRS. Com base nisso, analise as tabelas a seguir e relacione as entidades gestoras aos resíduos sob a responsabilidade de cada uma delas.

	Organizações gestoras
1	Coalizão
2	Reciclus
3	Sistema Campo Limpo
4	Instituto Jogue Limpo
5	Reciclanip

	Resíduos recuperados
A	Embalagens plásticas de óleos lubrificantes
B	Embalagens de agrotóxicos
C	Embalagens em geral
D	Lâmpadas fluorescentes de vapor de sódio e mercúrio e de luz mista
E	Pneus inservíveis

Agora, assinale a alternativa que apresenta a sequência correta de correlação:
a. 1 – E; 2 – D; 3 – B; 4 – A; 5 – C.
b. 1 – D; 2 – C; 3 – E; 4 – A; 5 – B.
c. 1 – C; 2 – D; 3 – B; 4 – A; 5 – E.
d. 1 – C; 2 – E; 3 – B; 4 – A; 5 – D.
e. 1 – D; 2 – B; 3 – C; 4 – A; 5 – E.

4) Uma das cadeias reversas anteriores à PNRS é a do óleo lubrificante usado ou contaminado (Oluc). Sobre essa cadeia reversa, analise as afirmativas a seguir:
I. O único processo de recuperação legal do Oluc é o rerrefino.
II. O uso do Oluc como combustível é possível, mas proibido, pois sua queima emite para a atmosfera metais e substâncias cancerígenas, prejudicando a saúde pública e a dos trabalhadores envolvidos.
III. O Oluc, após rerrefino, é usado como matéria-prima de diversos produtos diferentes do óleo lubrificante original.
IV. O transporte do Oluc dos pontos coletores às centrais de rerrefino é feito por meio de veículos comuns, sem necessidade de qualquer adaptação especial.

V. Em geral, o Oluc quando não rerrefinado provoca impactos ao solo, à água e ao ar atmosférico.

Agora, assinale a alternativa que apresenta apenas itens verdadeiros:
a. I, II e III.
b. I, III e V.
c. II, III e IV.
d. I, III e IV.
e. I, II e V.

5) A PNRS direciona as práticas de recuperação dos RSUs para a participação dos catadores e de suas associações. Analise as afirmativas a seguir e indique V para as verdadeiras e F para as falsas.
( ) O número de catadores e cooperativas no Brasil é pequeno e pouco significativo.
( ) Em geral, as cooperativas de catadores apresentam elevada eficiência e tecnologia e capacitação.
( ) A renda auferida pelos catadores envolvidos na coleta de resíduos é considerada importante por eles.
( ) O nível educacional mais usual entre os catadores é de médio a superior.
( ) A maioria dos catadores é associada a cooperativas.

Agora, assinale a alternativa que apresenta a sequência correta:
a. F, F, V, F, F.
b. F, V, F, V, F.
c. F, F, F, V, V.
d. V, V, V, F, F.
e. V, V, V, V, V.

>>> **Para saber mais**

Os canais reversos de pós-consumo só iniciam a movimentação de materiais quando o consumidor, sem mais interesse em certo item, leva-o até um PEV ou a outro local, que, por sua vez, encaminha-o para centrais de recuperação e reciclagem. Nesse sentido, os PEVs devem apresentar características de fácil identificação pelo consumidor e ser projetados para uma disposição fácil. Os PEVs variam conforme o material em descarte, considerando a segurança dos consumidores e trabalhadores. Um dos acordos setoriais da PNRS é o das lâmpadas fluorescentes de vapor de sódio e mercúrio e de luz mista, gerenciado pela Reciclus. Sugerimos a visita ao sítio da Reciclus para conhecer o desenvolvimento dos PEVs específicos da organização, que levam em conta o peso final, as dimensões e a segurança com relação à quebra dos invólucros de vidro. Além disso, confira, no sítio do MMA, o relatório de desempenho do sistema da Reciclus.

RECICLUS. Disponível em: <http://www.reciclus.org.br/>. Acesso em: 23 abr. 2019.

BRASIL. Ministério do Meio Ambiente. **Reciclus**: relatório de desempenho de sistema de logística reversa. 2017. Disponível em: <http://mma.gov.br/images/arquivo/Relatorio_MMA_final_atividades_2.016_2__versao_.pdf>. Acesso em: 23 abr. 2019.

Para concluir...

A **logística reversa** é parte imprescindível nas ações para o desenvolvimento sustentável. A implantação dela é, para as organizações, um desafio de planejamento e gestão, uma vez que a logística é implementada em sentido inverso ao natural, ou seja, do pós-venda e do pós-consumo de "volta" às entidades produtoras.

Com base na divulgação do relatório "Nosso Futuro Comum" na década de 1970 (CMMAD, 1988), a conscientização ambiental na sociedade vem se estabelecendo, e novas abordagens vêm se apresentando, a exemplo de proposições como as de *triple bottom line* (TBL), de economia circular e da pegada ecológica, entre outras, ao encontro do papel das cadeias reversas e de seu aprimoramento.

Mudanças na relação fornecedores/consumidores, entre as quais a comunicação eletrônica rápida e barata, têm levado à incorporação de práticas de logística empresarial para recuperação de materiais e de produtos típica da logística reversa, de forma integrada e conjunta de gestão, conforme aponta o conceito de economia circular, por exemplo.

Da mesma forma, a complexidade dos fluxos reversos (em razão da diversidade de origens, destinos, volumes e forma dos materiais) impacta os custos operacionais envolvidos na logística de fluxos de materiais e produtos com origem no pós-venda ou com origem no pós-consumo. Um exemplo notório abordado nesta obra foi o dos eletroeletrônicos, caracterizados por vida útil cada vez menor, pela multiplicidade de canais de movimentação e pelos consumidores sempre em busca de inovações.

A logística reversa, como você pôde constatar durante a leitura da obra, desenvolveu-se mais significativamente no Brasil a partir do estabelecimento dos acordos setoriais decorrentes da promulgação da Lei n. 12.305/2010 (a PNRS). No entanto, como muitas outras iniciativas em nosso país, os resultados ainda não têm sido satisfatórios. Um exemplo é a situação de aterros sanitários, os quais ainda não se revelam como uma realidade no país, o que nos obriga a conviver com os "lixões" e toda a carga de prejuízos econômicos, ambientais e sociais deles decorrente. Muito há de ser feito: é preciso imprimir esforços, consenso e persistência em ações efetivas e exigir continuidade e ênfase na educação ambiental e comunicação social. Práticas internacionais podem servir de guia para as que necessitamos e devemos desenvolver por aqui.

Concluímos, então, que as práticas da logística reversa (de pós-venda e de pós-consumo) fazem parte dos negócios, uma vez que as organizações precisam dar destinação adequada aos resíduos gerados por seus produtos, a fim de aproveitar materiais recuperados, na medida em que os recursos naturais do planeta são finitos.

Nesta obra, não pretendemos esgotar o tema de *logística reversa*, pois, como evidenciamos, a dinâmica das relações comerciais e das inovações tecnológicas cada vez mais influencia as dinâmicas sociais de consumo e, também, a geração de resíduos, em consequência do que há poluição e degradação dos ambientes naturais. No entanto, esperamos ter contribuído para a consciência ambiental e para a preparação de executivos conscientes das responsabilidades para com o planeta, para o desenvolvimento e para um convívio humano justo, sob a égide dos princípios do desenvolvimento sustentável.

❱❱ Lista de siglas

3PLs – *third party logistics providers* (terceiros/fornecedores de serviços logísticos)

Abad – Associação Brasileira de Atacadistas e Distribuidores de Produtos Industrializados

Abal – Associação Brasileira do Alumínio

Abema – Associação Brasileira de Entidades Estaduais de Meio Ambiente

Abia – Associação Brasileira das Indústrias da Alimentação

Abidip – Associação Brasileira dos Importadores e Distribuidores de Pneus

ABIHPEC – Associação Brasileira da Indústria de Higiene Pessoal, Perfumaria e Cosméticos

Abilumi – Associação Brasileira de Importadores de Produtos de Iluminação

Abilux – Associação Brasileira da Indústria da Iluminação

Abimapi – Associação Brasileira das Indústrias de Biscoitos, Massas Alimentícias e Pães e Bolos Industrializados

Abinam – Associação Brasileira de Indústria de Águas Minerais

Abinee – Associação Brasileira da Indústria Elétrica e Eletrônica

Abinpet – Associação Brasileira da Indústria de Produtos para Animais de Estimação

Abiove – Associação Brasileira das Indústrias de Óleos Vegetais

Abipet – Associação Brasileira da Indústria do PET

Abipla – Associação Brasileira das Indústrias de Produtos de Limpeza e Afins

Abiplast – Associação Brasileira da Indústria do Plástico

Abiquim – Associação Brasileira da Indústria Química
Abir – Associação Brasileira das Indústrias de Refrigerantes e de Bebidas Não Alcoólicas
ABNT – Associação Brasileira de Normas Técnicas
ABPA – Associação Brasileira de Proteína Animal
Abrabe – Associação Brasileira de Bebidas
Abrafati – Associação Brasileira dos Fabricantes de Tintas
Abralatas – Associação Brasileira dos Fabricantes de Latas de Alta Reciclabilidade
Abras – Associação Brasileira de Supermercados
Abre – Associação Brasileira de Embalagem
Abree – Associação Brasileira de Reciclagem de Eletrônicos e Eletrodomésticos
Abrelpe – Associação Brasileira de Empresas de Limpeza Pública e Resíduos Especiais
Anamma – Associação Nacional dos Órgãos Municipais de Meio Ambiente
Anap – Associação Nacional dos Aparistas de Papel
Ancat – Associação Nacional dos Carroceiros e Catadores de Materiais Recicláveis
Anip – Associação Nacional da Indústria de Pneumáticos
ANP – Agência Nacional de Petróleo, Gás Combustível e Biocombustíveis
Anvisa – Agência Nacional de Vigilância Sanitária
APA – Área de Proteção Ambiental
APP – Áreas de Preservação Permanente
Aprobio – Associação dos Produtores de Biodiesel do Brasil
ARZB – Aliança Resíduo Zero Brasil

Asmare – Associação de Catadores de Papel, Papelão e Material Reaproveitável
ASPP – Aterro sanitário de pequeno porte
B2B – *Business to business*
B2C – *Business to consumer*
BCSD – Conselho Empresarial para o Desenvolvimento Sustentável
Bovespa – Bolsa de Valores de São Paulo
Cade – Conselho Administrativo de Defesa Econômica
CAMR – Comércio Atacadista de Material Reciclável
CCE – Central de conferência e escala
CD – Centro de distribuição
CEBDS – Conselho de Empresas em Prol da Sustentabilidade
Cempre – Compromisso Empresarial para Reciclagem
CER – Certificados de redução de emissão
Cetesb – Companhia Ambiental do Estado de São Paulo
CGA – Contabilidade da Gestão Ambiental
CHIP – Circuito integrado eletrônico (CI ou *microchip*)
CI – Conhecimento e informação
CMMAD – Comissão Mundial sobre Meio Ambiente e Desenvolvimento
CNC – Confederação Nacional do Comércio de Bens, Serviços e Turismo
CNI – Confederação Nacional das Indústrias
Cofins – Contribuição para financiamento da seguridade social
Conama – Conselho Nacional do Meio Ambiente
Conar – Conselho Nacional de Autorregulamentação Publicitária
Coplast – Comissão Setorial de Resinas Termoplásticas
CS – Comunicação social

CSLL – Contribuição social sobre o lucro líquido
DA – Desempenho ambiental
DE – Desempenho econômico
DfD – *Design for disassembly*
DfE – *Design for environment*
DfL – *Design for logistics*
DfR – *Design for recycling*
DfS – *Design for sustainability*
DO – Desempenho operacional
EA – Educação ambiental
EC – European Commission
EDI – *Electronic data interchange*
EDSS – *Environmental decision support system* (sistemas de apoio à tomada de decisão gerencial ambiental)
EEA – Agência Ambiental da Comunidade Europeia
EEE – Equipamentos eletroeletrônicos
EIA – USA Energy Information and Administration Agency (Agência Norte-Americana de Informação e Administração)
EIA/RIMA – Estudo prévio de impacto ambiental/Relatório de impacto ambiental
ELV – *End-of-life vehicles*
EMF – Fundação Ellen MacArthur
EPA – Agência Ambiental Norte-Americana
EPR – Extended producer responsability
ETE – Estação de tratamento de efluentes
EVTE – Estudos de viabilidade técnica e econômica
EVTEA – Estudos de viabilidade técnica, econômica e ambiental
Fecombustíveis – Federação Nacional do Comércio de Combustíveis e Lubrificantes

FNAS – Fundo Nacional de Aterros Sanitários
FNMA – Fundo Nacional de Meio Ambiente
GEE – Gases do efeito estufa
GRI – Global Reporting Initiative
GTAs – Grupos técnicos de assessoramento
GTTs – Grupos de trabalho temáticos
HFC – Hidrofluorocarbonetos
IBÁ – Indústria Brasileira de Árvores
Ibama – Instituto Brasileiro de Meio Ambiente e dos Recursos Naturais Renováveis
IBDF – Instituto Brasileiro de Desenvolvimento Florestal
IBGE – Instituto Brasileiro de Geografia e Estatística
ICMBio – Instituto Chico Mendes
IDV – Instituto para Desenvolvimento do Varejo
Inesfa – Instituto Nacional das Empresas de Preparação de Sucata Não Ferrosa e de Ferro e Aço
Inmetro – Instituto Nacional de Metrologia, Qualidade e Tecnologia
inPEV – Instituto Nacional de Processamento de Embalagens Vazias
Ipea – Instituto de Pesquisa Econômica Aplicada
IPI – Imposto sobre Produtos Industrializados
IPI – Imposto sobre Produtos Industrializados
IRPJ – Imposto de renda da pessoa jurídica
ISE – Índice de sustentabilidade empresarial
ISO – International Standardization Organization (Organização Internacional de Normalização)
ISRI – Institute of Scrap Recycling Industries (Organização Norte-Americana de Empresas de Reciclagem)

KPIs – *Key performance indicators* (Indicadores-chave de desempenho)

LCP – Lei de Consórcios Públicos

LDNSB – Lei de Diretrizes Nacionais de Saneamento Básico

LEV – Locais de Entrega Voluntária

Mapa – Ministério da Agricultura, Pecuária e Abastecimento

MDIC – Ministério da Indústria, Comércio Exterior e Serviços

MDL – Mecanismo de desenvolvimento limpo

MMA – Ministério do Meio Ambiente

MNCR – Movimento Nacional dos Catadores de Materiais Recicláveis

MNCR – Movimento Nacional de Materiais Recicláveis

MSW – *Municipal solid waste* (resíduos sólidos urbanos)

NBR – Normas da ABNT

OCA – Organismos de Certificação de Sistema de Gestão Ambiental

OECD – Organisation for Economic Co-operation and Development (Organização de Cooperação e de Desenvolvimento Econômico)

OEM – *Original equipment manufacturer*

OFU – Óleo de fritura usado

Oluc – Óleos lubrificantes usados ou contaminados

ONGs – Organizações não governamentais

OPNRS – Observatório da Política Nacional de Resíduos Sólidos

OSCIP – Organização da sociedade civil de interesse público

P + L – Produção Mais Limpa

PDA – *Personal digital assistants*

PEGRS-MA – Plano Estadual de Gestão dos Resíduos Sólidos do Maranhão

PEV – Postos ou pontos de entrega voluntária de resíduos
PEVs – Pontos de entrega voluntária
PFC – Perfluorcarbonetos
PGIRSU – Plano de Gestão Integrada de Resíduos Sólidos Urbanos
PIS/Pasep – Programa de Integração Social/Programa de Formação do Patrimônio do Servidor Público
Plastivida – Instituto Socioambiental dos Plásticos
PLS – Projeto de Lei do Senado
PNEA – Política Nacional de Educação Ambiental
PNMA – Política Nacional do Meio Ambiente
PNRS – Política Nacional de Resíduos Sólidos
PNSB – Política Nacional de Saneamento Básico
POE – *Point of entry, re-entry or exit* (pontos de entrada, reentrada ou saída de materiais ou produtos)
POR – *Points of return* (pontos de retorno)
POS – *Points of sale* (pontos de venda)
PRA – Programa de Regularização Ambiental
Procon – Programa de Proteção e Defesa do Consumidor
PVC – Resina plástica de policloreto de vinila
RCD – Resíduos de construção e demolição
RCRA – Resource Conservation and Recovery Act
REEE – Resíduos de equipamentos eletroeletrônicos
RSD – Resíduos sólidos domésticos
RSI – Resíduos sólidos industriais
RSS – Resíduos sólidos de serviços de saúde
RSU – Resíduos sólidos urbanos
Saic – Secretaria de Articulação Institucional e Cidadania Ambiental

SASSMAQ – Sistema de Avaliação de Segurança, Saúde, Meio Ambiente e Qualidade
Sema – Secretaria de Meio Ambiente
Senai – Serviço Nacional da Indústria
SER – *Social and environmental responsibility* (responsabilidade social e ambiental)
SGA – Sistema de gestão ambiental
Sicar – Sistema Nacional de Cadastro Ambiental Rural
SIG – Sistema de informações gerenciais
Simepetro – Sindicato Interestadual das Indústrias Misturadoras e Envasilhadoras de Produtos Derivados de Petróleo
Sindicerv – Sindicato Nacional da Indústria da Cerveja
Sindicom – Sindicato Nacional das Empresas Distribuidoras de Combustíveis e de Lubrificantes
Sindilub – Sindicato Interestadual do Comércio de Lubrificantes
Sindirrefino – Sindicato Nacional da Indústria do Rerrefino de Óleos Minerais
SINDITRR – Sindicato Nacional do Comércio Transportador-Revendedor-Retalhista de Combustíveis
Sinir – Sistema Nacional de Informações sobre a Gestão dos Resíduos Sólidos
Sinisa – Sistema Nacional de Informações em Saneamento
Sinmetro – Sistema Nacional de Metrologia, Normalização e Qualidade Industrial
Siresp – Sindicato da Indústria de Resinas Plásticas
Sisbi-IA – Sistema Brasileiro de Inspeção de Insumos Agrícolas
Sisbi-IP – Sistema Brasileiro de Inspeção de Insumos Pecuários
Sisbi-POA – Sistema Brasileiro de Inspeção de Produtos de Origem Animal

Sisbi-POV – Sistema Brasileiro de Inspeção de Produtos de Origem Vegetal

Sisnama – Sistema Nacional de Meio Ambiente

SMM – *Sustainable materials management* (gestão sustentável de materiais)

SNVS – Sistema Nacional de Vigilância Sanitária

SRHU – Secretaria de Recursos Hídricos e Ambiente Urbano

Suasa – Sistema Unificado de Atenção à Sanidade Agropecuária

Sudepe – Superintendência da Pesca

SUDHEVEA – Superintendência da Borracha

SUS – Sistema Único de Saúde

TBL – *Triple bottom line* (tripé da sustentabilidade)

Tipi – Taxa de incidência do imposto sobre produtos industrializados

UC – Unidade de conservação

UE – União Europeia

Unep – United Nations Environment Programme (Programa de Estudos Ambientais da ONU)

USTMA – US. Tire Manufacter Association

WWF – World Wild Fund for Nature

» Glossário

Benchmarking: comparação de processos e práticas empresariais para identificar práticas superiores e replicá-las.

Bureau of International Reclycling (BIR): entidade belga que promove o comércio e os interesses da indústria de reciclagem em escala internacional.

Business to business (B2B): comércio de produtos ou serviços entre empresas.

Business to consumer (B2C): comércio de produtos e serviços direto aos consumidores e usuários.

Design for disassembly (DfD): projeto de produtos visando reaproveitamento, com facilitadores para a desmontagem.

Design for environment (DfE): projeto de produtos com materiais ambientalmente amigáveis e não tóxicos.

Design for logistics (DfL): projeto de produtos levando em conta sua embalagem, sua movimentação e seu armazenamento.

Design for recycling (DfR): projeto de produtos considerando sua reciclagem.

Design for sustainability (DfS): projeto de produtos voltados para a sustentabilidade.

Designing for excellence (DfX): similar ao DfS.

Ecodesign: produtos desenvolvidos (projetados) para sustentabilidade.

E-commerce: compras e vendas feitas por meios de comunicação computacionais e internet.

Electronic data interchange (EDI): ferramenta de dados voltada para a troca eletrônica e computacional interorganizacional de documentos de negócios.

European Tyre & Rubber Manufactures' Association (ETRMA): organização europeia de fabricantes de pneus que, entre outras ações, controla a recuperação dos pneus usados.

Extended producer responsability (EPR): responsabilidade estendida do produtor em relação a seus produtos pós-vida útil.

Global Alliance for Incinerator Alternatives (Gaia): organização internacional que atua para redução da geração de resíduos e para sua disposição ambientalmente adequada.

Global Reporting Initiative (GRI): organização internacional que atua junto a empresas, governos e outras instituições para padronização de relatórios voltados para a compreensão e comunicação dos impactos ambientais dos negócios e ações voltadas para o desenvolvimento sustentável.

Organisation for Economic Co-operation and Development (OECD): organização intergovernamental de países desenvolvidos voltada ao desenvolvimento econômico, com sede em Paris, França.

Original equipment manufacturer (OEM): produtor primário de equipamentos, partes ou subsistemas componentes do produto final de outra empresa.

Personal digital assistants (PDA): equipamentos eletrônicos com diferentes tipos de aplicativos.

PET: resina plástica de politereftalato de etileno usada em garrafas para bebidas.

PFOA (pontos fortes, pontos fracos, oportunidades e ameaças) ou SWOT *(strengths, weaknesses, opportunities and threats)*: metodologia para análise ambiental interna e externa e diagnóstico de organizações.

Resource Conservation and Recovery Act (RCRA): lei norte-americana de conservação e recuperação de recursos.

Triple bottom line (TBS ou 3BL): proposta de medição de resultados das organizações nas dimensões econômica, ambiental e social. Também conhecida como 3Ps: *profit* (lucro), *planet* (planeta) *e people* (pessoas).

World Wild Fund for Nature (WWF): organização não governamental que atua na conciliação da atividade humana com a biodiversidade.

» Referências

ABAL – Associação Brasileira do Alumínio. *Fluxo da reciclagem.* Disponível em: <http://abal.org.br/sustentabilidade/reciclagem/fluxo-da-reciclagem/>. Acesso em: 23 abr. 2019.

_____. *Latinhas campeãs.* Disponível em: <http://abal.org.br/sustentabilidade/reciclagem/latinhas-campeas/>. Acesso em: 23 abr. 2019.

ABIDIP – Associação Brasileira de Importadores e Distribuidores de Pneus. Disponível em: <http://www.abidip.com.br/>. Acesso em: 23 abr. 2019.

ABINEE – Associação Brasileira da Indústria Elétrica e Eletrônica. *Programa ABINEE recebe pilhas*: cartilha informativa. Disponível em: <http://www.gmcons.com.br/gmclog/downloads/61-Cartilha_Programa_ABINEE_Recebe_Pilhas.pdf>. Acesso em: 23 abr. 2019.

ABIOVE – Associação Brasileira das Indústrias de Óleos Vegetais. Disponível em: <http://www.abiove.org.br/site/index.php>. Acesso em: 23 abr. 2019.

ABIPET – Associação Brasileira da Indústria do PET. *Reciclagem*: benefícios da reciclagem de PET. 2012a. Disponível em: <http://www.abipet.org.br/index.html?method=mostrarInstitucional&id=49#>. Acesso em: 25 abr. 2019.

_____. *Reciclagem*: recuperação. 2012b. Disponível em: <http://www.abipet.org.br/index.html?method=mostrarInstitucional&id=68>. Acesso em: 25 abr. 2019.

ABIPET – Associação Brasileira da Indústria do PET. *Reciclagem*: revalorização. 2012c. Disponível em: <http://www.abipet.org.br/index.html?method=mostrarInstitucional&id=69>. Acesso em: 25 abr. 2019.

_____. *Censo da reciclagem de PET.* 2012d. Disponível em: <http://www.abipet.org.br/index.html?method=mostrarInstitucional&id=7>. Acesso em: 25 abr. 2019.

_____. *Reciclagem*: aplicações para PET reciclado. 2012e. Disponível em: <http://www.abipet.org.br/index.html?method=mostrarInstitucional&id=72>. Acesso em: 23 abr. 2019.

ABIQUIM – Associação Brasileira da Indústria Química. *SASSMAQ*: o que é. 2012a. Disponível em: <http://canais.abiquim.org.br/sassmaq/geral/oque.asp>. Acesso em: 23 abr. 2019.

_____. *SASSMAQ*: histórico. 2012b. Disponível em: <http://canais.abiquim.org.br/sassmaq/geral/intro.asp>. Acesso em: 23 abr. 2019.

ABNT – Associação Brasileira de Normas Técnicas. *NBR 8419*: apresentação de projetos de aterros sanitários de resíduos sólidos urbanos. Rio de Janeiro, 1992. Disponível em: <https://www.abntcatalogo.com.br/norma.aspx?ID=80553>. Acesso em: 23 abr. 2019.

_____. *NBR 13968*: sistema de gestão ambiental. Rio de Janeiro, 1997. Disponível em: <https://www.abntcatalogo.com.br/norma.aspx?ID=3349>. Acesso em: 23 abr. 2019.

_____. *NBR 10004*: Resíduos Sólidos: classificação. Rio de Janeiro, 2004. Disponível em: <https://www.abntcatalogo.com.br/norma.aspx?ID=316462>. Acesso em: 25 abr. 2019.

ABNT – Associação Brasileira de Normas Técnicas. *NBR ISO 14040*: gestão ambiental: avaliação do ciclo de vida: princípios e estrutura. Rio de Janeiro, 2009. Disponível em: <https://www.abntcatalogo.com.br/norma.aspx?ID=316462>. Acesso em: 23 abr. 2019.

_____. *NBR ISO 14001*: sistema de gestão ambiental. Rio de Janeiro, 2015. Disponível em: <https://www.abntcatalogo.com.br/norma.aspx?ID=345116>. Acesso em: 23 abr. 2019.

_____. *NBR 16457*: logística reversa de medicamentos de uso humano vencidos e/ou em desuso: procedimento. Rio de Janeiro, 2016. Disponível em: <https://www.abntcatalogo.com.br/norma.aspx?ID=359768>. Acesso em: 23 abr. 2019.

_____. *O que é rótulo ecológico?* Disponível em: <http://www.abntonline.com.br/sustentabilidade/rotulo/default>. Acesso em: 23 abr. 2019.

ABRE – Associação Brasileira de Embalagem. Simbologia técnica brasileira de identificação de materiais. *Comitê – Meio ambiente e sustentabilidade*. Disponível em: <http://www.abre.org.br/comitesdetrabalho/meio-ambiente-e-sustentabilidade/reciclagem/simbologia-de-identificacao>. Acesso em: 23 abr. 2019.

ABREE – Associação Brasileira de Reciclagem de Eletroeletrônicos e Eletrodomésticos. *ABREE na ARES*. 12 set. 2016. Disponível em: <http://abree.org.br/abree-na-ares/>. Acesso em: 23 abr. 2019.

ABRELPE – Associação Brasileira de Empresas de Limpeza Pública e Resíduos Especiais. *Saúde desperdiçada*: o caso dos lixões. 2015. Disponível em: <http://abrelpe.org.br/saude-desperdicada-o-caso-dos-lixoes/>. Acesso em: 25 abr. 2019.

ABRELPE – Associação Brasileira de Empresas de Limpeza Pública e Resíduos Especiais. *Panorama dos resíduos sólidos no Brasil 2016.* 2016. Disponível em: <http://www.mpdft.mp.br/portal/pdf/comunicacao/junho_2018/panoramaanexos2016.pdf>. Acesso em: 25 abr. 2019.

ALIANÇA RESÍDUO ZERO BRASIL. *Quem somos.* Disponível em: <http://residuozero.org.br/quem-somos/>. Acesso em: 25 abr. 2019.

APROBIO – Associação dos Produtores de Biodiesel do Brasil. *Brasil recicla 30 milhões de litros de óleo de cozinha na produção de biodiesel.* 10 jan. 2017. Disponível em: <http://aprobio.com.br/2017/01/10/brasil-recicla-30-milhoes-de-litros-de-oleo-de-cozinha-na-producao-de-biodiesel/>. Acesso em: 26 abr. 2019.

ARNETTE, A. N.; BREWER, B. L.; CHOAL, T. Design for Sustainability (DfS): the Intersection of Supply Chain and Environment. *Journal of Cleaner Production*, v. 83, p. 374-390, Nov. 2014.

ASMARE – Associação dos Catadores de Papel, Papelão e Material Reciclável. Belo Horizonte. Disponível em: <http://www.asmare.org>. Acesso em: 23 abr. 2019.

BAI, C.; SARKIS, J. Flexibility in Reverse Logistics: a Framework and Evaluation Approach. *Journal of Cleaner Production*, v. 47, p. 306-318, May 2013.

BARBIERI, J. C. *Gestão ambiental empresarial*: conceitos, modelos e instrumentos. 2. ed. São Paulo: Saraiva, 2007.

BATTERY COUNCIL INTERNATIONAL. *Smart energy storage.* Disponível em: <http://aboutbatteries.batterycouncil.org/>. Acesso: 25 abr. 2019.

BBC BRASIL. Por que a China quer deixar de ser a "lixeira do mundo" e como isso afeta outros países. *News Brasil*, 15 jan. 2018. Disponível em: <https://www.bbc.com/portuguese/internacional-42615990>. Acesso em: 23 abr. 2019.

BCSD – Conselho Empresarial para o Desenvolvimento Sustentável. *Reflexão sobre o plano de ação da UE para a economia circular*. 5 jul. 2016. Disponível em: <http://www.bcsdportugal.org/advocacy/ec-cnads>. Acesso em: 26 abr. 2019.

BECKER, M. et al. (Coord.). A pegada ecológica de São Paulo: estado e capital e a família de pegadas. *WWF-Brasil*, Brasília, 2012. Disponível em: <http://www.footprintnetwork.org/content/images/article_uploads/pegada_ecologica_de_sao_paulo_2012.pdf>. Acesso em: 23 abr. 2019.

BERENSON, R. A. If You Can't Measure Performance, Can You Improve It? *JAMA Forum*, 13 Jan. 2016. Disponível em: <https://newsatjama.jama.com/2016/01/13/jama-forum-if-you-cant-measure-performance-can-you-improve-it/>. Acesso em: 23 abr. 2019.

BERTHELOT, S. et al. ISO 14000: Added Value for Canadian Business? *Environmental Quality Management*, v. 13, ed. 2. 18 Dec. 2003.

BIR – Bureau of International Recycling. *About BIR*. Disponível em: <http://www.bir.org/about-bir/introduction/>. Acesso em: 23 abr. 2019.

_____. Recycling: the Seventh Resource Manifesto. *Global Recycling Day*, 18 mar. 2018. Disponível em: <https://www.globalrecyclingday.com/wp-content/uploads/2017/12/ManifestoFINAL.pdf>. Acesso em: 25 abr. 2019.

BLUMBERG, D. F. *Introduction to Management of Reverse Logistics and Closed Loop Supply Chain Processes*. Boca Raton: Taylor & Francis Group, 2005.

BOWERSOX, D. J.; CLOSS, D. J.; COOPER, M. B. *Gestão logística de cadeias de suprimentos*. Porto Alegre: Bookman, 2006.

BRAGA, B. et al. *Introdução à engenharia ambiental*. 2. ed. São Paulo: Pearson Prentice Hall, 2005.

BRASIL. Constituição (1988). *Diário Oficial da União*, Brasília, DF, 5 out. 1988. Disponível em: <http://www.planalto.gov.br/ccivil_03/Constituicao/Constituicao.htm>. Acesso em: 24 abr. 2019.

BRASIL. Decreto n. 875, de 19 de julho de 1993. *Diário Oficial da União*, Brasília, DF, Poder Executivo, 20 jul. 1993. Disponível em: <http://www.planalto.gov.br/ccivil_03/decreto/D0875.htm#_blank>. Acesso em: 22 abr. 2019.

_____. Decreto n. 4.074, de 4 de janeiro de 2002. *Diário Oficial da União*, Brasília, Poder Executivo, DF, 8 jan. 2002a. Disponível em: <http://www.planalto.gov.br/ccivil_03/decreto/2002/d4074.htm>. Acesso em: 23 jan. 2019.

_____. Decreto n. 5.940, de 25 de outubro de 2006. *Diário Oficial da União*, Brasília, DF, Poder Executivo, 26 out. 2006a. Disponível em: <http://www.planalto.gov.br/ccivil_03/_ato2004-2006/2006/decreto/d5940.htm>. Acesso em: 24 abr. 2019.

_____. Decreto n. 5.741, de 30 de março de 2006. *Diário Oficial da União*, Brasília, DF, Poder Executivo, 31 mar. 2006b. Disponível em: <http://www.planalto.gov.br/ccivil_03/_Ato2004-2006/2006/Decreto/D5741.htm>. Acesso em: 25 abr. 2019.

_____. Decreto n. 7.404, de 23 de dezembro de 2010. *Diário Oficial da União*, Brasília, DF, Poder Executivo, 23 dez. 2010a.

Disponível em: <http://www.planalto.gov.br/ccivil_03/_ato2007-2010/2010/decreto/d7404.htm>. Acesso em: 24 abr. 2019.

BRASIL. Decreto n. 7.619, de 21 de novembro de 2011. *Diário Oficial da União*, Brasília, DF, Poder Executivo, 22 nov. 2011a. Disponível em: <http://www.planalto.gov.br/ccivil_03/_ato2011-2014/2011/decreto/d7619.htm>. Acesso em: 23 abr. 2019.

_____. Lei n. 5.966, de 11 de dezembro de 1973.*Diário Oficial da União*, Brasília, DF, Poder Executivo, 12 dez. 1973. Disponível em: <http://www.planalto.gov.br/ccivil_03/leis/L5966.htm>. Acesso em: 26 abr. 2019.

_____. Lei n. 6.938, de 31 de agosto de 1981. *Diário Oficial da União*, Poder Executivo, Brasília, DF, 2 set. 1981. Disponível em: <http://www.planalto.gov.br/ccivil_03/Leis/L6938.htm>. Acesso em: 24 abr. 2019.

_____. Lei n. 7.802, de 11 de julho de 1989. *Diário Oficial da União*, Brasília, DF, Poder Executivo, 12 jul. 1989. Disponível em: <http://www.planalto.gov.br/ccivil_03/LEIS/L7802.htm>. Acesso em: 22 abr. 2019.

_____. Lei n. 8.080, de 19 de setembro de 1990. *Diário Oficial da União*, Brasília, DF, Poder Legislativo, 20 set. 1990. Disponível em: <http://www.planalto.gov.br/ccivil_03/leis/L8080.htm>. Acesso em: 26 abr. 2019.

_____. Lei n. 9.433, de 8 de janeiro de 1997. *Diário Oficial da União*, Brasília, DF, Poder Legislativo, 9 jan. 1997. Disponível em: <http://www.planalto.gov.br/ccivil_03/leis/L9433.htm>. Acesso em: 24 abr. 2019.

_____. Lei n. 9.605, de 12 de fevereiro de 1998. *Diário Oficial da União*, Brasília, DF, Poder Legislativo, 13 fev. 1998a. Disponível em: <http://www.planalto.gov.br/ccivil_03/leis/L9605.htm>. Acesso em: 24 abr. 2019.

BRASIL. Lei n. 9.966, de 28 de abril de 2000. *Diário Oficial da União*, Brasília, DF, Poder Executivo, 29 abr. 2000a. Disponível em: <http://www.planalto.gov.br/ccivil_03/LEIS/L9974.htm>. Acesso em: 23 abr. 2019.

_____. Lei n. 9.974, de 6 de junho de 2000. *Diário Oficial da União*, Brasília, DF, Poder Legislativo, 7 jun. 2000b. Disponível em: <http://www.planalto.gov.br/ccivil_03/LEIS/L9974.htm>. Acesso em: 23 abr. 2019.

_____. Lei n. 11.097, de 13 de janeiro de 2005. *Diário Oficial da União*, Brasília, DF, Poder Legislativo, 14 jan. 2005a. Disponível em: <http://www.planalto.gov.br/ccivil_03/_Ato2004-2006/2005/Lei/L11097.htm>. Acesso em: 23 abr. 2019.

_____. Lei n. 11.445, de 5 de janeiro de 2007. *Diário Oficial da União*, Brasília, DF, Poder Legislativo, 8 jan. 2007. Disponível em: <http://www.planalto.gov.br/ccivil_03/_ato2007-2010/2007/lei/l11445.htm>. Acesso em: 24 abr. 2019.

_____. Lei n. 12.305, de 2 de agosto de 2010. *Diário Oficial da União*, Brasília, DF, Poder Legislativo, 3 ago. 2010b. Disponível em: <http://www.planalto.gov.br/ccivil_03/_ato2007-2010/2010/lei/l12305.htm>. Acesso em: 24 abr. 2019.

BRASIL. Ministério da Agricultura, Pecuária e Abastecimento. *Benefícios ambientais da produção e do uso do biodiesel*. Brasília, 2014. Disponível em: <http://www.bsbios.com/media/adminfiles/relatorio_biodiesel_p_web.pdf>. Acesso em: 23 abr. 2019.

BRASIL. Ministério da Ciência e Tecnologia. *Protocolo de Quioto*: a convenção sobre mudança do clima – o Brasil e a convenção – quadro das Nações Unidas. Brasília, DF, 1998b. Disponível em: <http://livroaberto.ibict.br/bitstream/1/855/2/Protocolo%20de%20Quioto.pdf>. Acesso em: 24 abr. 2019.

BRASIL. Ministério da Justiça. Conselho Administrativo de Defesa Econômica. *O Cade*. Disponível em: <http://www.cade.gov.br/acesso-a-informacao/institucional>. Acesso em: 25 abr. 2019a.

BRASIL. Ministério da Indústria, Comércio Exterior e Serviços. Instituto Nacional de Metrologia, Qualidade e Tecnologia. *O que é ISO?* Disponível em: <http://www.inmetro.gov.br/qualidade/responsabilidade_social/o-que-iso.asp>. Acesso em: 25 abr. 2019b.

_____. Portaria Inmetro n. 100, de 7 de março de 2016. *Diário Oficial da União*, 8 mar. 2016a. Disponível em: <http://www.inmetro.gov.br/legislacao/rtac/pdf/RTAC002391.pdf>. Acesso em: 25 abr. 2019.

_____ *Sistema Nacional de Metrologia, Normalização e Qualidade Industrial (Sinmetro)*. Disponível em: <http://inmetro.gov.br/inmetro/sinmetro.asp>. Acesso em: 25 abr. 2019c.

BRASIL. Ministério da Saúde. Agência Nacional de Vigilância Sanitária. Resolução de Diretoria Colegiada (RDC) n. 20, de 26 de março de 2008. *Diário Oficial da União*, Brasília, DF, 27 mar. 2008a. Disponível em: <http://portal.anvisa.gov.br/documents/33916/390501/RDC_20.pdf/289a388c-aa83-47f1-93fc-5165410dc13f>. Acesso em: 25 abr. 2019.

BRASIL. Ministério de Minas e Energia. Agência Nacional do Petróleo, Gás Natural e Biocombustíveis. Portaria Interministerial MME/MMA n. 100, de 8 de abril de 2016. *Diário Oficial da União*, Brasília, DF, 11 abr. 2016b. Disponível em: <http://www.simepetro.com.br/wp-content/uploads/PORTARIA-INTERMINISTERIAL-MME-MMA-N-100-DE-08_04_2016.pdf>. Acesso em: 25 abr. 2019.

BRASIL. Ministério de Minas e Energia. Agência Nacional do Petróleo, Gás Natural e Biocombustíveis. Resolução ANP n. 20, de 18 de junho de 2009. *Diário Oficial da União*, Brasília, DF, 19 jun. 2009a. Disponível em: <http://legislacao.anp.gov.br/?path=legislacao-anp/resol-anp/2009/junho&item=ranp-20--2009>. Acesso em: 25 abr. 2019.

BRASIL. Ministério do Meio Ambiente. *Coleta de óleo lubrificante usado ou contaminado*: dados de 2016 – relatório Conama, 2017a. Disponível em: <http://www.mma.gov.br/port/conama/reuniao/dir1782/Relatorio_CONAMA_OLUC_2017_060617.pdf>. Acesso em: 25 abr. 2019.

_____. *Compostagem*. Disponível em: <http://www.mma.gov.br/estruturas/secex_consumo/_arquivos/compostagem.pdf>. Acesso em: 24 abr. 2019d.

_____. *Contexto e principais aspectos*: a problemática "resíduos sólidos". Disponível em: <http://www.mma.gov.br/cidades-sustentaveis/residuos-solidos/politica-nacional-de-residuos-solidos/contextos-e-principais-aspectos>. Acesso em: 25 abr. 2019e.

_____. *Convenção de Basileia*. Disponível em: <http://www.mma.gov.br/cidades-sustentaveis/residuos-perigosos/convencao-de-basileia>. Acesso em: 24 abr. 2019f.

_____. *Guia e manuais*: manuais de apoio à gestão associada de resíduos sólidos na implantação de consórcios prioritários. Disponível em: <http://www.mma.gov.br/informma/item/645-guias-e-manuais.html>. Acesso em: 24 jan. 2019g.

BRASIL. Ministério do Meio Ambiente. *Plano nacional de resíduos sólidos*: versão preliminar para consulta pública. Brasília, set. 2011b. Disponível em: <http://www.mma.gov.br/estruturas/253/_publicacao/253_publicacao02022012041757.pdf>. Acesso em: 25 abr. 2019.

_____. *Planos de gestão de resíduos sólidos*: manual de orientação. Brasília, DF, 2012a. Disponível em: <http://www.mma.gov.br/estruturas/182/_arquivos/manual_de_residuos_solidos3003_182.pdf>. Acesso em: 24 abr. 2019.

_____. *Reciclus*: relatório de desempenho de sistema de logística reversa. 2017b. Disponível em: <http://mma.gov.br/images/arquivo/Relatorio_MMA_final_atividades_2.016_2__versao_.pdf>. Acesso em: 25 abr. 2019.

_____. *Sistemas implantados*. Embalagens de agrotóxicos. Disponível em: <http://www.mma.gov.br/cidades-sustentaveis/residuos-perigosos/logistica-reversa/sistemas-implantados>. Acesso em: 25 abr. 2019h.

BRASIL. Ministério do Meio Ambiente. Conselho Nacional do Meio Ambiente. *Câmaras Técnicas e Grupos de Trabalho*. Disponível em: <http://www.mma.gov.br/port/conama/ctgt/gt.cfm?cod_gt=137>. Acesso em: 25 abr. 2019i.

_____. Resolução Conama n. 1, de 23 de janeiro de 1986. *Diário Oficial da União*, Brasília, DF, 17 fev. 1986. Disponível em: <http://www2.mma.gov.br/port/conama/legislacao/CONAMA_RES_CONS_1986_001.pdf>. Acesso em: 25 abr. 2019.

_____. Resolução Conama n. 257, de 30 de junho de 1999. *Diário Oficial da União*, Brasília, DF, 22 jul. 1999a. Disponível em: <http://www.mma.gov.br/port/conama/legiabre.cfm?codlegi=257>. Acesso em: 24 abr. 2019.

BRASIL. Ministério do Meio Ambiente. Conselho Nacional do Meio Ambiente. Resolução Conama n. 263, de 12 de novembro de 1999. *Diário Oficial da União*, Brasília, DF, 22 dez. 1999b. Disponível em: <http://www2.mma.gov.br/port/conama/legiabre.cfm?codlegi=261>. Acesso em: 24 abr. 2019.

_____. Resolução Conama n. 313, de 29 de outubro de 2002. *Diário Oficial da União*, Brasília, DF, 22 nov. 2002b. Disponível em: <http://www.mma.gov.br/port/conama/legiabre.cfm?codlegi=335>. Acesso em: 25 abr. 2019.

_____. Resolução Conama n. 362, de 23 de junho de 2005. *Diário Oficial da União*, Brasília, DF, 27 jun. 2005b. Disponível em: <http://www.mma.gov.br/port/conama/legiabre.cfm?codlegi=466>. Acesso em: 25 abr. 2019.

_____. Resolução Conama n. 401, de 4 de novembro de 2008. *Diário Oficial da União*, Brasília, DF, 5 nov. 2008b. Disponível em: <http://www.mma.gov.br/port/conama/legislacao/CONAMA_RES_CONS_2008_401.pdf>. Acesso em: 25 abr. 2019.

_____. Resolução Conama n. 416, de 30 de setembro de 2009. *Diário Oficial da União*, Brasília, DF, 1º out. 2009b. Disponível em: <http://www.mma.gov.br/port/conama/res/res09/res41609.pdf>. Acesso em: 25 abr. 2019.

BRASIL. Ministério do Meio Ambiente. Educares – Práticas de Educação Ambiental e Comunicação Social em Resíduos Sólidos. *Estratégia nacional de educação ambiental e comunicação social na gestão de resíduos sólidos*. 2017c. Disponível em: <http://educares.mma.gov.br/index.php/page/index/1>. Acesso em: 23 abr. 2019.

BRASIL. Ministério do Meio Ambiente. Instituto Brasileiro do Meio Ambiente e dos Recursos Naturais Renováveis. Instrução

Normativa Ibama n. 1, de 18 de março de 2010b. *Diário Oficial da União*, Brasília, DF, 19 mar. 2010c. Disponível em: <https://servicos.ibama.gov.br/ctf/manual/html/IN_01_2010_DOU.pdf>. Acesso em: 25 abr. 2019.

BRASIL. Instrução Normativa Ibama n. 8, de 3 de setembro de 2012. *Diário Oficial da União*, Brasília, DF, 4 set. 2012b. Disponível em: <https://www.legisweb.com.br/legislacao/?id=244863>. Acesso em: 25 abr. 2019.

_____. *Relatório pneumáticos*: Resolução Conama n. 416/09 – 2017 (ano-base 2016). Brasília, DF, 2017d. Disponível em: <http://www.ibama.gov.br/phocadownload/pneus/relatoriopneumaticos/ibama-relatorio-pneumaticos-2017-nov.pdf>. Acesso em: 25 abr. 2019.

BRASIL. Ministério do Meio Ambiente. Secretaria de Articulação e Cidadania Ambiental. *Estratégia de educação ambiental e comunicação social para gestão de resíduos sólidos*: produto 1 – modelo propositivo de matriz pedagógica-metodológica de educação ambiental. Brasília, abr. 2013a. Disponível em: <http://www.mma.gov.br/images/arquivo/80219/Produto%201_Estrategia%20de%20EA%20e%20CS.pdf>. Acesso em: 25 abr. 2019.

_____. Nota Técnica n. 10/2016/DSIS/DCRS/SAIC/MMA. Brasília, DF, 10 maio 2016c. Disponível em: <http://www.mma.gov.br/images/arquivo/80296/MMA%20Sisnama%20Nota%20Tecnica%2010%202016.pdf>. Acesso em: 25 abr. 2019.

BRASIL. Ministério do Meio Ambiente. Secretaria de Recursos Hídricos e Ambiente Urbano. *Chamamento para a elaboração de acordo setorial para a implantação de sistema de logística reversa de produtos eletroeletrônicos e seus componentes*: Edital

n. 01/2013, Brasília, DF, 2013b. Disponível em: <http://www.mma.gov.br/images/editais_e_chamadas/SRHU/fevereiro_2013/edital_ree_srhu_18122012.pdf>. Acesso em: 16 abr. 2019.

BRASIL. Ministério do Meio Ambiente. Sistema Nacional de Informações sobre a Gestão dos Resíduos Sólidos. *Acordo setorial para implementação de sistema de logística reversa de embalagens em geral*. 23 mar. 2018a. Disponível em: <http://www.sinir.gov.br/component/content/article/63-logistica-reversa/130-acordo-setorial-para-implementacao-de-sistema-de-logistica-reversa-de-embalagens-em-geral>. Acesso em: 23 abr. 2019.

_____. *Acordo setorial para implantação de sistema de logística reversa de embalagens plásticas de óleos lubrificantes*: relatório do Programa Jogue Limpo, 2015. Disponível em: <http://www.sinir.gov.br/documents/10180/93155/1_Oficio_e_Relatorio__MMA_2015_Reap__JL_2.pdf/04237c67-fceb-48de-bff2-c82a1fbd988a>. Acesso em: 23 abr. 2019.

_____. *Diálogos setoriais*. 14 mar. 2018b. Disponível em: <http://sinir.gov.br/dialogos-setoriais>. Acesso em: 25 abr. 2019.

_____. *Educares*: estratégia nacional de educação ambiental e comunicação social para a gestão de resíduos sólidos. 14 mar. 2018c. Disponível em: <http://sinir.gov.br/educares>. Acesso em: 25 abr. 2019.

_____. *Embalagens de agrotóxicos*. 22 mar. 2018d. Disponível em: <http://www.sinir.gov.br/component/content/article/63-logistica-reversa/124-embalagens-de-agrotoxicos>. Acesso em: 24 abr. 2019.

_____. *Estudo de viabilidade técnica e econômica para implantação da logística reversa por cadeia produtiva*:

componente – produtos e embalagens pós-consumo. Mar. 2012c. Disponível em: <http://sinir.gov.br/images/sinir/LOGISTICA_REVERSA/EVTE_PRODUTOS_EMBALAGENS_POS_CONSUMO>. Acesso em: 23 abr. 2019.

BRASIL. Ministério do Meio Ambiente. Sistema Nacional de Informações sobre a Gestão dos Resíduos Sólidos. *Logística reversa*. 14 mar. 2018e. Disponível em: <http://sinir.gov.br/logistica-reversa>. Acesso em: 25 nov. 2019.

_____. *Manuais de orientação para planos e ações de gestão de resíduos sólidos*. 14 mar. 2018f. Disponível em: <http://sinir.gov.br/publicacoes>. Acesso em: 25 abr. 2019.

_____. *Reapresentação do relatório anual de desempenho do acordo setorial de logística reversa de embalagens plásticas de óleo lubrificante usadas referente ao exercício de 2015*: Ofício n. 033/2017 do Instituto Jogue Limpo, Rio de Janeiro, 27 set. 2017e. Disponível em: <http://www.sinir.gov.br/images/sinir/Embalagens%20em%20Geral/1_Oficio_e_Relatorio_MMA_2015_Reap___JL_2.pdf>. Acesso em: 22 abr. 2019.

_____. *Reciclus*: relatório anual de atividades e resultados. 2017f. Disponível em: <http://sinir.gov.br/images/sinir/LOGISTICA_REVERSA/RELATORIOS_ANUAIS/LAMPADAS/Relatorio_MMA_vers%C3%A3o_final_08012019.pdf>. Acesso em: 23 abr. 2019.

_____. *Reciclus*: relatório de desenvolvimento. 2017g. Disponível em: <http://www.sinir.gov.br/web/guest/sistemas-imp-lampadas>. Acesso em: 22 abr. 2019.

BRITO, M. P. de; DEKKER, R. A Framework for Reverse Logistics. *Erim Report Series Research in Management*, June 2003. Disponível em: <https://www.researchgate.net/profile/

Rommert_Dekker/publication/4781717_A_Framework_for_Reverse_Logistics/links/56c2462d08aeedba0567f2f5/A-Framework-for-Reverse-Logistics.pdf>. Acesso em: 23 abr. 2019.

BSBIOS. *O que é biodiesel?* Disponível em: <http://www.bsbios.com/pages/biodiesel/>. Acesso em: 24 abr. 2019.

CA TECHNOLOGIES. Key Performance Indicators: Establishing the Metrics that Guide Success. *White Paper*, June 2015. Disponível em: <https://www.ca.com/content/dam/ca/us/files/white-paper/key-performance-indicators.pdf>. Acesso em: 25 abr. 2019.

CALRECYCLE – California's Department of Resources Recycling and Recovery. Disponível em: <https://www.calrecycle.ca.gov/>. Acesso em: 24 abr. 2019.

CAMPOMAR, M. A. Revisando um modelo de plano de marketing. *Revista Marketing*, São Paulo, ano 17, n. 121, nov. 1983.

CARPENTER, M. Samsung Electronics America Receives ISRI's 2016 Design for Recycling Award. *BusinessWire*, 7 Apr. 2016. Disponível em: <https://www.businesswire.com/news/home/20160407005438/en/Samsung-Electronics-America-Receives-ISRI%E2%80%99s-2016-Design>. Acesso em: 25 abr. 2019.

CDM – Clean Development Mecanism. *CDM Benefits*. Disponível em: <https://cdm.unfccc.int/about/dev_ben/index.html>. Acesso em: 23 abr. 2019.

CE 100. *Uma economia circular no Brasil*: uma abordagem exploratória inicial – produto da inteligência coletiva dos membros da rede CE100 Brasil. jan. 2017. Disponível em: <https://www.ellenmacarthurfoundation.org/assets/

downloads/languages/Uma-Economia-Circular-no-Brasil_Uma-Exploracao-Inicial.pdf>. Acesso em: 25 abr. 2019.

CEBDS – Conselho Empresarial Brasileiro para o Desenvolvimento Sustentável. *O que é GRI? Entenda tudo!* 10 abr. 2017. Disponível em: <http://cebds.org/blog/o-que-e-gri/#.Wi6_1LpFzIU>. Acesso em: 23 abr. 2019.

CEMPRE – Compromisso Empresarial para Reciclagem. O impacto da desoneração tributária sobre a cadeia de reciclagem. *Cempre Informa*, n. 135, maio/jun. 2014. Disponível em: <http://cempre.org.br/cempre-informa/id/11/o-impacto-da-desoneracao-tributaria-sobre-a-cadeia-de-reciclagem>. Acesso em: 23 abr. 2019.

_____. Acordo setorial: um balanço positivo dos primeiros anos. *Cempre Informa*, n. 155, ago./set. 2018. Disponível em: <http://cempre.org.br/cempre-informa/id/107/acordo-setorial um-balan co-positivo-dos-primeiros-anos>. Acesso em: 25 abr. 2019.

CHAVES, G. L. D.; ALCÂNTARA, R. L. C.; ASSUMPÇÃO, M. R. P. Medidas de desempenho na logística reversa: o caso de uma empresa de bebidas. *Relatórios de Pesquisa em Engenharia de Produção*, v. 8, n. 2, 2008.

CMMAD – Comissão Mundial sobre Meio Ambiente e Desenvolvimento. *Nosso futuro comum*. Rio de Janeiro: Ed. da FGV, 1988.

CNC – Confederação Nacional do Comércio de Bens, Serviços e Turismo. *Avançam acordos setoriais da Política de Resíduos Sólidos*. 9 maio 2017. Disponível em: <http://cnc.org.br/noticias/meio-ambiente/avancam-acordos-setoriais-da-politica-de-residuos-solidos>. Acesso em: 25 abr. 2019.

CNDA – Conselho Nacional de Defesa Ambiental. *Selos e certificações*. Disponível em: <https://www.cnda.org.br/selos-e-certificacoes>. Acesso em: 23 abr. 2019.

CNI – Confederação Nacional da Indústria. *Proposta de implementação dos instrumentos econômicos previstos na Lei n. 12.305/2010 por meio de estímulos à cadeia de reciclagem e apoio aos setores produtivos obrigados à logística reversa*. Brasília: CNI, 2014. Disponível em: <http://arquivos.portaldaindustria.com.br/app/conteudo_18/2014/08/20/7146/Estudo_Desoneracao_Cadeia_Logistica_Reversa.pdf>. Acesso em: 23 abr. 2019.

COALIZÃO EMBALAGENS. *Relatório Técnico Acordo Setorial de Embalagens em Geral*. Acordo Setorial para implementação do sistema de logística reversa de embalagens em geral: Relatório Final, Fase I. Lenum Ambiental; Cempre, nov. 2017. Disponível em: <http://www.coalizaoembalagens.com.br/site/download.jsp>. Acesso em: 23 abr. 2019.

_____. *Como é o fluxo do sistema de logística reversa*. Disponível em: <https://www.coalizaoembalagens.com.br/logistica-reversa.html>. Acesso em: 23 abr. 2019.

COLARES, A. C. V. et al. As empresas com certificação ISO 14001 realmente têm uma atividade ambiental superior? *Revista Sistemas & Gestão*, v. 10, n. 3, p. 356-368, 2015. Disponível em: <http://www.revistasg.uff.br/index.php/sg/article/viewFile/V10N3A2/SGV10N3A2>. Acesso em: 23 abr. 2019.

DEMAJOROVIC, J.; AUGUSTO, E. E. F.; SOUZA, M. T. S. de. Logística reversa de REEE em países em desenvolvimento: desafios e perspectivas para o modelo brasileiro. *Ambiente & Sociedade*, São Paulo, v. 19, n. 2, p. 119-138, abr./jun. 2016.

DHL BRASIL. Soluções do Setor Industrial. *Logística reversa.* Disponível em: <http://www.dhl.com.br.origin.dhl.com/pt/logistica/solucoes_em_setor_industrial/varejo/logistica_reversa.html>. Acesso em: 25 abr. 2019.

DOWLATSHAHI, S. A Strategic Framework for Design and Implementation of Remanufacturing Operations in Reverse Logistics. *International Journal of Production Research*, v. 43, n. 16, p. 3.455-3.480, ago. 2005.

DYCKHOFF, H.; LACKES, R.; REESE, J. (Ed.). *Supply Chain Management and Reverse Logistics.* Berlin: Heidelberg; New York: Springer-Verlag, 2004.

EC – European Commission. *Circular Economy.* Disponível em: <https://ec.europa.eu/growth/industry/sustainability/circular-economy_en>. Acesso em: 23 abr. 2019a.

_____. *Packaging and Packaging Waste.* Disponível em: <http://ec.europa.eu/environment/waste/packaging/index_en.htm>. Acesso em: 23 abr. 2019b.

ECOAR – Instituto ECOAR para a cidadania. *Projetos.* Fortalecer e Organizar os Catadores(as) da Região Metropolitana de São Paulo. Disponível em: <http://www.ecoar.org.br/web/projetos.php?id=33>. Acesso em: 23 abr. 2019.

EEA – European Environment Agency. A Simplified Model of the Circular Economy for Materials and Energy. *Circular Economy*, 18 Jan. 2016. Disponível em: <https://www.eea.europa.eu/media/infographics/circular-economy/view>. Acesso em: 23 abr. 2019.

_____. *Municipal Waste Management across European Countries.* May 2017. Disponível em: <https://www.eea.europa.eu/themes/waste/municipal-waste>. Acesso em: 25 abr. 2019.

EIA – Independent Statistics & Analysis. US Energy Information and Administration. What are Greenhouse Gases and how do they affect the Climate? *Frequently Asked Questions*, 12 June 2018. Disponível em: <https://www.eia.gov/tools/faqs/faq.php?id=81&t=11>. Acesso em: 23 abr. 2019.

ELKINGTON, J. *Cannibals with forks*: Triple bottom line of 21st century business. Stoney Creek, CT: New Society Publishers. Chapter 1, 1997. Disponível em: <http://www.johnelkington.com/archive/TBL-elkington-chapter.pdf>. Acesso: 29 abr. 2019.

ELLIOT, R. Putting your Engine in Reverse. *Inbound Logistics*, Aug. 2017. Disponível em: <http://www.inboundlogistics.com/cms/article/reverse-logistics-earning-a-high-rate-of-return/>. Acesso em: 23 abr. 2019.

EMF – Ellen MacArthur Foundation. *Circular Economy 100 Brasil (CE100 Brasil)*. Perguntas frequentes. nov. 2015. Disponível em <https://www.ellenmacarthurfoundation.org/assets/downloads/ce100/FAQ-CE100-Brasil.pdf>. Acesso em: 25 abr. 2019.

_____. *Economia circular*. Disponível em: <https://www.ellenmacarthurfoundation.org/pt/economia-circular-1/conceito>. Acesso em: 23 abr. 2019.

_____. *Economia circular*. Disponível em: <https://www.ellenmacarthurfoundation.org/pt/economia-circular-1/principios-1>. Acesso em: 23 abr. 2019.

ENGELAGE, E.; BORGERT, A.; SOUZA, M. A. Práticas de Green Logistics: uma abordagem teórica sobre o tema. *Revista de Gestão Ambiental e Sustentabilidade: GeAS*, v. 5, n. 3, p. 36-54, set./dez. 2016.

EPA – United States Environmental Protection Agency. *Advancing Sustainable Materials Management:* 2014 Fact Sheet. Assessing

Trends in Material Generation, Recycling, Composting, Combustion with Energy Recovery and Landfilling in the United States. Nov. 2016. Disponível em: <https://www.epa.gov/sites/production/files/2016-11/documents/2014_smmfactsheet_508.pdf>. Acesso em: 23 abr. 2019.

EPA – United States Environmental Protection Agency. *Resource Conservation and Recovery Act (RCRA) Overview*. Disponível em: <https://www.epa.gov/rcra/resource-conservation-and-recovery-act-rcra-overview>. Acesso em: 23 abr. 2019.

ETRMA – European Tyre & Rubber Manufacturers' Association. Disponível em: <http://www.etrma.org/>. Acesso em: 25 abr. 2019.

FECOMERCIOSP – Federação do Comércio de Bens, Serviços e Turismo do Estado de São Paulo. Sustentabilidade. *ABNT publica norma com diretrizes para logística reversa de medicamentos*. 19 set. 2016. Disponível em: <http://www.fecomercio.com.br/noticia/abnt-publica-norma-com-diretrizes-para-logistica-reversa-de-medicamentos>. Acesso em: 23 abr. 2019.

FIRMINO, M. O papel da logística reversa no e-commerce. *Nuvemshop Blog*, 2 set. 2014. Disponível em: <https://www.nuvemshop.com.br/blog/papel-logistica-reversa-ecommerce/>. Acesso em: 23 abr. 2019.

FISCHMANN, A. A.; ALMEIDA, M. I. R. *Planejamento estratégico na prática*. São Paulo: Atlas, 1990.

FREITAS, L. F. S.; FONSECA, I. F. Diagnóstico sobre catadores de resíduos sólidos. *Relatório de Pesquisa*. Brasília: Ipea, 2012. Disponível em: <http://www.ipea.gov.br/portal/images/stories/

PDFs/relatoriopesquisa/120911_relatorio_catadores_residuos. pdf>. Acesso em: 25 abr. 2019.

FSC – Forest Stewardship Council. *Sobre o FSC Brasil*. Disponível em: <https://br.fsc.org/pt-br/fsc-brasil>. Acesso em: 23 abr. 2019.

GAIA. *About Gaia*. Disponível em: <http://www.no-burn.org/about-gaia/>. Acesso em: 25 abr. 2019.

GILLAI, B. et al. The Relationship Between Responsible Supply Chain Practices and Performance. Insights from the Stanford Initiative for the Study of Supply Chain Responsibility (SISSCR). *Stanford Business*, Nov. 2013. Disponível em: <https://www.gsb.stanford.edu/sites/gsb/files/publication-pdf/journal-article-relationship-between-responsible-supply-chain-practices-performance.pdf>. Acesso em: 23 abr. 2019.

GIUNTINU, R.; ANDEL, T. J. Advance with Reverse Logistics: Part 1. *Transportation & Distribution*, v. 36, n. 2, p. 73-77, 1995.

GMP – Grupo de Monitoramento Permanente da Resolução Conama n. 362/2005. *Gerenciamento de óleos lubrificantes usados ou contaminados*. 2005. Disponível em: <http://www.sindilub.org.br/guia.pdf>. Acesso em: 23 abr. 2019.

GOUVEIA, N. et al. Exposição ocupacional ao mercúrio em cooperativas de triagem de materiais recicláveis da região metropolitana de São Paulo. *Ciência & Saúde Coletiva*, set. 2017. Disponível em: <http://www.cienciaesaudecoletiva.com.br/artigos/exposicao-ocupacional-ao-mercurio-em-cooperativas-de-triagem-de-materiais-reciclaveis-da-regiao-metropolitana-de-sao-paulo/16368>. Acesso em: 23 abr. 2019.

GRANOL. *Recolhimento do óleo de fritura usado*. Disponível em: <http://www.granol.com.br/Governan%C3%A7a+Corporativa/

Recolhimento+do+%C3%93leo+de+Fritura+Usado+/>. Acesso em: 23 abr. 2019.

GRI – Global Reporting Initiative. *Relatórios de Sustentabilidade da GRI*: quanto vale essa jornada? 2012. Disponível em: <https://www.globalreporting.org/resourcelibrary/Portuguese-Starting-Points-2-G3.1.pdf>. Acesso em: 25 abr. 2019.

GUÉRON, A. L. *Rotulagem e certificação ambiental*: uma base para subsidiar a análise da certificação florestal no Brasil. Dissertação (Mestrado em Ciências) – Universidade Federal do Rio de Janeiro, Rio de Janeiro, 2003. Disponível em: <http://antigo.ppe.ufrj.br/ppe/production/tesis/algueron.pdf>. Acesso em: 23 abr. 2019.

GUPTA, S. M. (Ed.). *Reverse Supply Chains*: Issues and Analysis. Boca Raton: CRC Press, Taylor & Francis Group, 2013.

HARRINGTON, H. J. *Aperfeiçoando processos empresariais*: estratégia revolucionária para o aperfeiçoamento da qualidade, da produtividade e da competitividade. São Paulo: Makron Books, 1993.

HARRINGTON, R. Reverse Logistics: Customer Satisfaction, Environment Key to Success in the 21st Century. *Reverse Logistics Magazine*, 2006. Disponível em: <http://www.rlmagazine.com/edition01p14.php>. Acesso em: 23 abr. 2019.

HAWKS, K. What is Reverse Logistics? *Reverse Logistics Magazine*, 2006. Disponível em: <http://www.rlmagazine.com/edition01p12.php>. Acesso em: 23 abr. 2019.

HENDGES, A. S. Histórico e evolução da legislação ambiental no Brasil, parte 3/3 (final). *EcoDebate*, 18 nov. 2016. Disponível em: <https://www.ecodebate.com.br/2016/11/18/historico-e-

evolucao-da-legislacao-ambiental-no-brasil-parte-33-final-artigo-de-antonio-silvio-hendges/>. Acesso em: 23 abr. 2019.

HILL, T.; WESTBROOK, R. SWOT Analysis: It's Time for a Product Recall. *Long Range Planning*, v. 30, n. 1, p. 46-52, 1997. Disponível em: <http://www.ftms.edu.my/images/Document/MOD001074%20-%20Strategic%20Management%20Analysis/WK6_SR_MOD001074_Hill_Westbrook_1997.pdf>. Acesso em: 25 abr. 2019.

HOUAISS, A.; VILLAR, M. de S. *Dicionário Houaiss da Língua Portuguesa*. Instituto Antonio Houaiss de Lexicografia e Banco de Dados da Portuguesa. UOL [on-line]. Disponível em: <https://houaiss.uol.com.br/pub/apps/www/v3-3/html/index.php#3>. Acesso em 23 abr. 2019.

ICENHOUR, M. R. *Reverse Logistics Planning*: a Strategic Way to Address Environmental Sustainability While Creating a Competitive Advantage. University of Tennessee Honors Thesis Projects, 2014. Disponível em: <http://trace.tennessee.edu/cgi/viewcontent.cgi?article=2701&context=utk_chanhonoproj>. Acesso em: 23 abr. 2019.

ILGIN, M. A.; GUPTA, S. M. Reverse Logistics. In: GUPTA, S. M. (Ed.). *Reverse Supply Chains*: Issues and Analysis. Boca Raton: CRC Press, Taylor & Francis Group, 2013. p. 1-60.

ILIEV, I. The Next Place for Tech to Tackle: Reverse Logistics. *Forbes*, 4 Oct. 2017. Disponível em: <https://www.forbes.com/sites/forbestechcouncil/2017/10/04/the-next-place-for-tech-to-tackle-reverse-logistics/#3fa93be7f319>. Acesso em: 23 abr. 2019.

INPEV – Instituto Nacional de Processamento de Embalagens Vazias. Disponível em: <http://www.inpev.org.br/inpev/index>. Acesso em: 23 abr. 2019.

INSTITUTO ETHOS. *Política Nacional de Resíduos Sólidos*: desafios e oportunidades para as empresas. São Paulo, ago. 2012. Disponível em: <https://www3.ethos.org.br/wp-content/uploads/2012/08/Publica%C3%A7%C3%A3o-Residuos-Solidos_Desafios-e-Oportunidades_Web_30Ago12.pdf>. Acesso em: 23 abr. 2019.

INSTITUTO ETHOS. *Sobre o Instituto*. Disponível em: <https://www3.ethos.org.br/conteudo/sobre-o-instituto/#.Wh1x5rpFzIU>. Acesso em: 23 abr. 2019.

INSTITUTO JOGUE LIMPO. *Logística reversa de lubrificantes*. Jan. 2018. Disponível em: <https://www.joguelimpo.org.br/arquivos/promocionais/ijl_apresentacao_2018.pdf>. Acesso em: 23 abr. 2019.

INVEPAR – Investimentos e Participações em Infraestrututra S.A. *O conceito de sustentabilidade*. Relatório Anual 2013. Disponível em: <http://ri.invepar.com.br/rao2013/interna.asp?i=0&pag=17&secao=1>. Acesso em: 23 abr. 2019.

IPEA – Instituto de Pesquisas Econômicas Aplicadas. *Diagnóstico dos resíduos sólidos urbanos*: relatório de pesquisa. Brasília, 2012. Disponível em: <http://ipea.gov.br/agencia/images/stories/PDFs/relatoriopesquisa/121009_relatorio_residuos_solidos_urbanos.pdf>. Acesso em: 23 abr. 2019.

ISRI – Institute of Scrap Recycling Industries, Inc. Disponível em: <http://www.isri.org/home>. Acesso em: 23 abr. 2019.

JUN, H.-B.; KIM, J.-G. State of the Art: Research Issues and Framework for Enhancing the Productivity of Reverse Logistics using Emerging Information Technologies. In: PROCEEDINGS

OF ASIA-PACIFIC PRODUCTIVITY COUNCIL (APPC), 2006, Seoul.

KOTLER, P. *Administração de marketing*: análise, planejamento, implementação e controle. 4. ed. São Paulo: Atlas, 1995.

KOTTALA, S. Performance Evaluation of Reverse Logistics: a Case of LPG Agency. *Cogent Business & Management*, 2015. Disponível em: <https://www.researchgate.net/publication/278039030_Performance_Evaluation_of_Reverse_Logistics_A_Case_of_LPG_Agency>. Acesso em: 25 abr. 2019.

KUMAR, S.; PUTNAM, V. Cradle to Cradle: Reverse Logistics Strategies and Opportunities Across Three Industry Sectors. *International Journal of Production Economics*, n. 115, p. 305-315, 2008. Disponível em: <https://pdfs.semanticscholar.org/16a0/1d4eb6467605dc1c7619149440c4d0b67670.pdf>. Acesso em: 23 abr. 2019.

LA FUENTE, J. M. *Caracterização de arranjos de negócios na logística reversa de latas de alumínio e embalagens PET na Baixada Santista.* Dissertação (Mestrado em Gestão de Negócios) – Universidade Católica de Santos, Santos, 2005.

LAMBERT, D. M.; STOCK, J. R. *Strategic Logistics Management.* 3. ed. EUA: Irwin/McGraw-Hill, 1999.

LEITE, P. R. *Logística reversa*: meio ambiente e competitividade. São Paulo: Prentice Hall, 2003.

LOPES, L. J. et al. Uma análise das práticas de Green Supply Chain Management e certificação ISO 14001 no setor automobilístico brasileiro. *Revista de Administração da Unimep*, v. 13, n. 1, jan./abr. 2015.

MARANHA, F. Empresa Júnior da USP cria projeto de redução do efeito estufa. *AUN – Agência Universitária de Notícias*, Instituto de Biociências, ano 46, n. 83, 2013. Disponível em: <http://www.

usp.br/aun/antigo/exibir?id=5553&ed=982&f=18#>. Acesso em: 21 abr. 2019.

MEI, L. B.; CHRISTIANI, V. S.; LEITE, P. R. A logística reversa no retorno do óleo de cozinha usado. In: ENCONTRO DO ANPAD, 35., 2011, Rio de Janeiro.

MERCADO EM FOCO. *Quatro pontos para entender a certificação ISO 14000*. 2016. Disponível em: <http://mercadoemfoco.unisul.br/quatro-pontos-para-entender-a-certificacao-iso-14000/>. Acesso em: 26 abr. 2019.

MIDDLEHURST, C. China's Ban on Foreign Waste Ushers In Design Shift. *Chinadialogue*, 12 Oct. 2017. Disponível em: <https://www.chinadialogue.net/blog/10143-China-s-ban-on-foreign-waste-ushers-in-design-shift/en>. Acesso em: 20 abr. 2019.

MIHELCIC, J. R.; ZIMMERMANN, J. B. *Engenharia ambiental*: fundamentos, sustentabilidade e projeto. São Paulo: LTC, 2012.

MNCR – Movimento Nacional dos Catadores de Materiais Recicláveis. *Incineração não*: contra a queima do lixo. Disponível em: <http://incineradornao.net/>. Acesso em: 23 abr. 2019.

MOREIRA, E. *Proposta de uma sistemática para o alinhamento das ações operacionais aos objetivos estratégicos em uma gestão orientada por indicadores de desempenho*. Tese (Doutorado em Engenharia de Produção) – Universidade Federal de Santa Catarina, Florianópolis, 2002.

MOURA, A. M. M. O mecanismo de rotulagem ambiental: perspectivas de aplicação no Brasil. *Boletim Regional, Urbano e Ambiental*, Ipea, n. 7, jan.-jun. 2013. Disponível em: <http://www.ipea.gov.br/agencia/images/stories/PDFs/

boletim_regional/131127_boletimregional7_cap2.pdf>. Acesso em: 23 abr. 2019.

NAKAGAWA, M. *Ferramenta: 5W2H* – plano de ação para empreendedores. Disponível em: <https://m.sebrae.com.br/Sebrae/Portal%20Sebrae/Anexos/5W2H.pdf>. Acesso em: 25 abr. 2019.

NEWELL, J. *Fundamentos da moderna engenharia e ciência dos materiais*. Rio de Janeiro: LTC, 2010.

NOVIENTAL – Nova visão socioeconômica e ambiental. *Relatórios de Sustentabilidade do GRI.* 5 jan. 2011. Disponível em: <https://noviental.wordpress.com/2011/01/05/155/>. Acesso em: 23 abr. 2019.

O'BYRNE, R. Reverse Logistics Management for Supply Chain Cost Reductions. *Logistics Bureau*, 21 June 2016. Disponível em: <http://www.logisticsbureau.com/reverse-logistics-management-for-supply-chain-cost-reductions/>. Acesso em: 23 abr. 2019.

OBSERVATÓRIO DA PNRS. *Plano Estadual de Gestão dos Resíduos Sólidos do Maranhão – PEGRS MA.* São Luís, jun. 2012. v. I. Disponível em: <https://observatoriopnrs.files.wordpress.com/2014/11/maranhc3a3o-plano-estadual-de-resc3adduos-sc3b3lidos.pdf>. Acesso em: 23 abr. 2019.

_____. *Quem somos.* Disponível em: <https://observatoriopnrs.org/quem-somos/>. Acesso em: 23 abr. 2019a.

_____. *Leis, acordos setoriais, termos e decretos.* Disponível em: <https://observatoriopnrs.org/acordos-setoriais-termos-e-decretos/>. Acesso em: 23 abr. 2019b.

OECD – Organisation for Economic Co-operation and Development. *The Polluter-Pays Principle.* Paris, 1992. Disponível em: <http://www.oecd.org/

officialdocuments/publicdisplaydocumentpdf/?cote=OCDE/ GD(92)81&docLanguage=En>. Acesso em: 25 abr. 2019.

_____. The State of Play on Extended Producer Responsibility (EPR): Opportunities and Challenges. Issues Paper. *Global Forum on Environment*: Promoting Sustainable Materials Management through Extended Producer Responsibility (EPR). Tokyo, June 2014. Disponível em: <https://www.oecd.org/environment/waste/Global%20Forum%20Tokyo%20Issues%20Paper%2030-5-2014.pdf>. Acesso em: 23 abr. 2019.

ONUBR – Nações Unidas no Brasil. *ONU Meio Ambiente e parceiros lançam movimento por separação e descarte correto de lixo*. 28 ago. 2017. Disponível em: <https://nacoesunidas.org/onu-meio-ambiente-e-parceiros-lancam-movimento-por-separacao-e-descarte-correto-de-lixo/>. Acesso em: 23 abr. 2019.

ORTEGA, E. *O futuro pode ser ecológico*. Brasília: Code – Ipea, nov. 2011. Disponível em: <http://www.unicamp.br/fea/ortega/code-ipea/CODEIPEAOrtega.ppsx>. Acesso em: 25 abr. 2019.

PEGADA ECOLÓGICA. *Nota Técnica*. Disponível em: <http://www.pegadaecologica.org.br/2015/nota-tecnica.php>. Acesso em: 25 abr. 2019.

PEREIRA, J. A. G. Davi *versus* Golias. *Economia Verde*, Tributação, n. 10, p. 10-13, 2014. Disponível em: <http://bibliotecadigital.fgv.br/ojs/index.php/pagina22/article/viewFile/20732/24172>. Acesso em: 25 abr. 2019.

PERS-RS – Plano Estadual de Resíduos Sólidos do Rio Grande do Sul: 2015-2034. dez. 2014. Disponível em: <http://www.pers.rs.gov.br/noticias/arq/ENGB-SEMA-PERS-RS-40-Final-rev01.pdf>. Acesso em: 25 abr. 2019.

PLATT, B. Resources up in Flames: the Economic Pitfalls of Waste Incineration Versus a Zero Waste Approach in the Global South. *Gaia*, Apr. 2004.

POCAJT, V. et al. Environmental sustainability and information technologies: a dynamic interdependence. *International Science Conference Reporting For Sustainability*, Montenegro, 2013.

PONCE, F. A. U.; ROBLES, L. T. *Análise e planejamento de marketing*: uma revisão teórica. São Paulo, 1998. Apostila.

PORTER, M. E. *Competição – on Competion*: estratégias competitivas essenciais. Rio de Janeiro: Campus, 1999.

PRS – Portal Resíduos Sólidos. *O Suasa – Sistema Unificado de Atenção à Sanidade Agropecuária*. 29 jun. 2014a. Disponível em: <http://www.portalresiduossolidos.com/o-suasa-sistema-unificado-de-atencao-sanidade-agropecuaria/>. Acesso em: 23 abr. 2019.

_____. *Sisnama – Sistema Nacional do Meio Ambiente no Brasil*. 28 jun. 2014b. Disponível em: <http://www.portalresiduossolidos.com/sisnama-sistema-nacional-meio-ambiente-brasil>. Acesso em: 23 abr. 2019.

_____. *SNVS – O Sistema Nacional de Vigilância Sanitária do Brasil*. 28 jun. 2014c. Disponível em: <http://www.portalresiduossolidos.com/snvs-o-sistema-nacional-de-vigilancia-sanitaria-brasil>. Acesso em: 23 abr. 2019.

_____. *Situação atual dos resíduos sólidos no Brasil*. 25 mar. 2017. Disponível em: <http://www.portalresiduossolidos.com/situacao-atual-dos-rs-no-brasil/>. Acesso em: 23 abr. 2019.

RAND, T.; HAUKOHL, J.; MARXEN, U. Municipal Solid Waste Incineration: Requirements for a Successful Project. *World Bank Technical Paper*, n. 462, 2000. Disponível em: <http://documents.

worldbank.org/curated/pt/886281468740211060/pdf/multi-page. pdf>. Acesso em: 25 abr. 2019.

RECICLANIP. *Você sabe como funciona a Reciclanip?* 2013. Disponível em: <http://www.reciclanip.org.br/noticia/voce-sabe-como-funciona-a-reciclanip/>. Acesso em: 23 abr. 2019.

_____. *Ciclo de vida dos pneus*: formas de destinação. Disponível em: <http://www.reciclanip.org.br/v3/formas-de-destinacao-ciclo-do-pneu>. Acesso em: 23 abr. 2019a.

RECICLANIP. *Responsabilidade pós-consumo.* Disponível em: <http://www.reciclanip.org.br/quem-somos/institucional>. Acesso em: 23 abr. 2019b.

_____. Institucional. *Quem somos.* Disponível em: <www.reciclanip.org.br/v3/quem-somos-estrategias>. Acesso em: 23 abr. 2019c.

RECICLUS. *Quem somos.* Disponível em: <https://reciclus.org.br/quem-somos/>. Acesso em: 23 abr. 2019a.

_____. *Acordos setoriais*: apresentação insitucional. Disponível em: <http://www.sinir.gov.br/images/sinir/Acordos_Setoriais/Apresentacao%20Reciclus%20Institucional.pdf>. Acesso em: 23 abr. 2019b.

ROBINSON, A. Top 3 Benefits of a Reverse Logistics Management Program. *Reverse Logistics Magazine*, 27 Feb. 2014a. Disponível em: <http://cerasis.com/2014/02/27/reverse-logistics-management/>. Acesso em: 23 abr. 2019.

_____. What is Reverse Logistics and How is it Different than Traditional Logistics? *Reverse Logistics Magazine*, Feb. 2014b. Disponível em: <http://cerasis.com/2014/02/19/what-is-reverse-logistics/>. Acesso em: 23 abr. 2019.

_____. 6 Benefits of Effective a Reverse Logistics System & the 9 Core Revlog Metrics to Track. *Logistics Reverse Logistics*,

2015. Disponível em: <http://cerasis.com/2015/07/20/reverse-logistics-system/>. Acesso em: 23 abr. 2019.

ROBLES, L. T. *Cadeia de suprimentos*: administração de processos logísticos. Curitiba: InterSaberes, 2016. (Série Logística Organizacional).

ROBLES, L. T.; LA FUENTE, J. M. A logística reversa do alumínio na Baixada Santista: características e perspectivas. In: SIMPÓSIO DE ADMINISTRAÇÃO DA PRODUÇÃO, LOGÍSTICA E OPERAÇÕES INTERNACIONAIS, 6., 2003, São Paulo.

_____. As cadeias reversas das latas de alumínio e garrafas PET na Baixada Santista. In: SORDI, J. O. de; CUNHA, I. A. da (Org.). *Organização e gestão de negócios*. Santos: Editora Universitária Leopoldianum, 2006.

ROBLES, L. T.; NOBRE, M. *Logística internacional*. Curitiba: InterSaberes, 2016.

ROGERS, D. L. M. Exclusive: Taking Control of Reverse Logistics. *Logistics Management*, 1º May 2013. Disponível em: <http://www.logisticsmgmt.com/article/lm_exclusive_taking_control_of_reverse_logistics>. Acesso em: 25 abr. 2019.

ROGERS, D. S.; TIBBEN-LEMBKE, R. S. *Going Backwards*: Reverse Logistics Trends and Practices. Reno: University of Nevada, 1999.

RUBEL, J. *Termo de referência*: orientações para a redação. Instituto de Terras, Cartografia e Geociências. Versão Preliminar. Curitiba, 2007. Disponível em: <http://www.itcg.pr.gov.br/arquivos/File/Estrutura_TR_01112007.pdf>. Acesso em: 23 abr. 2019.

RUPNOW, P. Returning Thoughts... Reverse Logistics Metrics: Targeting Success with a Performance Management Framework. *Reverse Logistics Magazine*, May/June 2008. Disponível em: <http://www.reverselogisticstrends.com/rlmagazine/edition11p50.php>. Acesso em: 25 abr. 2019.

SANT'ANA, D.; MAETELLO, D. Reciclagem e inclusão social no Brasil: balanço e desafios. In: PEREIRA, B. C. J.; GOES, F. L. (Org.). *Catadores de materiais recicláveis*: um encontro nacional. Rio de Janeiro: Ipea, 2016. p. 21-46. Disponível em: <http://www.ipea.gov.br/agencia/images/stories/PDFs/livros/livros/160331_livro_catadores.pdf>. Acesso em: 25 abr. 2019.

SCHMIDT, P. et al. A importância do Total Cost of Ownership no gerenciamento da cadeia de suprimentos. *Contexto*, Porto Alegre, v. 13, n. 25, p. 20-31, set./dez. 2013.

SECTOR DIALOGUES. *Iniciativa*: apresentação. Disponível em: <http://www.sectordialogues.org/apresentacao.php>. Acesso em: 25 abr. 2019.

SENADO FEDERAL. Atividade Legislativa. Projeto de Lei do Senado n. 403, de 2014. Disponível em: <https://www25.senado.leg.br/web/atividade/materias/-/materia/119418>. Acesso em: 25 abr. 2019.

_____. *CAE poderá votar criação de fundo para construção de aterros sanitários*. 13 fev. 2017. Disponível em: <https://www12.senado.leg.br/noticias/materias/2017/02/10/cae-podera-votar-criacao-de-fundo-para-construcao-de-aterros-sanitarios>. Acesso em: 25 abr. 2019.

SENAI – Serviço Nacional da Indústria. *Implementação de Programas de Produção Mais Limpa*. Centro Nacional de Tecnologias Limpas, Porto Alegre: INEP, 2003. (Manual).

Disponível em: <http://institutossenai.org.br/public/files/manual_implementacao-pmaisl.pdf>. Acesso em: 31 dez. 2018.

SEPARE. NÃO PARE. *O que é como funciona o Acordo Setorial de Embalagens*. Disponível em: <http://separenaopare.com.br/acordo-setorial/>. Acesso em: 23 abr. 2019.

SILVA, F. C. da. *Gestão da cadeia de suprimentos verde*: hierarquização das barreiras pelo método AHP em um fornecedor de primeira camada da indústria automotiva brasileira. 209 f. Dissertação (Mestrado Profissional em Administração) – Universidade Nove de Julho, São Paulo, 2016.

SINDIRREFINO – Sindicato Nacional da Indústria de Rerrefino de Óleos Minerais. *Institucional*. Disponível em: <https://www.sindirrefino.org.br/institucional/a-instituicao>. Acesso em: 23 abr. 2019a.

_____. *Legislação*. Disponível em: <https://www.sindirrefino.org.br/legislacao>. Acesso em: 23 abr. 2019b.

_____. *Logística reversa OLUC*. Disponível em: <https://www.sindirrefino.org.br/rerrefino/logistica-reversa-oluc>. Acesso em: 23 abr. 2019c.

SINDUSCON-SP – O Sindicato da Construção. *Resíduos da construção civil*: soluções e oportunidades. Santos, nov. 2012. Disponível em: <http://www.anggulo.com.br/rcc/index.html>. Acesso em: 25 abr. 2019.

SOUSA, G. M.; POZES, L. Construção de cadeia de suprimentos sustentável: logística reversa de embalagens pós-consumo – parte 1. *Ilos*, 10 jul. 2011. Disponível em: <http://www.ilos.com.br/web/construcao-da-cadeia-de-suprimentos-sustentavel-logistica-reversa-de-embalagens-pos-consumo-parte-1/>. Acesso em: 23 abr. 2019.

STAHEL, W. R. Circular Economy. *Comment*, Nature, v. 531, p. 435-438, Mar. 2016. Disponível em: <http://www.nature.com/polopoly_fs/1.19594!/menu/main/topColumns/topLeftColumn/pdf/531435a.pdf>. Acesso em: 25 abr. 2019.

TINOCO, J. E. P.; ROBLES, L. T. A contabilidade da gestão ambiental e sua dimensão para a transparência empresarial: estudo de caso de quatro empresas brasileiras com atuação global. *Revista de Administração Pública*, Rio de Janeiro, v. 40, n. 6, p. 1077-1096, nov./dez. 2006. Disponível em: <http://www.scielo.br/pdf/rap/v40n6/08.pdf>. Acesso em: 23 abr. 2019.

UNEP – United Nations Environmental Programme. *Sustainable Innovation and Technology Transfer Industrial Sector Studies*: Recycling from e-Waste to Resources. July 2009. Disponível em: <http://www.unep.fr/shared/publications/pdf/DTIx1192xPA-Recycling%20from%20ewaste%20to%20Resources.pdf>. Acesso em: 23 abr. 2019.

USTMA – U. S. Tire Manufacturers Association. *Sustainability*. Disponível em: <https://www.ustires.org/sustainability>. Acesso em: 23 abr. 2019.

VITER, J. PIS e Cofins e sua complexidade: é hora de aprender e expandir seus conhecimentos. *Contabilidade no Brasil*, 8 set. 2016. Disponível em: <http://www.contabilidadenobrasil.com.br/pis-e-cofins/#conceito-pis-e-cofins>. Acesso em: 25 abr. 2019.

WANG, H.-F.; GUPTA, S. M. *Green Supply Chain Management*: Product Life Cycle Approach. New York: McGraw Hill, 2011.

WRIGHT, R. E. et al. Recycling and Reverse Logistics. *Journal of Applied Business and Economics*, v. 12, n. 5, p. 9-20, 2011. Disponível em: <http://t.www.na-businesspress.com/JABE/WrightRE_Web12_5_.pdf>. Acesso em: 23 abr. 2019.

WWF – World Wide Fund for Nature. *Who we are*. Disponível em: <https://www.worldwildlife.org/about>. Acesso em: 25 abr. 2019.

WWF BRASIL. *Pegada ecológica? O que é isso?* Disponível em: <https://www.wwf.org.br/natureza_brasileira/especiais/pegada_ecologica/o_que_e_pegada_ecologica/>. Acesso em: 23 abr. 2019a.

WWF BRASIL. *Uma organização nacional.* Disponível em: <https://www.wwf.org.br/wwf_brasil/>. Acesso em: 25 abr. 2019b.

XAVIER, L. H.; CORRÊA, H. L. *Sistemas de logística reversa*: criando cadeias de suprimento sustentáveis. São Paulo: Atlas, 2013.

XIU, G.; CHEN, X. Research on Green Logistics Development at Home and Abroad. *Journal of Computers*, v. 7, n. 11, p. 2765-2772, Nov. 2012. Disponível em: <http://www.jcomputers.us/vol7/jcp0711-24.pdf>. Acesso em: 25 abr. 2019.

YURA, E. T. F. *Processo de implantação dos sistemas de logística reversa de equipamentos eletroeletrônicos previstos na Política Nacional de Resíduos Sólidos*: uma visão dos gestores. 107f. Dissertação (Mestrado em Ciências) – Universidade de São Paulo, São Paulo, 2014.

ZAGO, C. A. et al. Benchmarking: uma perspectiva de avaliação de desempenho logístico. In: SIMPÓSIO DE EXCELÊNCIA EM GESTÃO E TECNOLOGIA, *Anais...* 2008, Resende. Disponível em: <https://www.aedb.br/seget/arquivos/artigos08/516_516_benchmarking_logistico_seget.pdf>. Acesso em: 24 abr. 2019.

» Respostas

»» Capítulo 1

»»» Estudo de caso

1) Esses autores consideram os resíduos como resultado da ineficiência dos processos industriais, da ineficiência na utilização de recursos naturais e matérias-primas e do não aproveitamento de materiais que podem ser valorizados. Os processos devem ser revistos para eliminar ou reduzir esses resíduos.

2) Os autores criticam a evolução dos processos de engenharia, que, em uma visão limitada, preocuparam-se em desenvolver sistemas sofisticados, custosos e complexos de controle dos resíduos, negligenciando a proposição de projetos de prevenção ou redução da geração desses resíduos.

3) Os EIA/RIMA são instrumentos da Política Nacional de Meio Ambiente e demonstram os eventuais impactos ambientais, as consequências destes e as ações de mitigação na implantação de empreendimentos industriais e outros, sendo avaliados por órgãos governamentais de meio ambiente, após passarem por audiências públicas das quais participam segmentos da população interessados ou afetados.

»»» Questões para revisão

1) As três dimensões presentes no conceito do *triple bottom line*, as quais devem receber ação conjunta, são a econômica

(relativa aos negócios e à sustentabilidade financeira deste); a ambiental (redução da utilização de recursos naturais e disposição adequada de resíduos); e a social (incorporação das pessoas pela geração de empregos e renda e resgate e melhoria das condições de vida delas).

2) Os produtos, com base no conceito de economia circular, devem apresentar alto nível de utilidade e valor no tempo integral, assim como seus componentes e materiais devem ser gerenciados ao longo e ao final de sua vida útil para ser reincorporados, reformados ou reaproveitados no ciclo produtivo.
3) b
4) c
5) e

>>> Capítulo 2

>>>> Estudo de caso

1) O óleo de fritura usado (OFU) impacta significativamente o meio ambiente, uma vez que seu descarte nas pias das cozinhas afeta as redes de esgoto sanitário, aderindo às paredes das tubulações, absorvendo outras substâncias e gerando acúmulos que prejudicam os fluxos de material ou até provocando entupimentos. A parte não aderente prejudica o processo de tratamento de esgotos, aumentando os custos de operação. Além disso, em locais sem rede coletora, os resíduos oleosos acabam por contaminar os recursos hídricos (córregos e rios), impermeabilizando leitos e terrenos e facilitando a incidência de enchentes.

2) O OFU pode transformar-se em matéria-prima para produção de biodiesel, pois reage com o metanol ou etanol,

gerando éster metílico ou etílico, produto similar ao óleo diesel do petróleo ou de seus derivados. No Brasil, a Lei n. 11.097/2005 regulamenta a produção e o uso do biodiesel com disponibilização comercial pura ou misturado ao óleo diesel.

3) A montagem de um sistema de logística reversa parte do convencimento dos geradores (domicílios, estabelecimentos comerciais, redes de alimentação, indústrias alimentícias, hospitais etc.). À disposição adequada dos resíduos segue-se uma rede de agentes para a consolidação destes, o tratamento e o encaminhamento de OFU para usinas geradoras de biodiesel.

>>> *Questões para revisão*

1) Na logística direta, os fluxos de produtos originam-se nos produtores e movimentam-se em direção aos consumidores. Na logística reversa, ocorre o contrário. Além disso, os pontos de origem são dispersos e dependem da iniciativa dos usuários/consumidores e da existência de canais reversos de coleta, concentração, transformação e direcionamento para as alternativas de reúso e de reaproveitamento.
2) É necessária a existência de três fatores que interagem nas cadeias reversas de pós-consumo:
    1. Fator econômico: os agentes integrantes devem ser remunerados e o negócio deve ser sustentável economicamente.
    2. Fator técnico ou tecnológico: a tecnologia de recuperação dos materiais deve estar disponível e ser viável. Tecnologias inadequadas elevam custos ou podem levar a desperdícios de materiais de interesse.

3. Fator logístico: devem ser definidos e implantados sistemas de captação, de seleção e de adensamento de materiais, bem como seu transporte e suas formas de manuseio entre as diferentes etapas do processo de recuperação.

3) b
4) c
5) e

Capítulo 3

Estudo de caso

1) Apesar de haver certa confusão quanto ao uso dos termos, eles não são sinônimos. *Rótulo* refere-se a produtos; e *certificação* relaciona-se aos processos produtivos.

2) O fato de contar com um rótulo ambiental é garantir para clientes, governo e comunidade a adoção de práticas e processos ambientalmente amigáveis, incentivando a demanda dos produtos e habilitando-os a transitar em mercados exigentes, principalmente internacionais. Os rótulos devem contemplar o menor impacto ambiental ao longo do ciclo de vida dos produtos.

3) Os rótulos ambientais são buscados por produtores brasileiros para atender a exigências do mercado internacional, condição necessária para fechar negócios de exportação. No mercado interno, não se verifica essa questão, seja por questões culturais, seja pela escassa divulgação, ou, ainda, pela visão restrita da busca por preços mais baixos.

>>> Questões para revisão

1) d
2) b
3) c
4) Entre os inúmeros produtos de uso comum diário, temos:

Produto	Empresa	Selo Ambiental	Foco
Papel de impressão	Suzano Celulose	FSC® (sigla em inglês para Forest Stewardship Council® – Conselho de Manejo Florestal)	Sustentabilidade das florestas.
Eletrodomésticos	Várias	Procel–Programa Nacional de Conservação de Energia Elétrica.	Conservação de Energia Elétrica.

5) Os impactos ambientais influenciam as legislações ambientais porque a sociedade e seus legisladores têm consciência da gravidade deles. Essa condição acentuou-se após o Relatório Bruntland de 1987. A legislação assumiu diversas formas em países como os Estados Unidos e os da União Europeia, diante da percepção da gravidade da disposição indiscriminada de resíduos sólidos, e o mercado comprador passou a exigir certificações que comprovassem a responsabilidade quanto ao meio ambiente.

>>> Capítulo 4

>>> *Estudo de caso*

1) REEE são resíduos de equipamentos eletroeletrônicos presentes em suas diversas linhas de produção. Sua disposição

deve ser adequada com base em duas ordens de fatores: 1) os impactos ao ambiente e à saúde humana, decorrentes de uma disposição inadequada diante da utilização de materiais poluentes e tóxicos; e 2) a possibilidade de recuperação econômica de metais raros, com valor significativo de mercado e com demanda de processos industriais de reutilização.

2) A diversidade de tipos de REEE segue a de seus produtos. Tendo em vista que apresentam, em sua composição, a presença de componentes não usuais em outros produtos, exigem-se pré-processos de separação especializados (tanto nos produtos quanto em seus diferentes componentes). Os cuidados têm de ser redobrados pela presença de elementos tóxicos, mas com alto valor comercial, quando extraídos em quantidade.

3) A resposta mais direta é não! Após a coleta, no processo de separação, uma vez que representa atividade especializada, manipulam-se materiais e equipamentos sofisticados e exige-se formar efetivas de proteção individual. No entanto, a capacitação é uma reivindicação de associações de catadores, já que os REEE apresentam valor comercial bastante superior aos materiais usualmente coletados (papel e papelão; latinhas de alumínio e embalagens PET) e podem consolidar a ação das cooperativas na valoração dos catadores como profissionais.

>>>> *Questões para revisão*

1) Os canais reversos movimentam desde sucatas e rejeitos domiciliares até produtos de alta tecnologia. Em todos os casos, é preciso haver operadores especializados, pois a manipulação de materiais não é simples, uma vez que estes

são diversos e provocam impactos ao meio ambiente e à saúde humana. Em produtos de alta tecnologia, os operadores devem estar capacitados em processos de coleta, consolidação, separação e encaminhamento de uma variedade grande materiais que têm valor comercial alto, mas que, ao mesmo tempo, têm alto potencial de provocar prejuízos ao ambiente e à saúde dos trabalhadores. A logística reversa, portanto, exige conhecimento das características dos materiais manipulados e dos respectivos mercados.

2) Deve-se considerar pelo menos seis fatores ao desenvolver projetos de operação em reversos: 1) especificação do material ou materiais que serão manipulados; 2) estimativa dos custos de desenvolvimento e da infraestrutura de funcionamento; 3) busca por maior homogeneidade e qualidade dos materiais reciclados/recuperados e matérias-primas; 4) atendimento igual a consumidores e clientes dos produtos reprocessados; 5) atendimento a questões legais e ambientais; e 6) estimativa de receitas e despesas cuja diferença deve cobrir os custos de implantação da infraestrutura de funcionamento.

3) a
4) b
5) d

❯❯❯ Capítulo 5

❯❯❯❯ *Estudo de caso*

1) Não. Essas cadeias reversas de pós-consumo, como as demais de outros produtos, têm: a) motivação econômica, com receitas que cubram custos de investimentos e de operação; b) motivação ambiental, por disporem adequadamente

resíduos de produtos usados; e c) motivação social, uma vez que geram trabalho e renda para pessoas em condição de necessidade.

2) As cadeias reversas pós-consumo têm em comum a iniciativa dos consumidores de dispor adequada e voluntariamente o resíduo que geram. No caso das latas de alumínio e das embalagens PET, é primordial a ação de catadores e de suas associações. A diferença entre elas diz respeito ao material e aos procedimentos de preparação (separação, seleção, trituração e enfardamento) para encaminhamento a processadores desses materiais.

3) Latinhas de alumínio e embalagens PET são os principais produtos da logística reversa no Brasil, para os quais existe mercado de compra e venda e sistemas estruturados para recuperação e reutilização. Esse mercado viabiliza-se na medida que os ganhos dos agentes envolvidos superam os custos de operacionalização. É preciso lembrar, porém, da dependência e da inter-relação que eles têm com um contingente de catadores em condições econômicas precárias.

>>>> *Questões para revisão*

1) Logística ambiental ou logística "verde" corresponde à incorporação de considerações ambientais às atividades e aos componentes logísticos. Portanto, no processo de destinação adequada de resíduos e materiais, deve-se reduzir o consumo de recursos com base em: utilização de modais de transporte mais eficientes energeticamente; utilização de embalagens com materiais recicláveis ou de reaproveitamento contínuo (retornáveis); armazenagem em locais adequados; controle de ruídos e da emissão de gases etc.

É a questão ambiental, portanto, presente e decisiva na atividade logística e na escolha de fornecedores e materiais.
2) Tanto a logística reversa como o princípio da economia circular têm como premissa a redução da exploração de recursos naturais e o desenvolvimento sustentável nas dimensões econômica, social e ambiental. A economia circular propõe uma nova forma de negócios com os produtos desde o projeto, os quais são pensados para reciclagem e aproveitamento dos materiais que os compõem. A logística reversa, por sua vez, lida com situações reais e presentes na disposição adequada de resíduos.
3) b
4) a
5) e

>>> Capítulo 6

>>>> *Estudo de caso*

1) Não. A incineração de RSUs destrói recursos materiais que poderiam ser recuperados, reduzindo a exploração de recursos naturais finitos.
2) O processo de incineração de RSUs não discrimina materiais e, preferencialmente, é voltado para materiais de poder calorífico elevado (papéis, materiais plásticos etc.) Esses materiais representam as principais fontes de renda de catadores e cooperativas que atuam na destinação adequada dos RSUs secos movimentados nas cadeias reversas de recuperação. O processo de incineração revela-se socialmente inadequado, pois reduz o trabalho e a renda dos catadores.
3) A energia gerada nos processos de incineração, em relação a outras alternativas de tratamento e disposição de resíduos,

como o reúso, a reciclagem e a compostagem, não compensa tampouco traz benefícios. Em geral, o consumo de energia na geração de matérias-primas recicladas é menor do que o da extração, via recursos naturais.

》》》 Questões para revisão

1) A ação crítica na logística reversa de embalagens em geral é a dos consumidores de separá-las e encaminhá-los adequadamente. Após a coleta em PEVs, ou na coleta seletiva, os materiais são encaminhados para centros de consolidação ou cooperativas de catadores para limpeza, seleção e segregação em tipos, podendo ser triturados, manipulados e enfardados para transporte a empresas de reciclagem. Nesses locais, os materiais são preparados para envio a indústrias de reprocessamento e transformação em matérias-primas. Esses elos da cadeia reversa devem ser capacitados e devidamente remunerados.
2) A Gaia defende a redução da geração de RSUs e, para o tratamento dos quais, sustenta a adoção de ações de reciclagem e compostagem (fração orgânica). Para tanto, considera fundamental a participação da sociedade em geral e, em especial, o papel dos catadores e de suas cooperativas.
3) c
4) e
5) a

Sobre os autores

Léo Tadeu Robles é graduado em Ciências Econômicas (1971), mestre (1995) e doutor (2001) em Administração pela Faculdade de Economia e Administração da Universidade de São Paulo (FEA-USP). É professor pesquisador associado da Universidade Federal do Maranhão (UFMA) e participa como pesquisador do Grupo de Estudos em Logística, Negócios e Engenharia Portuária (Gelnep). Atuou como coordenador e professor de cursos de pós-graduação em Comércio Exterior, Logística Empresarial e Gestão e Engenharia Portuária. Tem experiência na área de administração de empresas, com ênfase em logística e transportes, principalmente em economia marítima, logística empresarial, logística internacional, gestão econômica de empresas, gestão ambiental e comércio exterior. Publicou artigos em revistas acadêmicas nacionais e internacionais e apresentou trabalhos em congressos no Brasil e no exterior. É autor de livros acadêmicos, um dos quais, *Cadeia de suprimentos e logística internacional*, foi publicado pela InterSaberes, em parceria com Marisa Nobre. É membro do International Association of Maritime Economics (Iame) e associado ao Conselho Regional dos Economistas (Corecon-SP).

José Maurício La Fuente é graduado em Engenharia Industrial Química pelo Centro Universitário da FEI (1972) e tem formação pedagógica pela Universidade de Ribeirão Preto (2001). Especializou-se em Processos de Refino de Petróleo (1973), Transferência de Calor (1980) e Engenharia de Segurança do Trabalho (2001). É mestre em Gestão de Negócios pela Universidade Católica de Santos (Unisantos) (2005). Atuou como engenheiro de processos de refino de petróleo na Petrobras e como engenheiro de segurança do trabalho no Instituto de Assistência ao Servidor Público Estadual (Iamspe) da Secretaria de Estado da Saúde do Estado de São

Paulo. Atuou no ensino técnico-profissionalizante na Escola Politécnica Treinasse e na Ateneu Santista, na cidade de Santos (SP), nas áreas de higiene do trabalho, meio ambiente e processos industriais. Atuou também como docente nos cursos de graduação de Administração e de Tecnólogo de Petróleo e Gás da UNIP (Campus Rangel Pestana-Santos/SP), assim como nos cursos de Engenharia, Tecnólogo de Petróleo e Gás e de Meio Ambiente da Unisantos. Implantou e coordenou o curso de Engenharia Ambiental da Unisantos entre 2009 e 2012. Desenvolveu e operacionalizou a rede reversa de coleta de óleo lubrificante contaminado no município de Guarujá (SP) como membro de equipe multidisciplinar em projetos de compensação ambiental do empreendimento de aprofundamento do canal do estuário do Porto de Santos. Atua como consultor e instrutor na área de segurança trabalhista e ambiental, tendo como base o desenvolvimento sustentável. Como pesquisador, participa do Grupo de Logística, Negócios e Engenharia Portuária (Gelnep), ligado ao Departamento de Ciências Contábeis e Administração da Universidade Federal do Maranhão (UFMA). Tem trabalhos publicados em congressos nacionais (SIMPOI/FGV, Anpad e Enegep/Abepro).

Impressão:
Julho/2019